反切表②

子音＼母音	ㅐ ε	ㅒ jε	ㅔ e	ㅖ je	ㅘ wa	ㅙ wε	ㅚ we	ㅝ wɔ	ㅞ we	ㅟ wi	ㅢ ɯi
ㄱ k	개 kε	걔 kε	게 ke	계 ke	과 kwa	괘 kwε	괴 kwe	궈 kwɔ	궤 kwe	귀 kwi	긔 ki
ㄲ $^{?}$k	깨 $^{?}$kε	꺠 $^{?}$kε	께 $^{?}$ke	꼐 $^{?}$ke	꽈 $^{?}$kwa	꽤 $^{?}$kwε	꾀 $^{?}$kwe	꿔 $^{?}$kwɔ	꿰 $^{?}$kwe	뀌 $^{?}$kwi	끠 $^{?}$ki
ㄴ n	내 nε	냬 nε	네 ne	녜 ne	놔 nwa	놰 nwε	뇌 nwe	눠 nwɔ	눼 nwe	뉘 nwi	늬 ni
ㄷ t	대 tε	댸 tε	데 te	뎨 te	돠 twa	돼 twε	되 twe	둬 twɔ	뒈 twe	뒤 twi	듸 ti
ㄸ $^{?}$t	때 $^{?}$tε	떄 $^{?}$tε	떼 $^{?}$te	뗴 $^{?}$te	똬 $^{?}$twa	뙈 $^{?}$twε	뙤 $^{?}$twe	뚸 $^{?}$twɔ	뛔 $^{?}$twe	뛰 $^{?}$twi	띄 $^{?}$ti
ㄹ r	래 rε	럐 rε	레 re	례 re	롸 rwa	뢔 rwε	뢰 rwe	뤄 rwɔ	뤠 rwe	뤼 rwi	릐 ri
ㅁ m	매 mε	먜 mε	메 me	몌 me	뫄 mwa	뫠 mwε	뫼 mwe	뭐 mwɔ	뭬 mwe	뮈 mwi	믜 mi
ㅂ p	배 pε	뱨 pε	베 pe	볘 pe	봐 pwa	봬 pwε	뵈 pwe	붜 pwɔ	붸 pwe	뷔 pwi	븨 pi
ㅃ $^{?}$p	빼 $^{?}$pε	뺴 $^{?}$pε	뻬 $^{?}$pe	뼤 $^{?}$pe	뽜 $^{?}$pwa	뽸 $^{?}$pwε	뾔 $^{?}$pwe	뿨 $^{?}$pwɔ	쀄 $^{?}$pwe	쀠 $^{?}$pwi	쁴 $^{?}$pi
ㅅ s	새 sε	섀 ʃε	세 se	셰 ʃe	솨 swa	쇄 swε	쇠 swe	숴 swɔ	쉐 swe	쉬 ʃwi	싀 ʃi
ㅆ $^{?}$s	쌔 $^{?}$sε	썌 $^{?}$ʃε	쎄 $^{?}$se	쎼 $^{?}$ʃe	쏴 $^{?}$swa	쐐 $^{?}$swε	쐬 $^{?}$swe	쒀 $^{?}$swɔ	쒜 $^{?}$swe	쒸 $^{?}$ʃwi	씌 $^{?}$ʃi
ㅇ ゼロ	애 ε	얘 jε	에 e	예 je	와 wa	왜 wε	외 we	워 wɔ	웨 we	위 wi	의 ɯi
ㅈ ʧ	재 ʧε	쟤 ʧε	제 ʧe	졔 ʧe	좌 ʧwa	좨 ʧwε	죄 ʧwe	줘 ʧwɔ	줴 ʧwe	쥐 ʧwi	즤 ʧi
ㅉ $^{?}$ʧ	째 $^{?}$ʧε	쨰 $^{?}$ʧε	쩨 $^{?}$ʧe	쪠 $^{?}$ʧe	쫘 $^{?}$ʧwa	쫴 $^{?}$ʧwε	쬐 $^{?}$ʧwe	쭤 $^{?}$ʧwɔ	쮀 $^{?}$ʧwe	쮜 $^{?}$ʧwi	쯰 $^{?}$ʧi
ㅊ ʧ^{h}	채 ʧ^{h}ε	챼 ʧ^{h}ε	체 ʧ^{h}e	쳬 ʧ^{h}e	촤 ʧ^{h}wa	쵀 ʧ^{h}wε	최 ʧ^{h}we	춰 ʧ^{h}wɔ	췌 ʧ^{h}we	취 ʧ^{h}wi	츼 ʧ^{h}i
ㅋ k^{h}	캐 k^{h}ε	컈 k^{h}ε	케 k^{h}e	켸 k^{h}e	콰 k^{h}wa	쾌 k^{h}wε	쾨 k^{h}we	쿼 k^{h}wɔ	퀘 k^{h}we	퀴 k^{h}wi	킈 k^{h}i
ㅌ t^{h}	태 t^{h}ε	턔 t^{h}ε	테 t^{h}e	톄 t^{h}e	톼 t^{h}wa	퇘 t^{h}wε	퇴 t^{h}we	퉈 t^{h}wɔ	퉤 t^{h}we	튀 t^{h}wi	틔 t^{h}i
ㅍ p^{h}	패 p^{h}ε	퍠 p^{h}ε	페 p^{h}e	폐 p^{h}e	퐈 p^{h}wa	퐤 p^{h}wε	푀 p^{h}we	풔 p^{h}wɔ	풰 p^{h}we	퓌 p^{h}wi	픠 p^{h}i
ㅎ h	해 hε	햬 hε	헤 he	혜 he	화 hwa	홰 hwε	회 hwe	훠 hwɔ	훼 hwe	휘 hwi	희 hi

改訂版

一冊目の韓国語

한국어

五十嵐孔一

東洋書店新社

はじめに

本書は韓国語を基礎からしっかり学ぶために書かれた入門書です。これから韓国語の勉強を始める方だけでなく，初級をやり直したい方，初級の出口で足踏みを繰り返している方，中級に入ってから伸び悩んでいる方にも良きパートナーとなるでしょう。

韓国語の文字をハングルといいます。ハングルはいつ，誰が，何の目的で作ったか，その創製の記録が残っている点で非常に稀な文字です。ハングルは1443年に当時の朝鮮王朝4代目の国王世宗（セジョン）の命により，集賢殿という研究所の学者たちによって作られ，1446年に「訓民正音」という名で公布されました。また，それを解説した書物も『訓民正音』といいます。それ以前は漢文で文章を書いていたため国民に不便が多いことを世宗が憂え，習いやすく，日々用いるのに便利なようにとハングルを作ったのです。

初学者の目には記号のように見えるハングルですが，いざ習い始めてみるとやはり「習いやすい」と感じることでしょう。早い人ですと，2時間もあれば基本的なハングルを読んだり書いたりできるようになります。また韓国語は，助詞があること，語順が「主語＋目的語＋述語」であること，主語がなくとも文が成り立つこと，修飾語が名詞の前に来ることなど，日本語と文法が確かに似ています。さらに漢語由来の語彙が豊富にあることも日本語を母語とする学習者には利点となるでしょう。そのため韓国語は日本語母語話者にとって楽に学べることがしばしば強調されます。しかし韓国語はやはり外国語，壁はすぐやって来ます。

まず，発音です。日本語では区別しない音が種々ありますし，発音変化もやっかいです。発音の段階で挫折する人がけっこう多いようです。日本語の文法との類似点に気づくと学習力が急速に伸びることがあるのですが，その前にあきらめてしまうのはとても惜しいことです。さて，学習が波に乗ってきますと，日本語との類似点が今度は頑固な障壁になってきます。学習者はしばしばこんな疑問を抱きます。「この日本語文はなぜ韓国語に直訳できないのだろう」……韓国語は外国語なのですから直訳できないことがあるのは当然なのですが，似ていることに気を取られていると，韓国語の真の姿が見えなくなりがちです。最初に「韓国語を基礎からしっかり学ぶ」と言ったのは，韓国語を学ぶ皆さんといっしょにこの壁を乗り越えたいからに他なりません。

鷲澤仁志氏，松浦利恵氏からはゼミを通して新鮮な刺激を多く受けました。金恩貞氏には原稿を丁寧に読んでいただき，韓国語母語話者の視点から有益な意見をたくさんいただきました。妻の申悠琳には，育児に追われる忙しい手を無理やり休ませ，筆者のささいな質問に根気強くつきあってもらいました。この場を借りて深く感謝いたします。

韓国ソウル大学大学院留学時にご指導して下さった高永根教授に心から感謝の気持ちをお伝えしたいと思います。テクスト論に対する私なりの考えをようやくまとめることができました。テクスト論によって文法研究と語学教育とが有機的に強く結びつくというものです。この本はその考えをもとにして書きました。ここに至るまで12年もの時間がかかりましたが，あきらめずに続けられましたのも先生の教えがあったからです。ありがとうございました。

本書は2014年の初版以来，幸い好評をいただき，2016年の新版に続き，このたび改訂版を刊行することになりました。本課を新たに第18課に増やすとともに練習問題の作文問題も800題まで増やし，より幅広くたっぷりと学ぶことができるようにしました。また，誤字脱字を徹底的に訂正し，会話文と読解文の見直しを行いました。韓国語の表現については権董宰氏，権寧智氏，李大浩氏に非常に貴重なご意見をいただきました。ここに記して，お礼申し上げます。

最後に，改訂版の刊行に際しまして，東洋書店新社の岩田悟氏のご協力に心より感謝の意を表します。

2020年4月　著者

本書の特徴と使い方

本書は文字と発音，本課から構成されています。本課は全18課で，本文会話，解説，応用会話，応用読解，練習問題が用意されています。また，コラムと語彙リストを随所につけました。導入した語彙総数は約2,200語です。本書を上手に使いこなして韓国語の基礎をしっかり学び，初級そして中級へと実力を養っていきましょう。

本書の特徴として，次のような工夫をしました。

①**文字と発音**では文章の聞き取りから始めました。付録の音声を活用するきっかけにしましょう。音声は出版社のホームページ（http://toyoshoten.com）で入手できます。また，聞き取りの文章には韓国語の学習で重要となる発音変化を取り入れてありますので，本格的に勉強を始める前に，どんな発音変化があるのか，ざっとおさえることができます。

②**本文会話**では会話文の分量を2～3ターンにおさえ，音読練習や暗記が無駄なく無理なくできるようにしました。会話文にはその課で学ぶ発音や文法の要点が全て含まれていますので，繰り返し練習してマスターしましょう。

③**解説**はかなり詳細に述べました。今まで韓国語教育に携わってきた経験を踏まえ，学習者が抱きやすい疑問点について，紙面の許す限り，詳しく説明しました。文法の先取りはしませんでしたので，各課の解説を1つずつ着実に踏破していくことができます。

④**応用会話**（第1課～第12課）では本文会話よりも難易度を上げ，話し言葉の表現の幅を広げました。**応用読解**（第6課～第17課）では書き言葉が興味深く学べるよう，いろいろなテーマの読解文を用意しました。10数文節の短い文章から150数文節の長文まであります。練りに練った読解文は課が進むにつれて内容が豊富になり，読みごたえが増していきます。面白いですよ。

⑤**練習問題**は各課に**作文問題**を用意しました。全部で800題あります。作文は一人でコツコツ積み重ねるアクティヴな練習です。じっくり取り組んで実力を身につけて下さい。本書では紙と鉛筆さえあればすぐ作文できるよう，新出単語を文末に（　）で示しました。作文はやればやるほど面白くなり，学習を継続させる力となります。そして，全問終えたときの達成感は正真正銘の自信となるでしょう。

⑥また，最後の第18課には**読解問題**を設けました。腹話術でマ行やパ行を発音する方法について述べたものです。テレビで見るたび不思議に思っていたのですが，真似していましたら偶然できてしまったのです。この読解問題をもって修了試験とします。ぜひチャレンジしてみて下さい。

今の自分のレベルより少しだけ難易度の高い練習を行うこと，これが語学力をアップさせるヒントです。一例として，会話文が上手に読めるようになったら，今度は会話文を見ずに付録の音声の後について発音してみます。これをシャドーイングといいます。そして次には日本語文を見て韓国語に訳して発話してみます。読解文も韓国語文を読むだけでなく，日本語文から韓国語へと訳して書いてみます。このように，双方向の勉強を心がけましょう。

本書を用いてぜひ読解，作文，聴解の力を身につけて下さい。ただ発話の練習については，やはり本書では限界があります。韓国語母語話者と触れ合う機会ができればいいのですが……。実は第18課の読解問題はそんなことを思いながら作ったのです。口を動かさずにどうやって「マミムメモ」と発音するのでしょうか。気になる人は第18課まで待たずに韓国語母語話者の方に読んでもらってもけっこうです。本書がきっかけになって彼らと触れ合うことができれば，筆者としてそれ以上望むことはありません。

さあ，1ページ目を開いてみましょう。

目　次

文字と発音

まず韓国語を聞いてみましょう。付録の音声の 1 には以下の文章が録音されています（音源はhttp://toyoshoten.comで入手して下さい）。最初は文章を手で隠し，発音を聞きましょう。何回聞いてもかまいません。 1

①여러분 안녕하십니까?　　②만나서 반갑습니다.
（　　　　　　　　）　（　　　　　　　　）

③한국 영화나 노래 등 한류에 관심이 있으신 분,
（　　　　　　　　　　　　　　　　）

④맛있는 한국 음식을 한국에서 드시고 싶으신 분,
（　　　　　　　　　　　　　　　　）

⑤한국을 더 깊이 알고 싶으신 분,
（　　　　　　　　　　　　）

⑥그리고 장래 한국에 유학 가고 싶으신 분,
（　　　　　　　　　　　　　　　　）

⑦지금부터 저와 같이 한국어 공부를 시작합시다.
（　　　　　　　　　　　　　　　　）

⑧공부할 때 필요한 것은 좋은 사전과 교과서
（　　　　　　　　　　　　　　　　）

⑨그리고 어린아이와 같은 호기심입니다.
（　　　　　　　　　　　　　　　　）

いかがでしたか。韓国語は日本語と文法が似ているので学びやすいと言われますが，いざ発音を聞いてみると日本語とはずいぶん印象が違いますね。では今度は上の文章を見ながら音声を聞き，（　）の中に聞こえた発音をカタカナで書いてみて下さい。6割以上書けたら合格です。

うまくできたでしょうか。初めは記号にしか見えなかったハングルも音声を何度も聞くうちにハングルと音との対応関係に気がつくようになるでしょう。そしてカタカナでは韓国語の音を十分に表せないことを実感すると思います。繰り返すまでもなく，初級ではハングルと音をじかに覚えることが大切です。またハングルを覚えれば，初めて出会った単語も辞書を引いてその意味を知ることができます。ちなみに上の文章の意味は次のようになります。発音と一緒に確認しておきましょう。

ヨ ロ ブン アンニョン ハ シム ニ カ　　マン ナ ソ　パンガプスム ニ ダ
①여러분 안 녕 하십니까?　②만나서 반갑습니다.

(皆さん，こんにちは。)　(お会いできてうれしいです。)

ハングン ニョンファ ナ　ノ レ　ドゥン　ハルリュ ヘ　クワン シ ミ　イ ス シン　ブン
③한국 영 화나 노래 등 한류에 관 심이 있으신 분,

(韓国の映画や歌など韓流に関心がおありの方,)

マ シンヌン ハン グ　グム シ グル ハン グ ゲ ソ　トゥ シ ゴ　シ プ シン ブン
④맛있는 한국 음식을 한국에서 드시고 싶으신 분,

(おいしい韓国料理を韓国で召し上がりたい方,)

ハン グ グル　ト　キ ピ　アル ゴ　シ プ シン ブン
⑤한국을 더 깊이 알고 싶으신 분,

(韓国をもっと深く知りたい方,)

ク リ ゴ　チャン ネ　ハン グ ゲ　ユ ハク　カ ゴ　シ プ シン ブン
⑥그리고 장 래 한국에 유학 가고 싶으신 분,

(そして将来韓国に留学に行きたい方,)

チ グム ブ ト　チョ ワ　カ チ　ハン グ ゴ　コン ブ ルル　シ ジャッ カプ シ ダ
⑦지금부터 저와 같이 한국어 공부를 시 작 합시다.

(今から私といっしょに韓国語の勉強を始めましょう。)

コン ブ ハル　テ　ピ リョ ハン　ゴ スン　チョ ウン　サ ジョン グワ　キョ クワ ソ
⑧공부할 때 필요한 것은 좋은 사 전 과 교과서

(勉強するとき必要なものは良い辞書と教科書)

ク リ ゴ　オ リ ナ イ ワ　ガ トゥン　ホ ギ シ ミム ニ ダ
⑨그리고 어린아이와 같 은 호기심입니다.

(そして子供のような好奇心です。)

韓国語の文はこのように基本的に文節ごとに分かち書きします。文末にはピリオド（.）や疑問符（?）の他に感嘆符（!）が用いられます。また文中にはコンマ（,）を用いることがあります。

ところで韓国語はハングルを文字通りに発音すればするほど逆に不自然な発音になることがあります。自然な発音ができるように発音の変化をきちんと学ばなくてはいけません。実は上の文章には韓国語の主要な発音変化が含まれています。ちょっと見ておきましょう。下の語は各発音変化の一例です。また，矢印の右はこの本で扱っている箇所です。

①여러분の분［pun］→［bun］☞**4.1.有声音化**

①안 녕 하십니까の하［ha］→［ɦa］☞**4.4.と第1課§3ㅎの有声音化**

①하십니까のㅂ［ᵖ］→［m］☞**第1課§2鼻音化**

②반갑습니다の스［sɯ］→［ˀsɯ］☞**第2課§1濃音化**

③한국 영 화［한국 영화］→［한궁 녕 화］☞**第5課§4［n］の挿入**

③한류［한류］→［할류］☞**第5課§1流音化**

③ 관 심이の［심이］→［시미］☞**第1課§1連音化（1）終声字の初声音化**

⑥ 장 래［장래］→［장내］☞**第5課§2流音の鼻音化**

⑦같이［가티］→［가치］☞**第3課§1口蓋音化**

⑦시 작 합시다の시작하［시 작 하］→［시 작 카］☞**第4課§1激音化**

⑧좋은［조은］☞**第6課§5ㅎの無音化**

なお，④の맛있는は맛 있 는とも発音されます。これについては**第5課§3連音化（2）終声音の初声音化**で扱います。

第6課までに主要な発音変化を学びますので，第6課を終えた後，再びこの文章を聞き直すと，よりよく発音が聞き取れるでしょう。この文章を何度も聞き，発音変化もいっしょに覚えてしまいましょう。

1. ハングルの構造

ハングルは1音1音を表す単音文字です。そして子音字と母音字を組み合わせて1つの文字を作ります。この1文字が1つの音節を表すことからハングルは音節文字でもあります。

ハングルの最も基本的な文字の形は子音字＋母音字からなります。また子音字＋母音字＋子音字からなることもあります。音節の頭の子音は初声，母音は中声，音節末の子音は終声と呼ばれます。また終声の位置に書かれる子音字をパッチム（終声字）と呼びます。例えば나は子音字ㄴと母音字ㅏからなり，初声は子音［n］，中声は母音［a］で［na］と発音され，「私」という意味を表す単語です。また봄は子音字ㅂと母音字ㅗと子音字ㅁからなり，初声は子音［p］，中声は母音［o］，終声は子音［m］で［pom］と発音され，「春」という意味を表します。

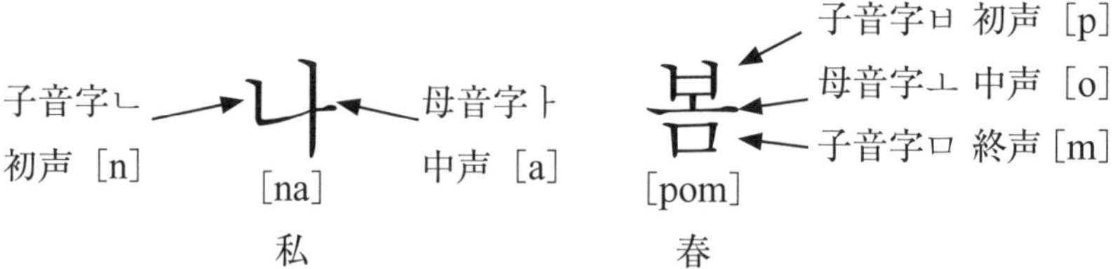

2. 母音字と母音

母音字には基本母音字10個と合成母音字11個の計21個があります。

基本母音字（10個）

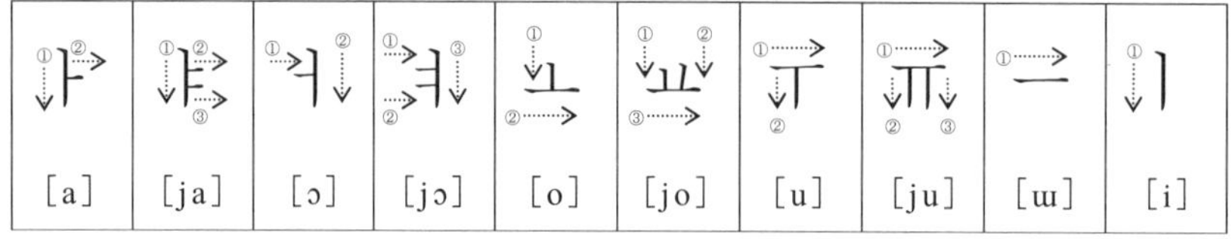

合成母音字（11個）

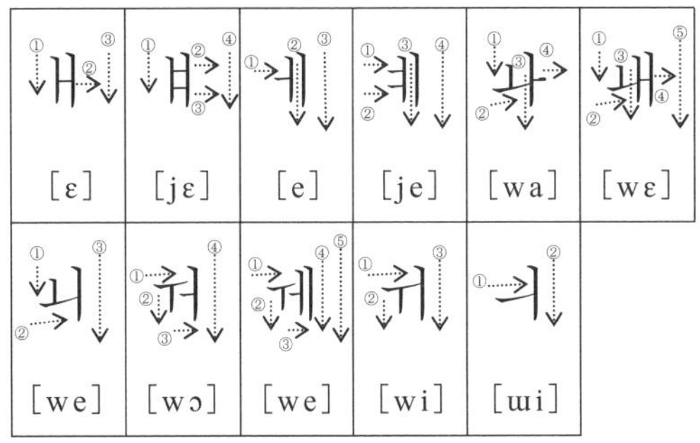

基本母音字はㅣに横の棒を1本加えたもの（ㅏ，ㅓ）と2本加えたもの（ㅑ，ㅕ），ㅡに縦の棒を1本加えたもの（ㅗ，ㅜ）と2本加えたもの（ㅛ，ㅠ）があります。2本の棒を持つものは［j］（日本語のヤ行の音）を表します。

合成母音字は縦に長い母音字ㅏ，ㅑ，ㅓ，ㅕにㅣを加えたもの（ㅐ，ㅒ，ㅔ，ㅖ）と横に長い母音字ㅗにㅏ，ㅐ，ㅣを加えたもの（ㅘ，ㅙ，ㅚ），同じくㅜにㅓ，ㅔ，ㅣを加えたもの（ㅝ，ㅞ，ㅟ），そしてㅡとㅣが合成したもの（ㅢ）があります。ㅗとㅜを含むものは［w］を表します。ㅚとㅞは字は異なりますが同じ発音[we]であることに注意して下さい。

次に発音の点から見ていきましょう。母音には単母音が8個，半母音［j］と単母音が結合した音が6個，半母音［w］と単母音が結合した音が5個あります。また二重母音はㅢ［ɯi］の1個があります。

まず8個の単母音を母音三角形で示しておきます。母音三角形とは母音を発音するときの口の開きと舌の位置によって三角形に並べて示したものです。「アーエーイ」「アーオーウ」とゆっくり発音しながら，口の開きと舌の位置の変化を確認してみましょう。日本語では区別しない母音の発音のし方を知るのに，母音三角形はとても便利なのです。

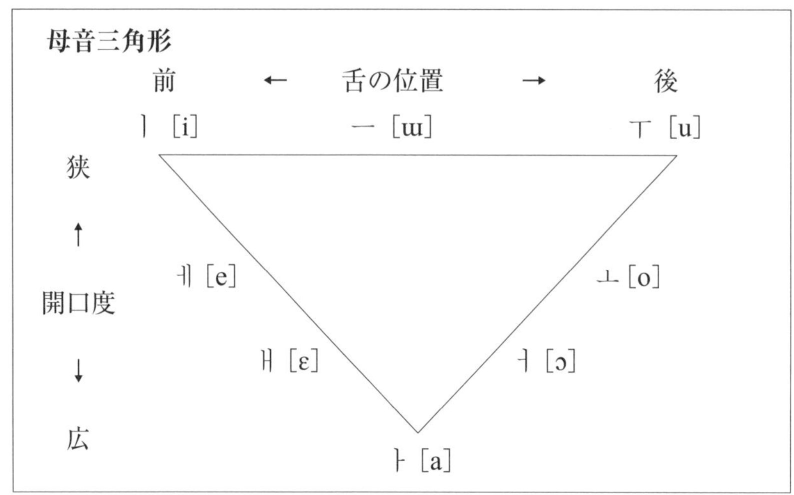

次に単母音の発音について説明します。音声を聞きながらいっしょに発音しましょう。2

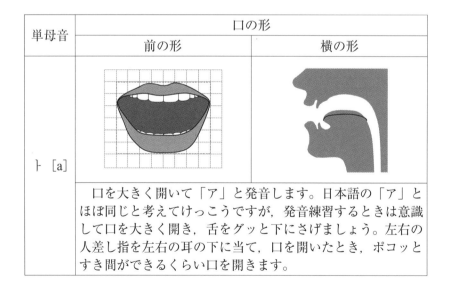

単母音	口の形	
	前の形	横の形
ㅏ [a]		
	口を大きく開いて「ア」と発音します。日本語の「ア」とほぼ同じと考えてけっこうですが，発音練習するときは意識して口を大きく開き，舌をグッと下にさげましょう。左右の人差し指を左右の耳の下に当て，口を開いたとき，ポコッとすき間ができるくらい口を開きます。	

単母音	口の形	
	前の形	横の形
ㅓ [ɔ]		
	ㅏと同じくらい口を開けますが，唇と舌からは力を抜いて「オ」と発音します。ㅏのときと同様，口を開いたとき，耳下にポコッとすき間ができることを人差し指で確認しましょう。	
ㅗ [o]		
	小指の先を口にくわえるぐらいに唇を開け，そのまま唇を丸くグッと突き出して「オ」と発音します。そのとき舌の後部を上に持ち上げ，口の中の空間をㅓよりも狭くします。	
ㅜ [u]		
	ㅗのときの唇をさらに前に突き出して「ウ」と発音します。舌の後部はそれにつれてㅗのときよりもやや上に持ち上がります。	

<table>
<tr><th rowspan="2">単母音</th><th colspan="2">口の形</th></tr>
<tr><th>前の形</th><th>横の形</th></tr>
<tr><td rowspan="2">ㅡ［ɯ］</td><td></td><td></td></tr>
<tr><td colspan="2">唇を横に引き，歯をかみ合わせるくらいに開いて「ウ」と発音します。そのとき舌の面が上に持ち上がります。唇の両端と舌の面には力を加えなくてけっこうです。</td></tr>
<tr><td rowspan="2">ㅣ［i］</td><td></td><td></td></tr>
<tr><td colspan="2">ㅡと同じ口の形で「イ」と発音します。日本語の「イ」とほぼ同じです。舌の前面が硬口蓋（上歯茎の後部）に近づきます。</td></tr>
<tr><td rowspan="2">ㅐ［ɛ］</td><td></td><td></td></tr>
<tr><td colspan="2">日本語の「エ」の口の開きを小指2本分ほど縦に広げ，「エ」と発音します。舌の面を下にさげ，口の中の空間を広くします。</td></tr>
</table>

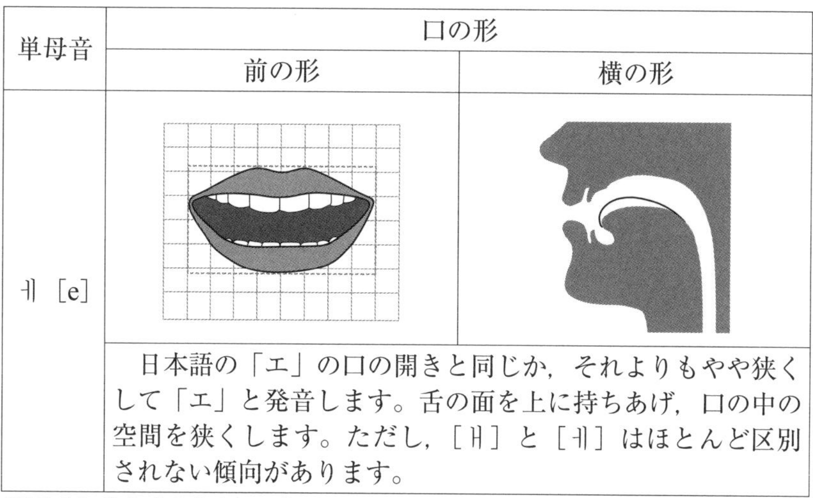

単母音	口の形	
	前の形	横の形
ㅔ［e］		
	日本語の「エ」の口の開きと同じか，それよりもやや狭くして「エ」と発音します。舌の面を上に持ちあげ，口の中の空間を狭くします。ただし，［ㅐ］と［ㅔ］はほとんど区別されない傾向があります。	

『외국인을 위한 한국어 발음 47①』(2009, pp.14-15)（서울대학교 언어교육원, 랭기지플러스, 서울）掲載の図をもとに作成。

半母音と単母音が結合した音をまとめると次の通りです。［j］は日本語の拗音（ヤ行の音）にあたります。［w］はワ行にあたりますが，日本語のワ行よりも唇をㅗとㅜの要領で丸く突き出して発音します。二重母音はㅢ［ɯi］だけです。3

半母音［j］と単母音が結合した音（6個）

［j］＋単母音	ㅑ	ㅒ	ㅕ	ㅖ	ㅛ	ㅠ
	［ja］	［jɛ］	［jɔ］	［je］	［jo］	［ju］

半母音［w］と単母音が結合した音（5個）（字の数は6個）

［w］＋単母音	ㅘ	ㅙ	ㅚ	ㅞ	ㅝ	ㅟ
	［wa］	［wɛ］	［we］		［wɔ］	［wi］

二重母音（1個）

二重母音	ㅢ
	［ɯi］

ㅢ［ɯi］は，唇の形はーのまま，ーとㅣを続けて早く発音します。コツはーの舌の前面を素早く硬口蓋に近づけることです。母音の［ɯ］と［i］が2つ連続して現れるので二重母音というわけです。ㅟ［wi］は丸く突き出した唇の両端を素早く横に引いて発音します。ㅢとㅟをしっかり区別しましょう。

通常は母音字を単独で書くことはほとんどありません。子音字＋母音字の構造にのっとって書くわけですが，初声の子音字にはㅇ（このときのㅇの音価はゼロ）を用います。ㅇの位置は「ㅏ，ㅑ，ㅓ，ㅕ，ㅣ，ㅐ，ㅒ，ㅔ，ㅖ」のように縦に長い母音字のときは左側，「ㅗ，ㅛ，ㅜ，ㅠ，ー」のように横に長い母音字のときは上側となります。正方形をイメージし，左右，上下を二等分するように書くとよいでしょう。

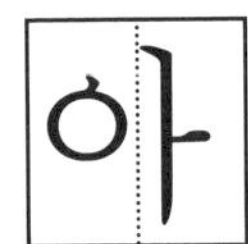
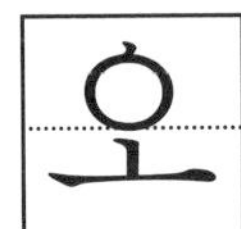

ㅇは上から時計と逆回りに書きます。上部の小さい点は印刷のときに現れるもので，手書きのときはわざわざ書きません。

ㅇの書き順

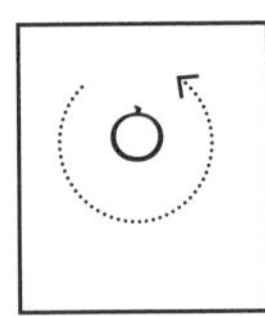

◉練習1　音声をよく聞いて，発音しながら書いてみましょう。 4

①아 야 어 여 오 요 우 유 으 이

②애 얘 에 예 와 왜 외 워 웨 위 의

①の順序は暗記してしまいましょう。辞書では母音がこの順序で並んでいます。아야어여は口を大きく開け，오요우유は唇を丸く突き出し，으이は唇を横に引く，というように口の開きの順と形ごとにまとまっ

ているので覚えやすいですね。②を加えた母音の順序は次の通りです。

아 애 야 얘 어 에 여 예 오 와 왜 외 요 우 워 웨 위 유 으 의 이

◉練習2　音声をよく聞いて，発音しながら書いてみましょう。 5

①아이	子供	⑥아예	はじめから	⑪위	上
②오이	キュウリ	⑦여우	キツネ	⑫왜	なぜ
③이유	理由	⑧여유	余裕	⑬얘	この子
④유아	幼児	⑨우애	友愛	⑭예	はい
⑤이어	ひきつづき	⑩의외	意外		

漢字からなる単語には日本語と発音が似ているものがあります。練習2の単語の中にもありますが，気がつきましたか。こうした漢字語は語彙を増やすときの力となるでしょう。しかし韓国語には固有語ももちろん豊富にあります。初級の段階から固有語の語彙をしっかり覚えていきましょう。

ところで，韓国語の音の特徴として語頭の音の高低があり，語頭が母音・半母音のときは低く始まる傾向があります。もう一度付録音声で練習2の単語を聞いて語頭の音の高低を確認してみましょう。とその前に，注意点を1つ。韓国語では音の高低によって単語の意味が変わることはありません。その点，日本語は高低アクセントによって単語の意味が変わります。例えば同じ「あめ」でも「雨」(高低) と「飴」(低高) が区別されます。韓国語における音の高低は発音の自然さとかかわります。練習2①の「아이」は日本語の「愛 (あい)」と同じアクセント (高低) で発音するよりも，「低高」で発音した方がより自然に聞こえるわけです。

3. 長母音

母音の長短によって意味が区別されることがありますが，現在はほとんど消滅する傾向にあります。本書では発音記号を示すとき，[ː] で長母音を示すことにしますが，とりたてて覚えなくともけっこうです。

이 [i] 歯 …………이 [iː] 2

애 [ɛ] 子供 ………애 [ɛː] 気苦労

예 [je] 例 …………예 [jeː] はい

4. 子音字と子音

子音字には基本子音字14個と合成子音字5個の計19個があります。ㄴに横棒を加えるとㄷとなり，ㄷからㄹが派生します。またㅁからㅂが派生し，ㅅに横棒を加えたのがㅈです。ㅊ，ㅋ，ㅌ，ㅍ，ㅎはㅈ，ㄱ，ㄷ，ㅂ，ㅇからの派生です。

基本子音字（14個）[語頭/語中]

ㄱ	ㄴ	ㄷ	ㄹ	ㅁ	ㅂ	ㅅ
[k/g]	[n]	[t/d]	[r]	[m]	[p/b]	[s]
ㅇ	ㅈ	ㅊ	ㅋ	ㅌ	ㅍ	ㅎ
（なし）	[ʧ/ʤ]	[ʧʰ]	[kʰ]	[tʰ]	[pʰ]	[h/ɦ]

合成子音字（5個）

ㄲ	ㄸ	ㅃ	ㅆ	ㅉ
[ˀk]	[ˀt]	[ˀp]	[ˀs]	[ˀʧ]

合成子音字ㄲ，ㄸ，ㅃ，ㅆ，ㅉは基本子音字ㄱ，ㄷ，ㅂ，ㅅ，ㅈを横に2つ並べたものです。書き順もㄱ，ㄷ，ㅂ，ㅅ，ㅈに準じます。

次に発音です。子音は音節の頭（初声）と音節末（終声）に現れます。まず初声から見ましょう。初声は発音の仕方によって平音，鼻音，流音，激音，濃音に分かれます。

4.1. 平音

平音にはㅂ，ㄷ，ㄱ，ㅈ，ㅅの5個があります。平音は息をゆっくり吐き出しながら発音します。ㅅ以外，つまりㅂ，ㄷ，ㄱ，ㅈは語中で有声音化します。

平音（5個）

平音	語頭	語中
ㅂ	[p]	[b]
ㄷ	[t]	[d]
ㄱ	[k]	[g]
ㅈ	[ʧ]	[ʤ]
ㅅ	[s]	

ㅂ [p/b]　語頭でパ行の子音，語中でバ行の子音です。

ㄷ [t/d]　語頭でタ，テ，トの子音，語中でダ，デ，ドの子音です。디디は［tidi ティディ］，두두は［tudu トゥドゥ］，また드드は［tɯdɯ トゥドゥ］と発音されます。

ㄱ [k/g]　語頭でカ行の子音，語中でガ行の子音です。語中では鼻濁音にならないので注意して下さい。가구(家具)は[kagu カグ］であり，［kaŋu カク゚］とは発音されません。

ㅈ [ʧ/ʤ]　語頭でチャ，チ，チュ，チェ，チョの子音，語中でジャ，ジ，ジュ，ジェ，ジョの子音です。자と쟈，저と져，조と죠，주と쥬は同じ発音になります。

ㅅ［s］　語頭と語中のいずれでも［s］と発音されます。ただし［i］［j］［wi］の前では［ʃ］となります。시は［ʃi シ］であり，［スィ］とは発音されません。샤は［ʃa シャ］，쉬は［ʃwi シュイ］です。ㅅは他の平音よりも息がやや多めに出ます。これはㅅの発音に自ずと伴う現象ですので，意識して息を多めに出さなくてもけっこうです。

なお，書き方ですが，子音字は縦に長い母音字（ㅏなど）といっしょに書くときは横幅をやや狭く，横に長い母音字（ㅗなど）といっしょに書くときはやや広く書くとバランスが良くなります。例えば바버비と보부브を比べてみて下さい。

ㄷは縦に長い母音字といっしょに書くとき，最後の画を少し右上にあげて書きます。다，더など。

またㄱは縦に長い母音字といっしょに書くときはカタカナの「フ」のように書きますが，横に長い母音字といっしょに書くときは下におろす線をあまり左に傾けません。가，고など。

ㅈはカタカナの「ス」のように書きます。印刷ではㅈのような形もありますが，手書きでは用いません。

ㅅは漢字の「人」に似ていますが，2画目ははらわずにとめます。

◉練習3　音声をよく聞いて，発音しながら書いてみましょう。 6

①바，바바，바 뱌 버 벼 보 뵤 부 뷰 브 비
②다，다다，다 댜 더 뎌 도 됴 두 듀 드 디
③가，가가，가 갸 거 겨 고 교 구 규 그 기
④자，자자，자 쟈 저 져 조 죠 주 쥬 즈 지
⑤사，사사，사 샤 서 셔 소 쇼 수 슈 스 시

語頭の音の高低について言いますと，平音ではㅅが語頭に来るとき，高く始まります。他の平音，つまりㅂ，ㄷ，ㄱ，ㅈが語頭に来るときは低く始まります。

◉練習4　音声をよく聞いて，発音しながら書いてみましょう。 7

①가게　店	⑥세수　洗面	⑪비디오　ビデオ
②바다　海	⑦돼지　ブタ	⑫지우개　消しゴム
③두부　豆腐	⑧얘기　話	⑬아버지　父
④주소　住所	⑨예고　予告	⑭구두쇠　けち
⑤사과　リンゴ	⑩의자　イス	⑮주사위　さいころ

4.2. 鼻音

鼻音にはㅁ，ㄴの2個があります。いずれも語頭と語中で同じ音で発音されます。鼻音が語頭に来るときは低く始まります。

鼻音（2個）

鼻音	語頭	語中
ㅁ	[m]	
ㄴ	[n]	

ㅁ［m］　マ行の子音です。ㅁはカタカナの「ロ」のように書きます。

ㄴ［n］　ナ行の子音です。ㄴは縦に長い母音字といっしょに書くとき，最後の画を少し右上にあげます。나，너など。

◉練習5　音声をよく聞いて，発音しながら書いてみましょう。 8

①마 먀 머 며 모 묘 무 뮤 므 미

②나 냐 너 녀 노 뇨 누 뉴 느 니

◉練習6　音声をよく聞いて，発音しながら書いてみましょう。 9

①뭐	何	⑤개미	アリ	⑨소나무	松の木
②네	はい	⑥다시마	コンブ	⑩그나저나	ともかく
③아뇨	いいえ	⑦바구니	ざる		
④비누	せっけん	⑧어머니	母		

4.3. 流音

流音にはㄹの1個があります。流音も語頭と語中で同じ音で発音されます。流音が語頭に来るときも低く始まります。

流音（1個）

流音	語頭	語中
ㄹ	[r]	

ㄹ［r］　ラ行の子音です。ㄹで始まる単語は基本的に外来語です。ㄹは漢字の「己」に似ていますが，最後の画ははねずにとめます。

◉練習7　音声をよく聞いて，発音しながら書いてみましょう。 10

라 랴 러 려 로 료 루 류 르 리

◉練習8　音声をよく聞いて，発音しながら書いてみましょう。 11

①아래	下	⑤의뢰	依頼	⑨비로소	はじめて
②세로	縦	⑥라디오	ラジオ	⑩시나리오	シナリオ
③보리	大麦	⑦도라지	キキョウ		
④배려	配慮	⑧며느리	嫁		

4.4. 激音

激音はㅍ，ㅌ，ㅋ，ㅊ，ㅎの5個です。ㅍ，ㅌ，ㅋ，ㅊは平音のㅂ，ㄷ，ㄱ，ㅈより強い息を伴う音です。またㅍ，ㅌ，ㅋ，ㅊは語頭と語中で同じ発音ですが，ㅎは語中で有声音化して［ɦ］と発音されます。激音のㅍ，ㅌ，ㅋ，ㅊ，ㅎが語頭に来るときはいずれも高く始まります。

激音（5個）

激音	語頭	語中
ㅍ	[pʰ]	
ㅌ	[tʰ]	
ㅋ	[kʰ]	
ㅊ	[ʧʰ]	
ㅎ	[h]	[ɦ]

ㅍ［pʰ］　パ行の子音で，強い息を伴います。

ㅌ［tʰ］　タ，テ，ト行の子音で，強い息を伴います。

ㅋ［kʰ］　カ行の子音で，強い息を伴います。

ㅊ［ʧʰ］　チャ，チ，チュ，チェ，チョの子音で，強い息を伴います。차と챠，처と쳐，초と쵸，추と츄は同じ発音になります。

ㅎ［h/ɦ］　語頭でハ行の子音です。日本語のハ行の子音とほぼ同じ音ですので，意識して強い息を出さなくともけっこうです。語中では有声音化して［ɦ］となります。

ㅍ，ㅌ，ㅋ，ㅊはそれぞれ［p］［t］［k］［ʧ］と発音すると同時に息を一気に吐き出します。平音の바［pa］と파［pʰa］で練習してみましょう。바は両唇を開きながら息をゆっくり吐き出しながら発音します。一方，파は一気に吐き出す息の力でもって，ふさがっている両唇をパッと押し開くようにして発音します。強い息が出ているかどうか，口の前に手の平やティッシュをかざして確認しましょう。「바파，바파

……」と繰り返し発音してコツをつかみます。타 [tʰa], 카 [kʰa], 차 [ʧʰa] についても同じ要領でやってみます。口の中で閉鎖を作っている部分を，その後部からの息の力で一気に開きます。「다타，가카，자차……」と何度も練習してみましょう。

語中のㅎの［ɦ］は見慣れない記号かも知れませんね。これは要するに声帯の振動を伴う［h］のことです。練習はまず，喉に手を当てて가가［kaga］を繰り返し発音し，声帯振動の有無を確認します。それから하하［haɦa］の練習をします。［ɦa］の［ɦ］を発音するとき，声帯を振動させましょう。韓国語のあいさつの「안녕하세요?」［アンニョンハセヨ］の［ハ］を発音するとき，この練習が効いてきます。

ㅍは縦に長い母音字といっしょに書くとき，最後の画をやや右上にあげます。파，피など。

ㅌとㅋを書くときの形の変え方はㄷとㄱに準じます。

ㅊはス に一点加えた形です。印刷ではㅊのような形もありますが，手書きでは用いません。

ㅎのㅇは上から時計と逆回りに書きます。ㅇの上部の小さい点は印刷のときに現れるもので，手書きではその小さい点を書きません。

◉練習9　音声をよく聞いて，発音しながら書いてみましょう。 12

①파 퍄 퍼 펴 포 표 푸 퓨 프 피

②타 탸 터 텨 토 툐 투 튜 트 티

③카 캬 커 켜 코 쿄 쿠 큐 크 키

④차 챠 처 쳐 초 쵸 추 츄 츠 치

⑤하 햐 허 혀 호 효 후 휴 흐 히

◉練習10　音声をよく聞いて，発音しながら書いてみましょう。 13

①커피　コーヒー　　③파티　パーティー　　⑤하나　1つ

②초보　初歩　　④태도　態度　　⑥가치　価値

⑦조카　おい，めい　⑩아파트　アパート　⑬웨이터　ウェイター
⑧우표　切手　⑪피아노　ピアノ　⑭허수아비　かかし
⑨오후　午後　⑫티셔츠　Tシャツ

4.5. 濃音

濃音はㅃ，ㄸ，ㄲ，ㅉ，ㅆの5個です。ㅆ以外の濃音は息を伴わない音です。ㅆは若干の息を伴います。濃音はいずれも語頭と語中で同じ発音になります。濃音のㅃ，ㄸ，ㄲ，ㅉ，ㅆが語頭に来るときはいずれも高く始まります。

濃音（5個）

濃音	語頭	語中
ㅃ	[ˀp]	
ㄸ	[ˀt]	
ㄲ	[ˀk]	
ㅉ	[ˀʧ]	
ㅆ	[ˀs]	

ㅃ [ˀp]　パ行の子音で，息を伴わない音です。
ㄸ [ˀt]　タ，テ，トの子音で，息を伴わない音です。
ㄲ [ˀk]　カ行の子音で，息を伴わない音です。
ㅉ [ˀʧ]　チャ，チ，チュ，チェ，チョの子音で，息を伴わない音です。짜と쨔，쩌と쪄，쪼と쬬，쭈と쮸は同じ発音になります。
ㅆ [ˀs]　サ行の子音で，若干の息を伴います。なお［i］［j］［wi］の前では［ˀʃ］となります。씨［ˀʃi］，쌰［ˀʃa］，쒸［ˀʃwi］など。

ㅃ，ㄸ，ㄲ，ㅉは喉をつまらせるように力を入れ，息を出さずに発音します。ㅆも同じ要領で発音しますが，若干の息が出ます。摩擦音

の性質上，息を全く伴わずに発音することはむしろ困難です。빠から練習してみましょう。まず母音の準備。ゆっくり「アッアッアッ……」と発音し，「ッア」のとき息が出ないようにします。빠は閉じた両唇を開くと同時に「ッア」と発音します。口の前に手の平やティッシュをかざして息が出ないことを確認しましょう。「바，파，빠……」と繰り返し練習してコツをつかみます。同じ要領で따，짜，까の順で練習します。逆に까，짜，따，빠の順の方がコツをつかみやすいこともありますので，そこは臨機応変に。싸も［s］と同時に「ッア」と発音します。「ッ」のところで喉に力を入れ，사よりも息が出ないようにします。

◉練習11　音声をよく聞いて，発音しながら書いてみましょう。 14

①빠 뺘 뻐 뼈 뽀 뾰 뿌 쀼 쁘 삐

②따 땨 떠 뗘 또 뚀 뚜 뜌 뜨 띠

③까 꺄 꺼 껴 꼬 꾜 꾸 뀨 끄 끼

④짜 쨔 쩌 쪄 쪼 쬬 쭈 쮸 쯔 찌

⑤싸 쌰 써 쎠 쏘 쑈 쑤 쓔 쓰 씨

◉練習12　音声をよく聞いて，発音しながら書いてみましょう。 15

①뽀뽀	キス	⑥아빠	パパ	⑪뿌리	根
②따로	別に	⑦이따가	後で	⑫때	時
③까치	カササギ	⑧토끼	ウサギ	⑬코끼리	象
④찌개	チゲ	⑨가짜	にせもの	⑭찌꺼기	かす
⑤쓰레기	ゴミ	⑩이쑤시개	つまようじ	⑮가로쓰기	横書き

初声の子音を調音位置と調音法によって分類すると次頁の表の通りです。

初声の子音体系

調音位置／調音法		両唇音	歯音	歯茎音	硬口蓋音	軟口蓋音	声門音
口音	閉鎖音	ㅂ ㅍ ㅃ	ㄷ ㅌ ㄸ			ㄱ ㅋ ㄲ	
	摩擦音			ㅅ ㅆ			ㅎ
	破擦音				ㅈ ㅊ ㅉ		
鼻音		ㅁ	ㄴ				
流音			ㄹ				

◉練習13　音声をよく聞いて，発音しながら書いてみましょう。 16

①가 나 다 라 마 바 사 아 자 차 카 타 파 하

②까 따 빠 싸 짜

③아 야 어 여 오 요 우 유 으 이

④애 얘 에 예 와 왜 외 워 웨 위 의

①の順序は暗記しましょう。辞書では子音がこの順序で並んでいます。③④は練習1の復習です。母音の順序，覚えていますか。①に②を加えた子音の順序と，③に④を加えた母音の順序は以下の通りです。

가 까 나 다 따 라 마 바 빠 사 싸 아 자 짜 차 카 타 파 하

아 애 야 얘 어 에 여 예 오 와 왜 외 요 우 워 웨 위 유 으 의 이

語頭の音の高低についてまとめておきましょう。

語頭が平音（ㅅ），激音（ㅍ，ㅌ，ㅋ，ㅊ，ㅎ），濃音（ㅃ，ㄸ，ㄲ，ㅉ，ㅆ）のときは高く始まります。

それ以外の，母音，半母音，平音（ㅂ，ㄷ，ㄱ，ㅈ），鼻音（ㅁ，ㄴ），流音（ㄹ）が語頭に来るときは低く始まります。

実は，日本語の中でも無意識に激音（に近い音）を発音していることがあります。例えば「鎌倉」と「カナダ」を発音してみると，「かまくら」の「か」は平音，「カナダ」の「カ」は激音になりやすいのです。

「かまくら」は語頭が低く，「カナダ」は語頭が高いのがその原因と考えられます。このように日本語では語頭が高いとき激音に聞こえる傾向がありますので，韓国語の平音（ㅅ以外）で始まる語を発音するときは，語頭の音を低くすることを意識すると良いでしょう。ところで，海外旅行で必要な査証の意味の비자［piʤa］（ビザ）は語頭が低く始まります。日本語で「ビザ」と言うように語頭を高くすると食べ物の피자［pʰiʤa］（ピザ）に聞こえてしまいます。

5. 終声

音節末の子音を終声と呼びます。終声の音には7個があります。口音の終声はいずれも閉鎖するだけで破裂しません。発音記号は［p̚］［t̚］［k̚］と表します。初声では音価の無かったㅇですが，終声では鼻音［ŋ］と発音されます。

終声の音（7個）

口音	［p̚］	［t̚］	［k̚］
鼻音	［m］	［n］	［ŋ］
流音		［l］	

［p̚］　「カッパ」を発音するときの「ッ」の音，つまり「パ」の直前の音に似ています。口をしっかり閉じてとめます。

［t̚］　「カッター」の「タ」の直前の音に似ています。舌先を上の歯茎にしっかりつけてとめます。

［k̚］　「サッカー」の「カ」の直前の音に似ています。舌の奥を上あごの柔らかい部分（軟口蓋）にしっかりつけてとめます。

［m］　「サンマ」の「ン」の音に似ています。口をしっかり閉じて鼻から息を抜きます。

［n］　「カンナ」の「ン」の音に似ています。舌先を上の歯茎あるい

は歯の裏にしっかりくっつけ，鼻から息を抜きます。上下の歯の間から舌の端が少し出るくらい舌をしっかりつけると，［n］がはっきり聞こえます。

［ŋ］　［ŋ］は「マンガ」の「ン」の音に似ています。舌の奥を軟口蓋にしっかりくっつけ，鼻から息を抜きます。ぐっと念を押すように「ゥン（ガ）」と発音し，［n］と区別しましょう。

［l］　「ラッラッラ」と口ずさむときの「ッ」の音に似ています。舌先を上の歯茎の少し奥の方にしっかりつけます。発音し終わっても舌先は上についたままです。

［ᵖ］の口の形でハミングすると［m］になります。同じように［ᵗ］から［n］，［ᵏ］から［ŋ］の音になります。また，［n］の口の形で口から音を出すと［l］になります。

終声の位置に書かれる子音字には次のようなものがあります。ㅃ, ㄸ, ㅉを終声の位置に書く単語はありません。

終声の位置に書かれる子音字

口音	［ᵖ］	ㅂ，ㅍ
	［ᵗ］	ㄷ，ㅅ，ㅆ，ㅈ，ㅊ，ㅌ，ㅎ
	［ᵏ］	ㄱ，ㄲ，ㅋ
鼻音	［m］	ㅁ
	［n］	ㄴ
	［ŋ］	ㅇ
流音	［l］	ㄹ

口音ではㅂ，ㅍは［ᵖ］，ㄱ，ㄲ，ㅋは［ᵏ］，それ以外の子音字は［ᵗ］となります。なお，外来語の語末の［t］，［d］はㅅで表されることがあ

ります。17

①밥［pa^{p} 밥］ご飯　　앞［a^{p} 압］前

②꼭［$^{?}$ko^{k} 꼭］きっと　밖［pa^{k} 박］外　부엌［puɔ^{k} 부억］台所

③곧［ko^{t} 곧］すぐ　　밭［pa^{t} 받］畑

④빗［pi^{t} 빋］くし　　빚［pi^{t} 빋］借金　　빛［pi^{t} 빋］光

⑤히읗［hiɯ^{t} 히읃］ヒウッ（ㅎの名称）

⑥아웃［au^{t} 아욷］アウト（out）　굿［ku^{t} 굳］グッド（good）

終声字を書くときは正方形をイメージし，その中に初声と中声の字と共にバランスよく収まるように書きます。ㄱの最後の画はまっすぐ下におろします。

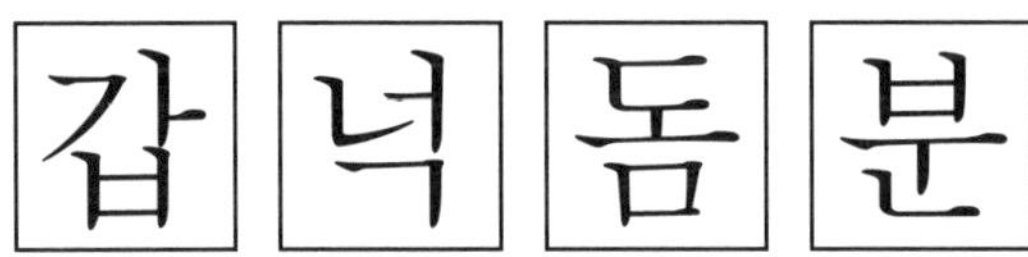

◉練習14　音声をよく聞いて，発音しながら書いてみましょう。 18

①압 안 악 암 안 앙 알　　③밥 단 각 맘 난 앙 랄

②곱 곧 곡 곰 곤 공 골

◉練習15　音声をよく聞いて，発音しながら書いてみましょう。 19

①삽　スコップ	⑦끝　終り	⑬눈　目
②입　口	⑧책　本	⑭강　川
③옆　横	⑨떡　もち	⑮방　部屋
④맛　味	⑩밤　夜	⑯달　月
⑤옷　服	⑪꿈　夢	⑰칼　刀
⑥젖　乳	⑫산　山	⑱일　1

鼻音と流音の後に来るㅅ以外の平音，つまりㅂ，ㄷ，ㄱ，ㅈは語中で有声音化します。20

담배［taːmbɛ］タバコ　　정도［tʃɔŋdo］程度

반지［pandʒi］指輪　　날개［nalgɛ］羽

また，終声のㄹに初声のㄹが続くと［ll］と発音されます。「ラッラッラ」の「ッ」の音を長めに発音します。21

결론［kjɔllon］結論　　빨래［ˀpallɛ］洗濯

벌레［pɔlle］虫　　실력［ʃilljɔᵏ］実力

2つの異なる子音字からなる終声字もあります。2つのうち，どちらか1つを発音します。

前の子音字を読むもの

［ᵖ］	［ᵏ］	［n］	［l］
ㅄ	ㄳ	ㄵ	ㄼ
		ㄶ	ㄽ
			ㄾ
			ㅀ

後の子音字を読むもの

［ᵖ］	［ᵏ］	［m］
(ㄼ)	ㄺ	ㄻ
ㄿ		

ㄼは通常，前の子音字を読みますが，例外として，밟다［paːᵖˀta パープタ］（踏む）は後の子音字を読みます。

第1課（제일과）

안녕하십니까? 오늘 수업은 한국어입니다.

22

① 김영준 : 요시다 씨, 안녕하십니까?

② 요시다 : 어, 영준 씨, 안녕하세요?

③ 김영준 : 오늘 수업은 한국어입니까? 영어입니까?

④ 요시다 : 한국어입니다. 영어는 내일입니다.

【単語】

김영준	キム・ヨンジュン	오늘	今日
요시다	吉田	수업	〈授業〉
씨	〈氏〉さん	은	は
안녕하십니까?	[안녕하심니까]〈安寧―〉こんにちは。	한국어	[한구거]〈韓国語〉
		입니까	[임니까] ですか
		영어	〈英語〉
어	あっ，やあ，おや，ええっと	입니다	[임니다] です
		는	は
안녕하세요?	こんにちは。	내일	〈来日〉明日

【日本語訳】

① キム・ヨンジュン：吉田さん，こんにちは。

② 吉田　　　　　　：やあ，ヨンジュンさん，こんにちは。

③ キム・ヨンジュン：今日の授業は韓国語ですか。英語ですか。

④ 吉田　　　　　　：韓国語です。英語は明日です。

【解　説】

§1　連音化（1）（終声字の初声音化）　23

한국어（韓国語）は［한구거］と発音されます。このように，終声字を持つ文字の次に母音で始まる文字が続くと，前の終声字が次の文字の初声の位置で発音されます。これを連音化と呼びます。

음악	［ɯm−a^k］	→	［으막 ɯ−ma^k］	音楽
단어	［tan−ɔ］	→	［다너 ta−nɔ］	単語
얼음	［ɔl−ɯm］	→	［어름 ɔ−rɯm］	氷
십오	［ʃi^p−o］	→	［시보 ʃi−bo］	15
닫아	［ta^t−a］	→	［다다 ta−da］	閉めて
국어	［ku^k−ɔ］	→	［구거 ku−gɔ］	国語
영어	［jɔŋ−ɔ］	→	［영어 jɔ−ŋɔ］	英語

ㄹは終声で［l］と発音されますが，初声の位置で発音されるときは［r］となります。ㅂ，ㄷ，ㄱは有声音化する点に注意して下さい。終声のㅇ［ŋ］は次の母音とともに鼻濁音で発音されます。영어は［여어 jɔ−ɔ ヨオ］でも［여거 jɔ−gɔ ヨゴ］でもなく［jɔ−ŋɔ ヨコ゜］です。鼻濁音のコツを，［ŋa カ゜］を練習しながらつかんでみましょう。まず［ŋ］でハミングします。舌の奥を軟口蓋につけ，鼻から息を抜いて「ゥン～」とハミングしましょう。そして舌の奥を軟口蓋から，シップをはがすように，ゆっくりと離しながら最後に「ア」。「ゥン～カ゜」と発音できましたか。

§2　鼻音化　24

안녕하십니까?（こんにちは。）は［안녕하심니까］と発音されます。つまり，終声ㅂ［^{p}］がㄴ［n］の前でㅁ［m］に変わります。このよう

に，口音の終声［ᵖ］［ᵗ］［ᵏ］が鼻音［m］［n］の前で鼻音［m］［n］［ŋ］になること鼻音化をいいます。

［ᵖ］＋［m］→［mm］입문［immun 임문］　入門
［ᵖ］＋［n］→［mn］입니다［imnida 임니다］　です
［ᵗ］＋［m］→［nm］거짓말［kɔːʤinmal 거진말］うそ
［ᵗ］＋［n］→［nn］옛날［jeːnnal 옌날］　昔
［ᵏ］＋［m］→［ŋm］학문［haŋmun 항문］　学問
［ᵏ］＋［n］→［ŋn］작년［ʧaŋnjɔn 장년］　昨年

会話文の①하십니까，③입니까，④입니다は鼻音化して①［하심니까］，③［임니까］，④［임니다］と発音されます。［ㅁ니］のところで［무니］とならないように気をつけます。コツは［ㅁ］の発音で口を閉じると同時に口の中で［니］の発音の準備をし，そのまま口を開けて［니］と発音します。

§3　ㅎの有声音化　25

안녕하십니까?の하は有声音化して［ɦa］と発音されます。このように，初声ㅎは母音および終声ㅇ，ㅁ，ㄴ，ㄹの後で［ɦ］と有声音化します。［ɦ］の発音の仕方は**文字と発音4.4.**で説明しましたので参考にして下さい。なお，ㅁ，ㄴ，ㄹの後ではㅎがほとんど発音されないこともあります。

어학［ɔːɦaᵏ］　語学
안녕하세요［annjɔŋɦasejo］　こんにちは
밤하늘［pamɦanɯl］また［pamanɯl 바마늘］夜空
은행［ɯnɦɛŋ］また［ɯnɛŋ 으냉］　銀行
결혼［kjɔrɦon］また［kjɔron 겨론］　結婚

ただし母音と半母音［j］の間のㅎは有声音化しません。

유효 [juːhjo] 有効
제휴 [ʧehju] 提携

§4 입니다と입니까

韓国語の最も基本的な文を学びましょう。

名詞 입니다.　名詞 です。
名詞 입니까?　名詞 ですか。

名詞が子音で終るときは終声字の初声音化が起きます。ㅇで終る名詞につくときは鼻濁音の発音に注意しましょう。

母音で終る名詞に接続

요시다입니다.　吉田です。
영어입니까?　英語ですか。

子音で終る名詞に接続（→終声字の初声音化）

수업입니다. [수어빕니다]　授業です。
오늘입니까? [오느림니까]　今日ですか。
은행입니다. [-ŋi-]　銀行です。

빗（くし），빚（借金），빛（光）はそれぞれ終声字は異なりますが，いずれも発音は[pi[t] 빋]で区別がありません。ところが입니다がつくと，終声字の初声音化が起きて区別されます。

빗입니다. [비심니다]　くしです。
빚입니다. [비짐니다]　借金です。
빛입니다. [비침니다]　光です。

§5 는/은

는/은は日本語の「は」と似た用法を持つ助詞です。는は母音で終る

名詞につきます。은は子音で終る名詞につき，終声字の初声音化が起きます。

母音で終る名詞に接続

한국어는　　　韓国語は

요시다 씨는　　吉田さんは

子音で終る名詞に接続（→終声字の初声音化）

어학은［어하근］語学は

얼음은［어르믄］氷は

은행은［-ŋɯ-］　銀行は

§6　名詞　名詞（～の～）

名詞を分かち書きして2つ並べることで「～の～」という意味を表します。

한국어 수업　　韓国語の授業

영어 단어　　　英語の単語

영준 씨 빗　　　ヨンジュンさんのくし

◉コラム1　안녕하십니까?と안녕하세요?◉

안녕하십니까?と안녕하세요?は朝昼夜いつでも用いることができますので，「おはようございます」「こんにちは」「こんばんは」の意味を表します。안녕〈安寧〉は「お元気」の意味です。つまり韓国語のあいさつはお互いに「お元気ですか」と尋ねあっているわけです。このあいさつ，안녕하십니까?はややかたい印象を与え，안녕하세요?はうちとけた親しみを感じさせます。テレビ番組でたとえるなら，ニュースキャスターとバラエティーの司会者のあいさつの違いといったところでしょうか。

【応用会話の単語】

박유진	パク・ユジン	카레	カレー
기무라	木村	냉면	〈冷麺〉
메뉴	メニュー		

応用会話 26

① 박유진 : 안녕하세요 ?

② 기무라 : 안녕하세요 ?

③ 박유진 : 오늘 메뉴는 카레입니까 ? 냉면입니까 ?

④ 기무라 : 카레입니다. 냉면은 내일입니다.

① パク・ユジン：こんにちは。

② 木村　　　　：こんにちは。

③ パク・ユジン：今日のメニューはカレーですか。冷麺ですか。

④ 木村　　　　：カレーです。冷麺は明日です。

【練習問題】

韓国語に訳しなさい。

1. 名詞 입니다.

① 犬です。(개)　　④ 馬です。(말)

② リンゴです。(사과〈沙果〉)　　⑤ スイカです。(수박)

③ 消しゴムです。(지우개)　　⑥ 筆箱です。(필통〈筆筒〉)

2. 名詞 입니까?

① 猫ですか。(고양이)　　④ 熊ですか。(곰)

② 梨ですか。(배)　　⑤ ミカンですか。(귤〈橘〉)

③ 定規ですか。(자)　　⑥ 鉛筆ですか。(연필〈鉛筆〉)

3. 名詞 는/은 名詞 입니다. /입니까?

① 犬は動物です。(동물〈動物〉)　　② ミカンは果物です。(과일)

③ 筆箱は文具です。(문구〈文具〉)

④ 熊は動物ですか。

⑤ 梨は果物ですか。

⑥ 消しゴムは文具ですか。

第1課のエッセンス

鼻音化は $[^{p}]$ $[^{t}]$ $[^{k}]$ の音が鼻音に変わること。終声字の初声音化は終声字が次の文字の初声の位置で発音されること。音と字の区別が大切。입니다（です）と입니까（ですか）はいわゆる主語が無くとも文になる。主語は는/은（は）で表す。는は母音で終る名詞，은は子音で終る名詞につく。

第2課（제이과）

대학이 어디에 있습니까?

27

① 이윤아：저는 대학생입니다. 스즈키 씨도 대학생입니까?

② 스즈키：아니요, 저는 대학생이 아닙니다. 직장인입니다. 윤아 씨 대학이 어디에 있습니까? 도쿄에 있습니까?

③ 이윤아：네, 도쿄 요쓰야에 있습니다. 스즈키 씨 회사도 도쿄에 있습니까?

④ 스즈키：아니요, 도쿄에는 없습니다. 우리 회사는 가나가와에 있습니다.

【単語】

이윤아	イ・ユナ	에	に
저	私	있습니까	[이씀니까] ありますか
대학생	[대학쌩]〈大学生〉	도쿄	東京
스즈키	鈴木	네	はい
도	も	요쓰야	四谷
아니요	いいえ	있습니다	[이씀니다] あります
이	が	회사	〈会社〉
이 아닙니다	ではありません	없습니다	[업씀니다] ありません
직장인	[직짱인]〈職場人〉サラリーマン	우리	私たち, 私たちの, うちの
대학	〈大学〉	가나가와	神奈川
어디	どこ		

【日本語訳】

①イ・ユナ：私は大学生です。鈴木さんも大学生ですか。

②鈴木　　：いいえ，私は大学生ではありません。サラリーマンです。ユナさんの大学はどこにありますか。東京にありますか。

③イ・ユナ：はい，東京の四谷にあります。鈴木さんの会社も東京にありますか。

④鈴木　　：いいえ，東京にはありません。うちの会社は神奈川にあります。

【解　説】

§1　濃音化　28

대학생（大学生）は［대학쌩］と発音されます。このように，口音の終声［p］［t］［k］の次に来る平音（ㅂ，ㄷ，ㄱ，ㅈ，ㅅ）は濃音（ㅃ，ㄸ，ㄲ，ㅉ，ㅆ）で発音されます。これを濃音化と呼びます。なお，［t］はㅆ［ˀs］の前で［s］となり，［sˀs］は結局［ˀs］となります。

십분［십뿐］10分	돋보기［돋뽀기］虫眼鏡	책방［책빵］本屋
압도［압또］圧倒	늦더위［늗떠위］残暑	늑대［늑때］オオカミ
합격［합껵］合格	옷감［옫깜］生地	학교［학꾜］学校
입장［입짱］立場	낮잠［낟짬］昼寝	각지［각찌］各地
급속［급쏙］急速	닷새［닫쌔］5日間	독서［독써］読書

→［닷쌔 tasˀsɛ］

→［다쌔 taˀsɛ］

§2　있습니다と없습니다

韓国語では「あります」「います」の区別なく있습니다が用いられます。また「ありません」「いません」も区別なく없습니다が用いられます。発音ではㅅが濃音化する点に注意しましょう。없の終声は前の子音字

を読み，［업］と発音されます。

叙述形　있습니다［이씀니다］　あります，います
　　　　　없습니다［업씀니다］　ありません，いません

疑問形　있습니까［이씀니까］　ありますか，いますか
　　　　　없습니까［업씀니까］　ありませんか，いませんか

第2課

§3　가/이

가/이は日本語の「が」と似た助詞です。가は母音で終る名詞につき，이は子音で終る名詞につきます。

母音で終る名詞に接続

회사가　　　会社が
사과가　　　リンゴが
고양이가　　猫が

子音で終る名詞に接続（→終声字の初声音化）

직장인이［직짱이니］　サラリーマンが
과일이［과이리］　　果物が
은행이［-ŋi］　　　銀行が

가/이は입니다の否定形にも用いられます。

［名詞］가/이 아닙니다.　　［名詞］ではありません。
［名詞］가/이 아닙니까?　　［名詞］ではありませんか。

また疑問詞を含む疑問文の主語は通常，가/이で表します。는/은はいくつか質問した後，「それでは，～は何か（いつか，どこか，だれか……)」と問うときに用いられます。

회사가 어디입니까?　　会社はどこですか。
은행이 어디입니까?　　銀行はどこですか。

§4 도

도は日本語の「も」にあたる助詞です。母音で終る名詞にも，子音で終る名詞にもつきます。口音の終声［ᵖ］［ᵗ］［ᵏ］の後では濃音化して［ˀto］と発音されます。それ以外は有声音化して［do］となります。

［ᵖ］［ᵗ］［ᵏ］の後（→濃音化）

수업도［수업또］授業も

빗도［빋또］　くしも

음악도［으막또］音楽も

それ以外の音の後（→有声音化）

개도　犬も

연필도　鉛筆も

입장도　立場も

§5 에

에は「に」の意味を表す助詞です。母音・子音のいずれで終る名詞にもつきます。

도쿄에　東京に

한국에　韓国に

은행에［-ŋe］　銀行に

에の後にはさらに는，도がつき得ます。

도쿄에는　東京には

한국에도　韓国にも

§6 네と아니요

네は肯定したり承諾したりするときの返事に用い，「はい」「ええ」の意味を表します。また안녕하십니까?/안녕하세요?の返答にも用いられます。네?は聞き返しに用いられ，「はい?」「えっ？」の意味を表しま

す。아니요は否定の返事として「いいえ」「ちがいます」の意味で用いられます。입니다の否定形아닙니다も否定の返事として用いられます。

안녕하세요?──네, 안녕하세요?	こんにちは。──やあ, こんにちは。
요시다 씨!──네?	吉田さん!──はい?
대학생입니까?──아닙니다.	大学生ですか。──ちがいます。

第2課

◉コラム2 가◉

助詞の가は日本語の「が」と意味だけでなく発音も似ています。そのせいか, 子音で終る名詞の後につける이にさらに가をつける誤用がしばしば見うけられます。例えば「馬が」は말이ですが, さらに가をつけて말이가にすると「馬がが」になってしまいます。なお, 고양이가（猫が）は이가となっていますが, 고양이（猫）に가がついたものですので混乱しないように。

【応用会話の単語】

언니	（妹から見て）お姉さん	여동생	〈女同生〉妹
동생	〈同生〉年下のきょうだい, 弟, 妹	시간	〈時間〉
		시험	〈試験〉
남동생	〈男同生〉弟	일본어	〈日本語〉

応用会話1 29

①기무라 : 유진 씨는 언니가 있습니까 ?

②박유진 : 네, 있습니다. 대학생입니다.

③기무라 : 동생도 있습니까 ?

④박유진 : 네, 남동생이 있습니다. 여동생은 없습니다.

①木村　　　　: ユジンさんはお姉さんがいますか。

②パク・ユジン : ええ, います。大学生です。

③木村　　　　　：年下のきょうだいもいますか。

④パク・ユジン ：ええ，弟がいます。妹はいません。

応用会話2

30

①스즈키 : 영준 씨, 오늘 시간이 있습니까?

②김영준 : 저는 오늘 영어 시험이 있습니다.

③스즈키 : 내일이 아닙니까?

④김영준 : 네, 아닙니다. 내일은 일본어 시험입니다.

①鈴木　　　　　　：ヨンジュンさん，今日時間がありますか。

②キム・ヨンジュン ：私は今日英語の試験があります。

③鈴木　　　　　　：明日ではありませんか。

④キム・ヨンジュン ：ええ，ちがいます。明日は日本語の試験です。

語彙リスト1：家族に関する言葉

아버지（お父さん），어머니（お母さん），아빠（パパ，お父ちゃん），엄마（ママ,お母ちゃん），할아버지（おじいさん），할머니（おばあさん），형（〈兄〉（弟から見て）お兄さん），형님（〈兄ー〉（형の尊敬語）お兄さん，お兄さま），오빠（（妹から見て）お兄さん），누나（（弟から見て）お姉さん），누님（（누나の尊敬語）お姉さん，お姉さま），언니（（妹から見て）お姉さん）

【練習問題】

韓国語に訳しなさい。

1. 있습니다. /있습니까?

①海があります。(바다)
②夢があります。(꿈)
③犬がいます。
④鳥がいます。(새)
⑤定規がありますか。
⑥時間はありますか。
⑦恋人がいますか。(애인〈愛人〉)
⑧熊はいますか。

2. 없습니다. /없습니까?

①川がありません。(강〈江〉)
②時間はありません。
③山田さんがいません。
④ヘビはいません。(뱀)
⑤お金がありませんか。(돈)
⑥山はありませんか。(산〈山〉)
⑦子供はいませんか。(아이)
⑧オオカミはいませんか。

3. 名詞 는/은 名詞 가/이 아닙니다.

①横浜は東京ではありません。(요코하마)
②弟は大学生ではありません。
③吉田さんはサラリーマンではありません。
④私は子供ではありません。
⑤私はソウルが故郷ではありません。(서울, 고향〈故郷〉)

4. 도, 에, 에는, 에도

①消しゴムも文具です。
②明日も時間がありませんか。
③木村さんは家に猫がいます。(집)
④ソウルには川があります。
⑤公園にも鳥がいますか。(공원〈公園〉)
⑥鈴木さんの本はどこにもありません。(책〈冊〉)

第2課

第2課のエッセンス

終声［p］［t］［k］の次の平音は濃音化する。있습니다と없습니다は有情・無情の区別なく用いられる。「が」を表す가は母音で終る名詞，이は子音で終る名詞につく。가/이は입니다の否定や疑問詞疑問文の主語にも用いられる。도（も）と에（に）は母音・子音のいずれで終る名詞にもつく。에にはさらに는，도がつき，에는（には），에도（にも）とも用いられる。

子音字の名称

ㄱ	기역	ㅊ	치읓［치읃］	ㄲ	쌍기역
ㄴ	니은	ㅋ	키읔［키윽］	ㄸ	쌍디귿
ㄷ	디귿	ㅌ	티읕［티읃］	ㅃ	쌍비읍
ㄹ	리을	ㅍ	피읖［피읍］	ㅆ	쌍시옷［쌍시옫］
ㅁ	미음	ㅎ	히읗［히읃］	ㅉ	쌍지읒［쌍지읃］
ㅂ	비읍			(쌍は雙（双）)	
ㅅ	시옷［시옫］				
ㅇ	이응				
ㅈ	지읒［지읃］				

第3課（제삼과）

저는 샌드위치를 먹습니다.

31

① 야마다 : 점심 시간입니다. 수민 씨는 무엇을 먹습니까?

② 정수민 : 저는 언제나 샌드위치를 먹습니다. 홍차도 같이 마십니다.

③ 야마다 : 편의점에서 삽니까?

④ 정수민 : 아니요, 편의점의 샌드위치는 맛이 없습니다. 제가 집에서 만듭니다.

【単語】

야마다	山田	홍차	〈紅茶〉
정수민	チョン・スミン	같이	[가치] いっしょに
점심	〈点心〉昼食，昼ご飯	마십니다	飲みます
시간	〈時間〉	편의점	[펴니점]〈便宜店〉コンビニエンスストア
점심 시간	〈点心時間〉昼食時間，お昼の時間，昼休み	에서	で
무엇	何	삽니까	買いますか
을	を	의	の
먹습니까	食べますか	맛	味
언제나	いつも	맛이 없습니다	おいしくありません
샌드위치	サンドウィッチ	제가	私が
를	を	집	家
먹습니다	食べます	만듭니다	作ります

【日本語訳】

①山田　　　　　　：お昼の時間です。スミンさんは何を食べますか。

②チョン・スミン：私はいつもサンドウィッチを食べます。紅茶もいっしょに飲みます。

③山田　　　　　　：コンビニで買いますか。

④チョン・スミン：いいえ，コンビニのサンドウィッチはおいしくありません。私が家で作ります。

【解　説】

§1　口蓋音化

같이（いっしょに）は［가치］と発音されます。これを口蓋音化といいます。**第1課§1連音化（1）**では終声字が初声音化することを習いました（例:한국어［한구거］（韓国語））。その連音化のうち，終声字ㄷ，ㅌの次に母音ㅣ［i］が続くと［디］［티］ではなく［지］［치］と発音されます。「ティ」から「チ」へと発音を変えると舌の先が歯の裏から硬口蓋へと移動します。それでこの現象を口蓋音化と呼ぶわけです。

굳이［구지］　　　強いて
밭이［바치］　　　畑が
밭입니다［바침니다］畑です

§2　ㅢの発音

33

ㅢが二重母音として［ɯi］と発音されるのは語頭の의のときです。語頭以外の의，子音といっしょのㅢは［i］と発音されます。また助詞の의（の）は［e］と発音されます。

語頭の의

의외［ɯiwe］意外

의사［ɯisa］医師，医者

의미［ɯiːmi］意味

語頭以外の의

예의［jei 예이］礼儀

주의［ʧuːi 주이］注意

무의미［muiːmi 무이미］無意味

子音＋ㅢ

희망［himaŋ 히망］希望

무늬［muni 무니］模様

띄어쓰기［ˀtiɔˀsɯgi 띠어쓰기］分かち書き

助詞の의

아이의［aie 아이에］子供の

会話文③の편의점は［펴니점］，④の편의점의は［펴니저메］と発音します。

의を文字として読むときは［ɯi］ですので，語頭以外の의や助詞の의を［ɯi］と発音するときもあります。例えば，예의［jeɯi］（礼儀），아이의［aiɯi］（子供の）など。

§3 의

의は「の」にあたる助詞で，母音・子音のいずれで終る名詞にもつきます。ただし，韓国語では基本的に名詞を分かち書きして2つ並べることで「～の～」を表しますので（**第1課 §6**），의はしばしば省略されます。会話文④の편의점의 샌드위치のように의を用いたときは，所有・所属関係をより明確に表したり強調したりします。

§4　를/을

를/을は「を」の意味を表す助詞です。를は母音で終る名詞につき，을は子音で終る名詞につきます。

母音で終る名詞に接続

사과를　　　　リンゴを
새를　　　　　鳥を
홍차를　　　　紅茶を

子音で終る名詞に接続（→終声字の初声音化）

무엇을［무어슬］何を
돈을［도늘］　　お金を
책방을［-ŋɯ-］　本屋を

§5　에서

에서は「で，にて」の意味を表す助詞で，母音・子音のいずれで終る名詞にもつきます。

바다에서　　　　海で
일본에서　　　　日本で
은행에서［-ŋe-］　銀行で

에同様，에서の後にも는，도がつき得ます。

도쿄에서는　　　東京では
한국에서도　　　韓国にても

§6　제가

저（私）は助詞가（が）がつくと제가（私が）のように形が変わります。「私の」は저의ですが，普通は제を用います。

저　　　　　　　私
저는　　　　　　私は

저를　　　　　　私を
제가　　　　　　私が
제 책（=저의 책）私の本

§7　動詞の語幹と語尾

-ㅂ니다，-습니다は日本語の「ですます体」にあたる丁寧な言い方を表す語尾です。語尾は語幹にくっついて用いられます。動詞の語幹は母音語幹，ㄹ（리을）語幹，子音語幹の3種類があり，語幹の種類によって-ㅂ니다，-습니다のつき方が異なります。母音語幹には-ㅂ니다，子音語幹には-습니다がつきます。ㄹ語幹においてはㄹが脱落した語幹に-ㅂ니다がつきます。この丁寧な言い方を上称形といい，-ㅂ니다，-습니다のついた上称形の文体を합니다体と呼びます。文体は敬意の程度によって他にも区別されます。この文体の区別を階称といいます。

	語幹	語尾	합니다体
母音語幹	사-（買う）	-ㅂ니다（～します）	삽니다（買います）
ㄹ語幹	만들-（作る）→만드-		만듭니다（作ります）
子音語幹	먹-（食べる）	-습니다（～します）	먹습니다（食べます）

합니다体の叙述形と疑問形は次の通りです。否定形は語幹に-지 않습니다，-지 않습니까をつけます。この-지は語尾です。

		叙述形	疑問形
肯定形	母音語幹	-ㅂ니다	-ㅂ니까
	ㄹ語幹		
	子音語幹	-습니다	-습니까
否定形		-지 않습니다	-지 않습니까

-지は母音語幹とㄹ語幹の後では［ʤi 지］，ㅎ，ㄶ，ㅀ以外の子音語

幹の後では［ˀtʃi 찌］，ㅎ，ㄶ，ㅀの子音語幹の後では［tʃʰi 치］と発音されます。子音語幹ㅎについては**第4課§1**，ㄶ，ㅀについては**第7課§2**を参照して下さい。-습니다，-습니까は常に［씁니다］［씁니까］と発音されます。

먹습니다.［먹씁니다］　食べます。
먹습니까?［먹씁니까］　食べますか。
사지 않습니다.［사지안씁니다］　買いません。
만들지 않습니다.［만들지안씁니다］作りません。
먹지 않습니까?［먹찌안씁니까］　食べないのですか。

「먹지 않습니까?」は食べないことを確認する調子で尋ねる意味を表します。「いっしょに食べませんか」のような勧誘の意味は表しません。

語幹に語尾-다をつけると基本形になります。辞書の見出し語にもなり，辞書形とも呼ばれます。この基本形をもとにして否定形を示すときは語幹の않-に-다をつけて示します。-다の発音は母音語幹とㄹ語幹の後では［da 다］，ㅎ，ㄶ，ㅀ以外の子音語幹の後では［ˀta 따］，ㅎ，ㄶ，ㅀの子音語幹の後では［tʰa 타］となります。

사다［사다］（買う）　먹다［먹따］（食べる）　하지 않다［안타］（しない）
팔다［팔다］（売る）　안다［안따］（抱く）
심다［심따］（植える）

ところで，この語尾-다は基本形を示すとき，また基本形をもとにして様々な形を示すとき，「語幹+語尾」の構造となるよう，便宜的に用いるものです。したがって，階称が無く，実際に用いられる形（つまり，活用形）とは区別して扱います。本書ではこの-다を，基本形を示す語尾と呼んでおきます。

합니다体だけでは母音語幹なのかㄹ語幹なのか分かりません。基本形で区別します。

삽니다の基本形 → 사다（買う），살다（生きる，住む）

팝니다の基本形 → 파다（掘る），팔다（売る）

既出の입니다（です），아닙니다（ではありません），있습니다（あります，います），없습니다（ありません，いません）も합니다体です。基本形は次の通りです。없다の発音については**第7課§2**を参照して下さい。

이다　　　　だ

아니다　　　ではない

있다　　　　ある，いる

없다［업따］ない，いない

를/을（を）をとり得る動詞を他動詞と呼びます。下例のように마시다（飲む），팔다（売る）は他動詞です。ところで타다（乗る），만나다（会う）は를/을をとるので他動詞です。日本語とは助詞が異なるので注意が必要です。

커피를 마십니다.　コーヒーを飲みます。

귤을 팝니다.　ミカンを売ります。

택시를 탑니다.　タクシーに乗ります。

애인을 만납니다.　恋人に会います。

ところで，文に를/을のついた語（目的語）が現れないときはテクストから判断します。ここでは2つ以上の文が意味的にまとまっているものをテクストと呼んでおきます。

유진 씨가 책을 팝니다. 제가 삽니다.

ユジンさんが本を売ります。私が買います。

後文には目的語がありませんが，前文から「(ユジンさんの売る) 本」を買うと判断されます。この現象は日本語にもありますね。このように語学の学習においてはテクストが重要な役割を果たします。

【応用会話の単語】

최미리	チェ・ミリ	가끔	ときどき
사토	佐藤	재미	楽しさ，面白み
티비	TV，テレビ	재미있다	面白い
자주	よく，しばしば	윤민호	ユン・ミンホ
보다	見る	다나카	田中
매일	〈毎日〉	불고기	プルゴギ
라디오	ラジオ	맥주	〈麦酒〉ビール
듣다	聞く	술	酒

応用会話1 34

①최미리 ：티비를 자주 봅니까 ?

②사토 ：네, 매일 봅니다.

③최미리 ：라디오는 듣습니까 ?

④사토 ：네, 가끔 듣습니다. 라디오도 재미있습니다.

①チェ・ミリ：テレビをよく見ますか。

②佐藤 ：ええ，毎日見ます。

③チェ・ミリ：ラジオは聞きますか。

④佐藤 ：ええ，ときどき聞きます。ラジオも面白いです。

応用会話2 35

①윤민호 ：오늘 집에서 무엇을 먹습니까 ?

②다나카 ：불고기를 먹습니다.

③윤민호 ：맥주도 마십니까？
④다나카 ：아니요，술은 마시지 않습니다.

①ユン・ミンホ ：今日家で何を食べますか。
②田中 ：プルゴギを食べます。
③ユン・ミンホ ：ビールも飲みますか。
④田中 ：いいえ，お酒は飲みません。

【練習問題】

韓国語に訳しなさい。

1. 動詞の叙述形

①ソウルに行きます。(가다)
②学校に来ます。(오다)
③飛行機に乗ります。(비행기〈飛行機〉)
④ゴミを捨てます。(쓰레기，버리다)
⑤東京に住みます。
⑥公園で遊びます。(놀다)
⑦子供が泣きます。(울다)
⑧ドアを開けます。(문〈門〉，열다)
⑨ドアを閉めます。(닫다)
⑩鳥をつかまえます。(잡다)
⑪恋人が笑います。(웃다)
⑫子供を抱きます。

2. 動詞の疑問形

①どこに送りますか。(보내다)
②消しゴムを捨てますか。
③手紙を書きますか。(편지〈便紙〉，쓰다)
④木村さんに会いますか。
⑤どこで遊びますか。
⑥風が吹きますか。(바람，불다)
⑦電話をかけますか。(전화〈電話〉，걸다)
⑧窓も開けますか。(창문〈窓門〉)
⑨コートを着ますか。(코트，입다)
⑩キムチもいっしょに食べますか。(김치)
⑪何を探しますか。(찾다)
⑫木を植えますか。(나무)

3. 動詞の否定形

①私たちの家には来ません。
②タクシーに乗りません。
③手紙は送りません。
④道にはゴミを捨てません。(길)
⑤図書館では遊びません。(도서관〈図書館〉)
⑥コンビニでも売りません。

⑦風が吹きませんか。

⑧横浜には住みませんか。

⑨トラはつかまえません。(호랑이〈虎狼―〉)

⑩写真も撮りません。(사진〈写真〉, 찍다)

⑪子供が笑いません。

⑫花は植えません。(꽃)

第3課のエッセンス

합니다体の語尾-ㅂ니다は母音語幹, -습니다は子音語幹に接続する。ㄹ語幹においてはㄹが脱落した語幹に-ㅂ니다が接続する。否定形は語幹の種類にかかわらず, -지 않습니다がつく。를/을(を)をとり得る動詞を他動詞という。타다（乗る）, 만나다（会う）は를/을をとる他動詞である。

第4課 (제사과)

오늘은 좀 바쁩니다.

36

① 기무라 : 윤아 씨는 오늘 무엇을 합니까?

② 이윤아 : 오늘은 좀 바쁩니다. 도서관에서 공부합니다.

③ 기무라 : 아, 그렇습니까? 숙제가 있습니까?

④ 이윤아 : 네, 교육학 수업에서 리포트가 있습니다.
아주 어렵습니다.

【単語】

하다	する	교육	〈教育〉
좀	ちょっと，少し	-학	〈学〉
바쁘다	忙しい	교육학	[교육칵 / 교유칵] 〈教育学〉
공부하다	〈工夫—〉勉強する	리포트	レポート
아	あ，あっ，ああ	아주	とても
그렇다	[그럳타 / 그러타] そうだ	어렵다	難しい
숙제	〈宿題〉		

【日本語訳】

①木村　　：ユナさんは今日何をしますか。

②イ・ユナ：今日はちょっと忙しいです。図書館で勉強します。

③木村　　：あ，そうですか。宿題がありますか。

④イ・ユナ：はい，教育学の授業でレポートがあります。とても難しいです。

【解　説】

§1　激音化

37

교육학（教育学）は［교육캭］と発音されます。このように，口音の終声［^{p}］［^{t}］［^{k}］にㅎ［h］が続くとそれぞれ［$^{p}p^{h}$］［$^{t}t^{h}$］［$^{k}k^{h}$］と発音されます。これを激音化といいます。また，速く発音すると終声［^{p}］［^{t}］［^{k}］が脱落することがあり，교육학は［교유캭］とも発音されます。

입학［입팍］また［이팍］	入学
깨끗하다［깨끋타다］また［깨끄타다］	清潔だ
몇 학년［멷탕년］また［며탕년］	何学年
백화점［백콰점］また［배콰점］	百貨店

終声字ㅈに히が続くと［치］となります。また終声字ㄷに히が続くときは口蓋音化（**第3課§1**）が起き，［치］と発音されます。

잊히다［읻치다］また［이치다］	忘れられる
닫히다［닫치다］また［다치다］	閉まる

語幹の終声ㅎ［t］の次に来る語尾の頭音が平音ㄷ［t］, ㄱ［k］, ㅈ［ʧ］のとき，激音化してそれぞれ［$^{t}t^{h}$］［$^{t}k^{h}$］［$^{t}ʧ^{h}$］と発音されます。速く発音すると終声［^{t}］が脱落することがあります。

놓다［놑타］また［노타］	置く
놓고［놑코］また［노코］	置いて
놓지［놑치］また［노치］	置くよ

ただし，ㅎ［^{t}］の次にㅅ［s］が来るときはㅅ［s］が濃音化（**第2課§1**）します。［^{tʔ}s］は［$s^{ʔ}s$］となり，そして［^{ʔ}s］となります。

그렇습니다［kurɔ^{tʔ}sɯmnida 그럳씁니다］そうです

→［kurɔs^{ʔ}sɯmnida 그럿씁니다］

→ [kɯrɔˀsɯmnida 그러씁니다]

§2 形容詞の語幹と語尾

形容詞の語幹も動詞と同じく母音語幹，ㄹ語幹，子音語幹の3種類があります。語尾-ㅂ니다，-습니다のつき方も同じです。

	語幹	語尾	합니다体
母音語幹	바쁘- (忙しい)	-ㅂ니다 (～です)	바쁩니다 (忙しいです)
ㄹ語幹	멀- (遠い) →머-		멉니다 (遠いです)
子音語幹	어렵- (難しい)	-습니다 (～です)	어렵습니다(難しいです)

また形容詞の基本形も語幹に語尾-다をつけて表します。

바쁘다　　忙しい
멀다　　遠い
어렵다　　難しい

§3 用言の種類

動詞，形容詞，そして있다(いる，ある)，없다(いない，ない)，이다(だ)，아니다（ではない）を総称して用言と呼びます。있다は「いる」の意味を表すときは動詞的ですが，「ある」の意味を表すときは形容詞的です。없다（いない，ない）も形容詞的です。있다と없다は意味上（存在・非存在の意味)，文法上（語尾のつき方）の特徴により他と区別して存在詞と呼びます。また이다は名詞と結合し，さらに活用する点で日本語の断定・指定の助動詞「だ」と対照してみるべきでしょう。その否定の아니다は形容詞的です。이다と아니다も意味と文法上の特徴により他と区別して指定詞と呼びます。なお이다は語尾と区別して-（ハイフン）をつけずに表します。用言の種類をまとめると次の通りです。

動詞　　사다（買う)，만들다（作る)，먹다（食べる）など

形容詞　바쁘다（忙しい），멀다（遠い），어렵다（難しい）など
存在詞　있다（いる，ある），없다（いない，ない）
指定詞　이다（だ），아니다（ではない）

§4　하다

하다は「する」の意味を表す動詞で를/을をとり得ます。

공부를 합니다.　　勉強をします。
결혼을 합니다.　　結婚をします。

また名詞に直接ついて動詞を作ったり形容詞を作ったりします。このときの-하다は用言を作る接尾辞です。

動詞　공부하다　勉強する
　　　결혼하다　結婚する
形容詞　유명하다　有名だ
　　　행복하다　幸福だ

◉コラム3　陳述◉

-ㅂ니다, -습니다は用言に用いられ, 文を終結させます。つまり, これらの語尾は文が成立したこと，すなわち文を述べ終えたことを示します。その作用はいわゆる陳述と考えられます。このように韓国語では具体的な形をもって陳述を表します。

【応用会話の単語】

바지	ズボン	좋다	良い
작다	小さい	산책	〈散策〉散歩
오히려	かえって	읽다	読む
크다	大きい	시끄럽다	うるさい
구두	靴	조용하다	静かだ
딱	ちょうど		

応用会話1 38

①사토　：바지가 작지 않습니까?

②김영준：아니요, 오히려 큽니다.

③사토　：구두도 큽니까?

④김영준：아니요, 크지 않습니다. 딱 좋습니다.

①佐藤　　　　　　：ズボンが小さくありませんか。

②キム・ヨンジュン：いいえ，かえって大きいです。

③佐藤　　　　　　：靴も大きいですか。

④キム・ヨンジュン：いいえ，大きくありません。ちょうど良いです。

応用会話2

①정수민：야마다 씨는 공원에서 무엇을 합니까?

②야마다：산책을 합니다. 가끔 책도 읽습니다.

③정수민：공원은 시끄럽지 않습니까?

④야마다：아니요, 아주 조용합니다.

①チョン・スミン：山田さんは公園で何をしますか。

②山田　　　　　：散歩をします。ときどき本も読みます。

③チョン・スミン：公園はうるさくありませんか。

④山田　　　　　：いいえ，とても静かです。

【練習問題】

韓国語に訳しなさい。

1. 形容詞の叙述形

①服が安いです。(옷，싸다)
②背が高いです。(키，크다)
③スープがしょっぱいです。(국，짜다)
④レモンがすっぱいです。(레몬，시다)
⑤地球は丸いです。(지구〈地球〉，둥글다)
⑥はちみつが甘いです。(꿀，달다)
⑦糸が細いです。(실，가늘다)
⑧象は鼻が長いです。(코끼리，코，길다)
⑨キムチが辛いです。(맵다)
⑩名前が同じです。(이름，같다)
⑪時間が遅いです。(늦다)
⑫イチゴが赤いです。(딸기，빨갛다)

2. 形容詞の疑問形

①部屋が暖かいですか。(방〈房〉，따뜻하다)
②ノートパソコンは高いですか。(노트북，비싸다)
③タクシーが速いですか。(빠르다)
④専攻が違いますか。(전공〈專攻〉，다르다)
⑤ズボンが長いですか。
⑥市場は遠いですか。(시장〈市場〉)
⑦足が細いですか。(다리)
⑧顔が丸いですか。(얼굴)
⑨山が低いですか。(낮다)
⑩会社が近いですか。(가깝다)
⑪海は深いですか。(깊다)
⑫部屋が寒いですか。(춥다)

3. 形容詞の否定形

①辞典は安くありません。(사전〈辭典〉)
②明日も忙しくありません。
③足は痛くありません。(아프다)
④ブドウがすっぱくありません。(포도〈葡萄〉)
⑤話は長くありません。(이야기)
⑥学校は遠くありません。
⑦月が丸くありませんか。(달)
⑧コーヒーは甘くありません。
⑨宿題は難しくありません。
⑩そうではありませんか。
⑪今は寒くありません。(지금〈只今〉)
⑫道が狭くありません。(좁다)

第4課のエッセンス

用言の種類には動詞，形容詞，存在詞，指定詞がある。形容詞の語幹は動詞と同じく母音語幹，ㄹ語幹，子音語幹がある。基本形も動詞同様，語幹に語尾-다をつける。하다は「する」の意味を表す動詞である。また，名詞に直接ついて動詞を作ったり形容詞を作ったりするときの-하다は接尾辞である。

第5課 (제오과)

특히 물냉면이 정말 맛있습니다.

40

① 다나카 : 이 근처에 냉면집이 있습니까?

② 최미리 : 네, 우체국 옆에 있습니다.

③ 다나카 : 거기는 냉면 맛이 어떻습니까?

④ 최미리 : 아주 좋습니다. 특히 물냉면이 정말 맛있습니다.

【単語】

이	この	어떻다	どうだ
근처	〈近処〉近く，近所	특히	〈特―〉特に
집	～屋，～の店	물냉면	[물랭면]〈―冷麺〉水冷麺
냉면집	[-찝]〈冷麺―〉冷麺屋	정말	本当に
우체국	〈郵遞局〉郵便局	맛있다	[마싣따/마딛따] おいしい
옆	横		
거기	そこ		
맛	味		

【日本語訳】

①田中　　　：この近くに冷麺屋さんってありますか。

②チェ・ミリ：ええ，郵便局の横にあります。

③田中　　　：そこは冷麺の味はどうですか。

④チェ・ミリ：とても良いです。特に水冷麺が本当においしいです。

【解　説】

§1　流音化　41

물냉면（水冷麺）は［물랭면］と発音されます。このように，終声の流音ㄹ［l］に鼻音ㄴ［n］が続くと，［ll］と発音されます。これを流音化といいます。これとは逆に終声のㄴ［n］にㄹ［r］が続くときも，ㄴが流音化し，［ll］と発音されます。

별나라［별라라］　星の国
설날［설랄］　元旦
연락［열락］　連絡
관리［괄리］　管理

ただし，-論（론），-力（력），-料（료）などの造語力のある漢字語接尾辞が漢字語の後につくときは流音化が起きず，ㄴ［n］＋ㄹ［r］は［nn］となります。なお，接尾辞ではなく，語彙の一部として用いられるときは流音化が起きます。

	漢字語接尾辞	語彙の一部
論	자본론［자본논］資本論	본론［볼론］本論
力	흡인력［흐빈녁］吸引力	인력［일력］引力
料	출연료［추련뇨］出演料	연료［열료］燃料

§2　流音の鼻音化　42

上の**§1**では終声の鼻音ㄴ［n］に流音ㄹ［r］が続くとき，［ll］と流音化することを習いました。ところが，終声の鼻音［m］［ŋ］に流音ㄹ［r］が続くと，今度はㄹが鼻音化して［n］となり，［mn］［ŋn］と発音されます。

심리［심니］　心理

음료수［음뇨수］　飲料水
상류［상뉴］　上流
장래［장내］　将来

［p］［k］に［r］が続くときは，［r］あるいは［p］［k］が鼻音化し，結果として［mn］［ŋn］となります。

입력［입녁］または［임력］→［임녁］入力
국립［국닙］または［궁립］→［궁닙］国立

［t］と［r］が1単語内で連続する例を見つけることは困難ですが，2語の間では現れることがあります。発音は［nn］と［ll］の2通りがあり得ます。

몇 리［면리］→［면니］何里
굿 럭［굳럭］→［굴럭］（good luck）グッドラック

なお，「굿 럭」は［군넉］あるいは元の音通り［굳럭］と発音されることもあるようです。

§3　連音化（2）（終声音の初声音化）　43

맛있다（おいしい）は［마싣따］の他［마딛따］とも発音されます。ここでは後者の［마딛따］の発音について見てみましょう。맛있다は，맛［맏］（味）と있다［읻따］（ある）からなる語です。2つの単語が結合した語，つまり合成語において連音化が起きるときは，前の単語の終声音（［맏］の［ㄷ］）が次の単語の初声（［읻따］の［이］）の位置で発音されます。そのため［마딛따］と発音されるわけです。**第1課§1**の連音化（1）の「終声**字**の初声音化」と区別し，ここの連音化を（2）として「終声**音**の初声音化」と呼んでおきます。

맛있다 ［맏읻따］→［마딛따］ おいしい
맛없다 ［맏업따］→［마덥따］ まずい

§4 ［n］の挿入 44

また合成語においては前後の単語の間に［n］が挿入される現象が起こります。例えば, 논(田)と일(仕事)からなる논일(田の仕事)は[논닐]と発音されます。このように, 前の単語に終声があり, 後の単語が[i] [j]で始まるとき, [i]［j］の前に［n］が挿入されることがあります。なお, 口音の終声はこの［n］によって鼻音化します。また, 流音の終声の後で［n］は流音化します。

땅임자 ［땅님자］ 地主
담요 ［담뇨］ 毛布
꽃잎 ［꼰닙］ 花びら
부엌일 ［부엉닐］ 台所仕事
물약 ［물략］ 水薬

§5 位置を表す名詞

位置を表す名詞をあげておきましょう。

앞 前, 뒤 後, 위 上, 아래 下, 밑 下・底, 안 中, 속 中・内・奥, 밖 外, 곁 そば, 옆 横, 사이 間, 가운데 真ん中, 오른쪽 右・右側, 왼쪽 左・左側, 건너편 向かい側

これらは通常, 助詞の의（の）を用いず, 前の名詞と分かち書きして並べます。

학교 앞 学校の前
마음 속 心の中

§6　2単語間の発音　45

今まで見てきた鼻音化（**第1課§2**），濃音化（**第2課§1**），流音化（**第5課§1**），連音化（2）（終声音の初声音化）（**第5課§3**），［n］の挿入（**第5課§4**）は2単語の間でも一息に1単語のように発音したときは起こり得ます。

鼻音化	컵 밑［컴믿］	コップの下
濃音化	꽃 뒤［꼳뛰］	花の後
流音化	꿀 냄새［꿀램새］	はちみつのにおい
連音化（2）	부엌 안［부어칸］	台所の中
［n］の挿入	우체국 옆［우체궁녑］	郵便局の横
	화장실 옆［화장실렵］	トイレの横

§7　指示を表す語

日本語の「こそあど」にあたる韓国語の指示を表す語をまとめると下の表の通りです。

이	この	그	その	저	あの	어느	どの
이것	これ	그것	それ	저것	あれ	어느 것	どれ
이곳	ここ	그곳	そこ	저곳	あそこ	어느 곳	どこ
여기	ここ	거기	そこ	저기	あそこ	어디	どこ
이렇다	こうだ	그렇다	そうだ	저렇다	ああだ	어떻다	どうだ
이러다	こうする	그러다	そうする	저러다	ああする	어떡하다	どうする

「이，그，저，어느」は常に名詞の前に置かれて，その名詞を修飾します。このような単語を冠形詞と呼びます。「이것，그것，저것，어느 것」は物事を指す代名詞です。것は「もの，こと」といった意味を表します。必ず修飾語を伴う名詞で，依存名詞といいます。「이곳，그곳，저곳，어느 곳」は場所を指す代名詞で，곳は「所」の意味の名詞です。「여

기, 거기, 저기, 어디」は場所を指す代名詞,「이렇다, 그렇다, 저렇다, 어떻다」は形容詞,「이러다, 그러다, 저러다, 어떡하다」は動詞です。日本語では話し手と聞き手に既知の対象には「あの, あれ, あそこ, ああだ, ああする」を用いますが, 韓国語では「그, 그것, 그곳, 거기, 그렇다, 그러다」を用います。「저, 저것, 저곳, 저기, 저렇다, 저러다」はその場から遠くに見える対象に用います。

ところで日本語では「あれこれ」「あの本この本」「あちこち」のように遠くのものから近くのものへと「あ～こ～」の順で言いますが, 韓国語では逆に「이것저것」(これあれ),「이 책 저 책」(この本あの本),「여기저기」(こちあち) のように「이～저～」の順で言います。

日本語では話し始めるときや言いよどんだとき「あのう」とよく言いますが, 韓国語でも同じように「저」と言います。これは似た用法ですね。

第5課

◉コラム4　맛と멋◉

料理に맛（味）があれば맛있다（おいしい）ですし, なければ맛없다（まずい）です。맛と似た単語に멋があります。これは「趣, 粋, かっこよさ」といった意味を表します。服装や行動に멋があれば멋있다（すてきだ, かっこいい）ですし, なければ멋없다（ださい, かっこわるい）です。멋は人となりの味わいと言えるかも知れませんね。

【応用会話の単語】

책상	〈冊床〉机	지하철	〈地下鉄〉
책 이름	［챙니름］本の名前	역	〈駅〉
옛이야기	［옌니야기］昔話	지하철역 옆	［지하철령녑］地下鉄の駅の横
동네	辺り，町内	제일	〈第一〉一番
슈퍼	スーパー（cf. 슈퍼마켓（スーパーマーケット）の縮約形）	점원	〈店員〉
		친절하다	〈親切―〉親切だ
편리하다	［펼리하다］〈便利―〉便利だ		

応用会話1 46

①윤민호 ：저，요시다 씨，그 책상 위에 무엇이 있습니까？

②요시다 ：제 책이 있습니다.

③윤민호 ：책 이름이 무엇입니까？

④요시다 ："한국의 옛이야기" 입니다. 아주 재미있습니다.

①ユン・ミンホ：あのう，吉田さん，その机の上に何がありますか。

②吉田　　　　：私の本があります。

③ユン・ミンホ：本の名前は何ですか。

④吉田　　　　：『韓国の昔話』です。とても面白いです。

応用会話2 47

①정수민：이 동네에는 슈퍼가 여기저기에 있습니다.

②스즈키：어느 슈퍼가 편리합니까？

③정수민：지하철역 옆 슈퍼가 제일 편리합니다.

④스즈키：아，저도 그 슈퍼에는 자주 갑니다. 거기는 점원도 친절합니다.

①チョン・スミン：この辺りにはスーパーがあちこちにあります。
②鈴木　　　　　：どのスーパーが便利ですか。
③チョン・スミン：地下鉄の駅の横のスーパーが一番便利です。
④鈴木　　　　　：ああ，私もそのスーパーにはよく行きます。あそこは店員も親切です。

【練習問題】

韓国語に訳しなさい。

1. 位置を表す名詞

①動物園のオリの中にライオンがいます。（동물원〈動物園〉，우리，사자〈獅子〉）

②湖の真ん中に島があります。（호수〈湖水〉，섬）

③家の横にはコンビニがありません。（십 옆，発音は［심녑］）

④子供は外で遊びます。

⑤足もとに子犬がいます。（발밑，강아지）

⑥お母さんはいつも子供のそばにいます。（어머니，늘）

⑦市庁の前で電話をかけます。（시청〈市庁〉）

⑧トイレの右側が台所です。

⑨果物屋の左に魚屋があります。（과일 가게，생선 가게〈生鮮—〉）

⑩病院の向かい側に銀行があります。（병원〈病院〉）

2. 指示を表す語

①あの花の横にチョウチョウがいます。（꽃 옆，発音は［꼰녑］）（나비）

②どの建物が学生食堂ですか。（건물〈建物〉，학생 식당〈学生食堂〉）

③それは日本映画です。（일본 영화［일본녕화］〈日本映画〉）

④私の傘はこれではありません。（우산〈雨傘〉）

⑤渡辺さんの写真はどれですか。

⑥あれもこれもみな難しいです。（これもあれも，と訳す）（다）

⑦ここがソウル駅です。（서울역［서울력］〈—駅〉）

⑧映画館はあそこです。(극장〈劇場〉)
⑨どこが痛いですか。
⑩そちらは新羅ホテルですか。(신라 호텔［실라-］〈新羅—〉)
⑪不満があるんですか。いいえ, そうではありません。(불만〈不満〉)
⑫明日の天気はどうですか。(날씨)

第5課のエッセンス

連音化(1)(終声字の初声音化)(**第1課§1**)は基本的に1単語内で起きるが, 連音化(2)(終声音の初声音化)(**第5課§3**)は合成語において起きる現象である。なお, 鼻音化, 濃音化, 流音化, 連音化(2), ［n］の挿入は2単語の間でも起こり得る。位置を表す名詞は助詞の의(の)を用いず, 前の名詞と分かち書きして並べる。「こそあど」にあたる指示を表す語には「이, 그, 저, 어느」をはじめとした種々の語の体系がある。

第6課（제육과）

어서 오십시오. 무엇을 찾으십니까?

48

① 슈퍼 점원：어서 오십시오. 손님, 무엇을 찾으십니까?

② 정수민　：커피 있습니까?

③ 슈퍼 점원：네, 있습니다. 이쪽으로 오십시오. 원두 커피가 좋으십니까? 인스턴트가 좋으십니까?

④ 정수민　：원두 커피로 주십시오.

【単語】

어서	はやく	으로	に
오다	来る	원두 커피	〈原豆—〉コーヒー豆
오십시오	来て下さい	좋으십니까	[조으십니까] よろしいですか
어서 오십시오	いらっしゃいませ	인스턴트	インスタント
손님	お客様	로	を
찾다	探す	주다	くれる，あげる，与える
찾으십니까	お探しですか	주십시오	下さい
이쪽	こちら		

【日本語訳】

①スーパーの店員：いらっしゃいませ。お客様，何をお探しですか。

②チョン・スミン：コーヒー，ありますか。

③スーパーの店員：はい，あります。こちらにおいで下さい。コーヒー豆がよろしいですか。インスタントがよろしいですか。

④チョン・スミン：コーヒー豆を下さい。

【解　説】

§1　尊敬形（1）

尊敬形は用言の語幹に-시-/-으시-をつけて表します。この-시-/-으시-は尊敬形の用言語幹を作る接尾辞です。動詞だけでなく，すべての用言語幹につき得ます。母音語幹には-시-，子音語幹には-으시-がつき，ㄹ語幹においてはㄹが脱落した語幹に-시-がつきます。

ここでは動詞と形容詞の尊敬形を見ましょう。動詞の尊敬形は尊敬の対象となる人の動作を高めます。また，形容詞の尊敬形は尊敬の対象となる人に関する事柄やその人の属性を高めます。日本語では形容詞の尊敬形を「お～」で表しにくいときがあります。

<table>
<tr><th></th><th colspan="2">基本形</th><th>語幹</th><th>接尾辞</th><th>尊敬形</th></tr>
<tr><td rowspan="2">母音語幹</td><td>動詞</td><td>가다
(行く)</td><td>가-</td><td rowspan="4">-시-</td><td>가시다
(お行きになる)</td></tr>
<tr><td>形容詞</td><td>바쁘다
(忙しい)</td><td>바쁘-</td><td>바쁘시다
(お忙しい)</td></tr>
<tr><td rowspan="2">ㄹ語幹</td><td>動詞</td><td>알다
(分かる)</td><td>알-→아-</td><td>아시다
(ご存知だ)</td></tr>
<tr><td>形容詞</td><td>길다
(長い)</td><td>길-→기-</td><td>기시다
(お長い)</td></tr>
<tr><td rowspan="2">子音語幹</td><td>動詞</td><td>찾다
(探す)</td><td>찾-</td><td rowspan="2">-으시-</td><td>찾으시다
(お探しになる)</td></tr>
<tr><td>形容詞</td><td>작다
(小さい)</td><td>작-</td><td>작으시다
((お) 小さい)</td></tr>
</table>

尊敬形の합니다体は叙述形が-십니다/-으십니다，疑問形が-십니까/-으십니까です。

잘 아십니다.	よくご存知です。
구두를 신으십니다.	靴をお履きになります。
아주 바쁘십니다.	とてもお忙しいです。
무엇을 사십니까?	何をお買いになりますか。

§2　尊敬の命令形と勧誘形

尊敬の命令形は-시-/-으시-に語尾-ㅂ시오をつけて表します。-십시오/-으십시오は합니다体の語尾です。会話文①の「어서 오십시오」は「いらっしゃいませ」の意味で用いられるあいさつの表現です。文字通りの意味は「はやく来て下さい」で，尊敬の命令形を含んでいます。

	語幹	接尾辞	語尾	命令形・합니다体
母音語幹	가-（行く）	-시-	-ㅂ시오	가십시오（行って下さい）
ㄹ語幹	놀-（遊ぶ） →노-			노십시오（遊んで下さい）
子音語幹	찾-（探す）	-으시-		찾으십시오（探して下さい）

尊敬の勧誘形は-시-/-으시-に語尾-ㅂ시다をつけて表します。-십시다/-으십시다も합니다体の語尾です。ただし，この語尾は中年以上の男性が用いる印象があります。公的な場で大衆に向けて何らかの行為を勧めるときなどに用いられます。

	語幹	接尾辞	語尾	勧誘形・합니다体
母音語幹	가-（行く）	-시-	-ㅂ시다	가십시다（行きましょう）
ㄹ語幹	놀-（遊ぶ） →노-			노십시다（遊びましょう）
子音語幹	찾-（探す）	-으시-		찾으십시다（探しましょう）

より一般的には-ㅂ시다/-읍시다を用います。母音語幹には-ㅂ시다，子音語幹には-읍시다がつき，ㄹ語幹においてはㄹが脱落した語幹に-ㅂ시다がつきます。-ㅂ시다/-읍시다は上称形の합니다体よりも敬意の程度が低く感じられます。この語尾の階称を中称といい，中称形の文体を하오体と呼びます。하오体は主に高齢の人たちが用います。老夫婦の間で交わされる会話，あるいは社長が部下の役員と話すときの話し方をイメージするとよいでしょう。なお，勧誘形自体，主に用いるのは男性であり，女性は避ける傾向があります。

	語幹	語尾	勧誘形・하오体
母音語幹	가-（行く）	-ㅂ시다	갑시다（行きましょう）
ㄹ語幹	놀-（遊ぶ）→노-		놉시다（遊びましょう）
子音語幹	찾-（探す）	-읍시다	찾읍시다（探しましょう）

尊敬の勧誘形-십시다/-으십시다は目上の人に用いないことから하오体に分類することもあります。尊敬の命令形-십시오/-으십시오は「어서 오십시오.（いらっしゃいませ。）」など目上の人にも用い得るので합니다体です。

§3　ㅎの無音化 

用言語幹の終声ㅎは次に母音が続くとㅎの音が発音されません。

좋으십니다.［조으심니다］よろしいです。

넣으십시오.［너으십씨오］入れて下さい。

名詞で終声ㅎを持つ例はまれですが，例えば히읗（ヒウッ，ㅎの名称）は次に母音で始まる助詞や指定詞が続くと初声に［s］［ʃ］が現れます。

히읗은［히으슨］　　　　　ヒウッは

히읗입니다.［히으심니다］ヒウッです。

§4　쪽

쪽は方向を表す依存名詞です。「이，그，저，어느」や位置を表す名詞などの後につきます。**第5課§5**で見た오른쪽（右・右側），왼쪽（左・左側）にもこの쪽が用いられています。

이쪽 こちら，그쪽 そちら・あちら，저쪽 あちら，어느 쪽 どちら，앞 쪽 前方，뒤 쪽 後方，위 쪽 上側，아래 쪽 下側，오른쪽 右・右側，왼쪽 左・左側，동쪽 東，서쪽 西，남쪽 南，북쪽 北

§5　로/으로

로/으로は助詞で，方向（に，へ），経路（から，を），材料（で），道具・手段（で），資格（として），選択（を）といったさまざまな意味があります。로は母音で終る名詞およびㄹで終る名詞につき，으로はㄹ以外の子音で終る名詞につきます。

方向　이쪽으로 오십시오．こちらにおいで下さい。

어디로 갑니까? どこへ行きますか。

서울로 갑니다．ソウルへ行きます。

経路　이 문으로 나갑니다．このドアから出て行きます。

한국에서는 차가 오른쪽으로 다닙니다.

韓国では車が右側を通ります。

材料　떡볶이는 쌀로 만듭니다.

トッポッキは米で作ります。

道具　펜으로 쓰십시오．ペンで書いて下さい。

手段　짐을 배로 보냅니다．荷物を船で送ります。

資格　학교 대표로 참석합니다.

学校の代表として出席します。

選択　내일 오후 비행기 표로 주십시오.

明日の午後の飛行機のチケットを下さい。

에も方向を表します。ただし，에の前の名詞は目的地を示し，로/으로の前の名詞は方面を示します。

이 고속 버스는 부산에 갑니다.

この高速バスは釜山に行きます。(釜山行きです)

이 고속 버스는 부산으로 갑니다.

この高速バスは釜山に行きます。(釜山方面行きです)

「부산에」の文では目的地が釜山ですので，その高速バスに乗りますと途中で止まらず，釜山まで直行することがあり得ます。一方，「부산으로」の文では釜山方面行きのバスですので，釜山まで行く途中で下車することもできるでしょう。なお，버스はしばしば［뻐스］と濃音で発音されます。例えば，시내 버스［시내뻐스］（市内バス）など。

資格の로/으로は로서/으로서に置き換えることができます。上の例は「학교 대표로서 출전합니다.」とも言えます。また，選択の로/으로はいくつかあるものの中から1つを選ぶときに用います。

【応用会話の単語】

시부야　渋谷　　　쇼핑　ショッピング

백화점　〈百貨店〉デパート

応用会話　50

①박유진 : 사토 씨, 지금 어디에 가십니까 ?

②사토　: 시부야에 갑니다. 백화점에서 쇼핑을 합니다.

③박유진 :저도 거기에 갑니다. 저기 저 은행 앞의 버스가 시부야로 갑니다.

④사토　: 유진 씨, 같이 버스를 탑시다.

①パク・ユジン：佐藤さん，今どちらに行かれるんですか。

②佐藤　：渋谷に行きます。デパートでショッピングをします。

③パク・ユジン：私もそこに行きます。むこうのあの銀行の前のバスが渋谷行きです。

④佐藤　：ユジンさん，いっしょにバスに乗りましょう。

【応用読解の単語】

여러분	皆さん	배우다	学ぶ，習う
제육과	〈第六課〉	중요하다	〈重要—〉重要だ，大切だ
주로	〈主—〉主に	꼭	ぜひ
존경어	〈尊敬語〉	마스터하다	マスターする

応用読解 51

여러분 한국어 공부는 재미있습니까? 제육과에서는 주로 존경어를 배웁니다. 한국어에서는 존경어가 아주 중요합니다. 꼭 마스터하십시오.	皆さん，韓国語の勉強は面白いですか。第6課では主に尊敬語を学びます。韓国語では尊敬語がとても大切です。ぜひマスターして下さい。

【練習問題】

韓国語に訳しなさい。

1. 尊敬形　動詞と形容詞　-십니다/-으십니다

①池田さんは出版社にお勤めです。(출판사〈出版社〉，다니다)

②金先生はソウルにお住まいですか。(김〈金〉，선생님〈先生—〉)

③名刺をお受け取りになります。(명함〈名銜〉，받다)

④カバンを机の上にお置きになります。

⑤その先輩は背が高いですか。(선배님〈先輩—〉)

⑥この方はいつもご親切です。(이분)

2. 尊敬の命令形　-십시오/-으십시오

①この絵を見て下さい。(그림)

②おじいさん，おばあさん，いつまでも長生きして下さい。(久しく生きて下さい，と訳す)(할아버지，할머니，오래오래)

③庭に花を植えて下さい。(마당)

第6課

④ここに住所をお書き下さい。(주소〈住所〉, 적다)

⑤服はそこにかけて下さい。(걸다)

3. 尊敬の勧誘形　-십시다/-으십시다

①ここでちょっと休みましょう。(쉬다)

②韓国語を勉強しましょう。

③いっしょに思い出を作りましょう。(추억〈追憶〉)

4. 勧誘形　-ㅂ시다/-읍시다

①いっしょにカラオケへ行きましょう。(노래방〈—房〉)

②公園で遊びましょう

③あの建物の前で写真を撮りましょう。

5. 로/으로

①あちらに行きましょう。(-ㅂ시다/-읍시다を用いて)

②イギリスでも自動車は左側を通ります。(영국〈英国〉, 자동차〈自動車〉)

③マッコリは何で作りますか。(막걸리)

④鉛筆では書きません。

⑤飛行機でアメリカに行きます。(미국〈美国〉)

⑥その方は小説家として有名でいらっしゃいます。(소설가〈小説家〉, 유명하다〈有名—〉)

⑦その服を下さい。

第6課のエッセンス

尊敬形は用言の語幹に接尾辞-시-/-으시-をつけて表す。-시-は母音語幹，およびㄹ語幹のㄹの脱落した語幹につき，-으시-はㄹ以外の子音語幹につく。尊敬の命令形は-십시오/-으십시오，尊敬の勧誘形は-십시다/-으십시다と表す。助詞の로/으로は方向（に，へ)，材料（で)，資格（として）など様々な意味を持つ。로は母音・ㄹで終る名詞，으로はㄹ以外の子音で終る名詞につく。

第7課 (제칠과)

가족은 일본에 안 계세요?

52

① 스즈키 : 민호 씨, 유학 생활은 재미있으세요?

② 윤민호 : 네, 아주 재미있습니다. 음식도 혼자 만듭니다.

③ 스즈키 : 가족은 일본에 안 계세요?

④ 윤민호 : 네, 모두 한국에 있습니다. 메일도 많이 보냅니다. 국제 전화도 많이 합니다.

【単語】

유학	〈留学〉	계시다	[게시다] いらっしゃる (cf. 있다 (いる) の尊敬形)
생활	〈生活〉	안 계시다	いらっしゃらない (cf. 없다(いない)の尊敬形)
있으시다	[이쓰시다] おありだ (cf. 있다 (ある) の尊敬形)	안 계세요?	いらっしゃいませんか。
있으세요	[이쓰세요] おありです	모두	みな，全員，全部
재미있으세요?	面白いですか。	메일	メール
음식	〈飲食〉料理	많이	[마니] たくさん
혼자	一人で	국제 전화	〈国際電話〉
가족	〈家族〉		
안	～しない		

【日本語訳】

①鈴木　　　　：ミンホさん，留学生活は面白いですか。

②ユン・ミンホ：はい，とても面白いです。料理も一人で作ります。

③鈴木　　　　：家族は日本にいらっしゃらないんですか。

④ユン・ミンホ：ええ，みな韓国にいます。メールもたくさん送りま

す。国際電話もたくさんします。

【解　説】

§1　ㅖとㅒの発音　53

ㅖとㅒは母音のときは［je］［jɛ］と発音されますが，子音といっしょのときは［e］［ɛ］と発音されます。ただし，ㄴと結合するときは［j］が発音されるときがあります。本課**§3**の안 예쁘다［안녜쁘다］（かわいくない）を参照して下さい。

예［jeː］	はい	얘［jɛː］	この子
예의［jei］	礼儀	얘기［jɛːgi］	話
계시다［keːʃida］	いらっしゃる	걔［kɛː］	その子
시계［ʃige］	時計	쟤［ʧɛː］	あの子
이례［iːre］	異例		
폐지［pʰeːʤi］	廃止		
혜택［heːtʰɛᵏ］	恵沢，恵み		

§2　2文字からなる終声字

文字と発音の**5.**で2文字からなる終声字は2つのうちいずれか1つが発音されることを述べました。これらの後に平音が来るときは濃音化や激音化が起きます。

名詞においては［ᵖ］［ᵏ］の発音の次に来る平音が濃音化します。

값［갑］値段　값도［갑또］値段も

넋［넉］魂　넋도［넉또］魂も

흙［흑］土　흙도［흑또］土も

語尾-습니다は用言語幹の2文字からなる終声字においても［씁니다］

と発音されます。

앉습니다［안씀니다］座ります　싫습니다［실씀니다］嫌いです
많습니다［만씀니다］多いです　밟습니다［밥씀니다］踏みます
넓습니다［널씀니다］広いです　젊습니다［점씀니다］若いです

また用言の基本形と否定形では，-다と-지がㄶ，ㅀ以外では［따］［찌］と濃音化しますが，ㄶ，ㅀのときは［타］［치］と激音化します。

ㄶ，ㅀ以外	-다［따］	없다［업따］ない，いない 앉다［안따］座る 핥다［할따］なめる 읊다［읍따］詠む 읽다［익따］読む 젊다［점따］若い
	-지［찌］	앉지 않습니다［안찌안씀니다］座りません 젊지 않습니다［점찌안씀니다］若くありません
ㄶ，ㅀ	-다［타］	많다［만타］多い 싫다［실타］嫌いだ 가지 않다［가지안타］行かない
	-지［치］	많지 않습니다［만치안씀니다］多くありません 싫지 않습니다［실치안씀니다］嫌いではありません

2文字からなる終声字は後に母音が来ると左側の子音字は終声となり，右側の子音字は初声音化して2つとも発音されます。なおㅄ，ㄳのㅅは［p］［k］の次に来るため濃音化します。

값은［갑슨］→［갑쓴］　値段は
넋이［넉시］→［넉씨］　魂が
흙에［흘게］　土に
없으시다［업스시다］→［업쓰시다］おありではない
앉으시다［안즈시다］　お座りになる

第7課

핥으시다［할트시다］　おなめになる
읊으시다［을프시다］　お詠みになる

ただし，ㄶ，ㅀの後に母音が来るときはㅎの音が発音されません。
많이［마니］　たくさん
싫으시다［시르시다］　お嫌いだ

§3　否定の副詞안

副詞の안は話し言葉で用言の否定形を表すときにしばしば用いられます。［i］［j］で始まる用言が続くときは［n］が挿入されます。

안 가다［안가다］　行かない
안 안다［아난따］　抱かない
안 아프다［아나프다］痛くない
안 하다［anɦada］また［anada 아나다］しない
안 읽다［안닉따］　読まない
안 열다［안녈다］　開（あ）けない
안 예쁘다［안녜쁘다］かわいくない

名詞に하다のついた動詞の否定形は主に次の形が用いられます。
공부하지 않습니다　勉強しません
공부 안 합니다　勉強しません

안は하다の前に置くのが普通で，안 공부하다という言い方は避けるようです。ところで않다と안 하다，何となく形が似ていますね。実は않다は안 하다が縮約してできたのです。공부하지 않다はいわば「勉強すること（を）しない」という意味を表しているわけです。

§4　尊敬形（2）

存在詞の尊敬形は尊敬の対象が人のときと物事のときとで異なります。人のときは特殊な尊敬形계시다［게시다］を用います。物事のときは있으시다［이쓰시다］，없으시다［업쓰시다］です。

尊敬の対象	存在詞	尊敬形
人	있다（いる）	계시다（いらっしゃる）
	없다（いない）	안 계시다（いらっしゃらない）
物事	있다（ある）	있으시다（おありだ）
	없다（ない）	없으시다（おありでない）

指定詞の尊敬形は이시다（でいらっしゃる），아니시다（ではいらっしゃらない）です。이시다は母音で終る名詞の後で이がしばしば省略されます。

손님이십니다.　　　　　お客様でいらっしゃいます。
선생님이 아니십니다.　　先生ではいらっしゃいません。
누구이십니까? → 누구십니까?　どなたですか。

계시다以外にも特殊な尊敬形がいくつかあります。

먹다（食べる）→ 드시다（召し上がる），잡수시다（召し上がる）
마시다（飲む）→ 드시다（召し上がる），잡수시다（召し上がる）
자다（寝る）　→ 주무시다（お休みになる）
죽다（死ぬ）　→ 돌아가시다（お亡くなりになる）

名詞にも尊敬形があります。

집（家）→댁（お宅）
말（言葉）→말씀（お言葉）
나이（年）→연세（お年）

이름（名前）→성함（お名前）

생일（誕生日）→생신（お誕生日）

이 사람（この人）→이분（この方）

부모（両親）→부모님（ご両親）

아버지（お父さん）→아버님（お父様）

어머니（お母さん）→어머님（お母様）

할아버지（おじいさん）→할아버님（おじいさま）

할머니（おばあさん）→할머님（おばあさま）

아들（息子）→아드님（ご子息）

딸（娘）→따님（お嬢様）

なお말하다（言う）の尊敬形は말씀하시다（おっしゃる）と表します。말씀はまた드리다（さしあげる）とともに謙譲形の말씀드리다（申し上げる）にも用いられます。

さらに助詞にも尊敬形があります。께서はいわば「(人)におかれて」，께서는は「(人）におかれては」といった意味です。

께서（が）	부모님께서（ご両親が）
께서는（は）	선생님께서는（先生は）
께서도（も）	사장님께서도（社長も）
께（に）	아버님께（お父様に）

「(人)から」にあたる助詞の尊敬形はありません。そのため，例えば「先生から手紙が来ました」と言いたいときは「先生が手紙を送って下さいました」のように表現を変えます。

§5　尊敬の否定形

否定形하지 않다と안 하다に対し，その尊敬形は次のようになります。い

ずれも「なさらない」という意味です。않으시다の発音は［아느시다］です。

하지 않다：①하시지 않다，②하지 않으시다，③하시지 않으시다
안 하다　：안 하시다

하지 않다の尊敬形のうち①②がよく用いられます。③はくどい印象を与えるようです。

尊敬の否定の命令形と勧誘形には말다（やめる）を用い，次のように表します。마は말다のㄹが脱落したものです。

命令形　語幹-지 마십시오
가지 마십시오．（行かないで下さい。）
勧誘形　語幹-지 마십시다/맙시다
받지 마십시다/맙시다．（受け取らないようにしましょう。）

いわば命令形「하지 마십시오」は「すること（を）やめて下さい」，勧誘形「하지 마십시다/맙시다」は「すること（を）やめましょう」という意味を表しているのです。

第7課

§6　尊敬形の해요体-세요/-으세요

丁寧な言い方を表す上称形には今まで見てきた합니다体の他に해요体があります。해요体は会話でよく用いられ，합니다体よりも親しみが感じられます。尊敬形の해요体は語幹に語尾-세요/-으세요をつけて表します。母音語幹には-세요，子音語幹には-으세요がつき，ㄹ語幹においてはㄹが脱落した語幹に-세요がつきます。指定詞の이세요は母音で終る名詞の後で通常이が省略されます。

선생님이세요.　　　　　先生でいらっしゃいます。
어디이세요? → 어디세요?　どこでいらっしゃいますか。

	基本形		語幹	語尾	尊敬形
母音語幹	動詞	가다 (行く)	가-	-세요	가세요 (お行きになります)
	形容詞	바쁘다 (忙しい)	바쁘-		바쁘세요 (お忙しいです)
	指定詞	이다 (だ)	이-		이세요 (でいらっしゃいます)
ㄹ語幹	動詞	알다 (分かる)	알-→아-		아세요 (ご存知です)
	形容詞	길다 (長い)	길-→기-		기세요 (お長いです)
子音語幹	動詞	찾다 (探す)	찾-	-으세요	찾으세요 (お探しになります)
	形容詞	작다 (小さい)	작-		작으세요 ((お) 小さいです)
	存在詞	있다 (ある)	있-		있으세요 (おありです)

尊敬形の해요体は叙述形，疑問形，命令形とも-세요/-으세요を用います。

		합니다体	해요体
肯定	叙述形（なさいます） 疑問形（なさいますか） 命令形（して下さい）	하십니다. 하십니까? 하십시오.	하세요. 하세요? 하세요.
否定	叙述形（なさいません） 疑問形（なさらないのですか）	안 하십니다. 안 하십니까?	안 하세요. 안 하세요?
	叙述形（なさいません） 疑問形（なさらないのですか）	하지 않으십니다. 하지 않으십니까?	하지 않으세요. 하지 않으세요?
	命令形（しないで下さい）	하지 마십시오.	하지 마세요.

否定の疑問形「안 하십니까?」「하지 않으십니까?」「안 하세요?」「하

지 않으세요?」はしないことを確認する調子で尋ねる表現です。

あいさつの表現の中には尊敬の命令形を含むものがあります。 54

안녕히 계십시오. /안녕히 계세요.

さようなら。(その場に残る人に，お元気でいて下さいの意)

안녕히 가십시오. /안녕히 가세요.

さようなら。(その場から去る人に，お元気で行って下さいの意)

어서 오십시오. /어서 오세요.　　いらっしゃいませ。

안녕히 주무십시오. /안녕히 주무세요.　おやすみなさい。

あいさつ表現 55

감사합니다.
〈感謝—〉ありがとうございます。

고맙습니다.
ありがとうございます。

천만에요.
〈千万—〉どういたしまして。

죄송합니다.
〈罪悚—〉申し訳ありません。

미안합니다.
〈未安—〉すみません。

괜찮습니다.
大丈夫です。かまいません。

축하합니다.
〈祝賀—〉おめでとうございます。

반갑습니다.
(お会いできて) うれしいです。

여보세요.
もしもし。

【応用会話の単語】

유리	ユリ	담배	タバコ
겐이치	ケンイチ	피우다	吸う
별로	〈別—〉別に，あまり	건강	〈健康〉
그럼	では		

第7課

応用会話

56

①유리　：겐이치 씨는 술을 드십니까?

②겐이치 ：술은 별로 안 마십니다.

③유리　：그럼 담배도 안 피우세요?

④겐이치 ：네. 건강이 제일 중요합니다.

①ユリ　：ケンイチさんはお酒を召し上がりますか。

②ケンイチ ：お酒はあまり飲みません。

③ユリ　：ではタバコもお吸いになりませんか。

④ケンイチ ：ええ。健康が一番大事です。

【応用読解の単語】

내용	〈内容〉	그만	そのくらいに（する),
발음	〈発音〉		そのくらいで（やめる)
복잡하다	〈複雑—〉複雑だ	빨리	はやく
그리고	そして	덮다	（本を）閉じる
분량	[불량]〈分量〉	마음껏	思う存分
자	じゃ，では	다시	また，再び

応用読解

제칠과는 내용이 좀 어렵습니다. 발음도 복잡합니다. 그리고 분량도 많습니다. 자, 여러분! 오늘은 한국어 공부를 그만 하세요. 이 책도 보지 마세요. 빨리 책을 덮으세요. 밖에서 마음껏 노세요. 그리고 내일 다시 같이 공부합시다!	第7課は内容が少し難しいです。発音も複雑です。そして分量も多いです。じゃ，皆さん！　今日は韓国語の勉強をそのくらいでやめて下さい。この本も見ないで下さい。はやく本を閉じて下さい。外で思う存分遊んで下さい。そして明日またいっしょに勉強しましょう！

【練習問題】

韓国語に訳しなさい。

1. 2文字からなる終声字

①値段はとても安いです。

②庭に土があります。(뜰)

③鶏が鳴きます。(닭, 울다)

④月が明るいです。(밝다)

⑤部屋が広いです。

⑥図書館には本が多いです。

⑦その人はまだ若いです。(아직)

⑧ズボンが短いです。(짧다)

⑨猫が皿をなめます。(접시)

⑩詩を詠みます。(시〈詩〉)

⑪土を踏みます。

⑫気を失います。(魂を失う,と訳す)(잃다)

2. 否定の副詞　안

①この飛行機は済州島に行きません。(제주도〈済州島〉)

②鉛筆では書きません。

③デパートでも販売しません。(판매하다〈販売―〉)

④あの公園では遊びません。

⑤今日は風が吹きません。

⑥その雑誌は読みません。(잡지〈雑誌〉)

⑦その鶏は卵を産まないんですか。(달걀, 낳다)

⑧この服は高くありません。

⑨背が高くありません。

⑩お菓子が甘くありません。(과자〈菓子〉)

⑪故郷は遠くありませんか。

⑫韓国語作文は難しくありません。(작문〈作文〉)

⑬このキムチは辛くありません。

⑭時間が短くありませんか。

3. 尊敬形　存在詞　(人) 계십니다・안 계십니다, (物事) 있으십니다・없으십니다

①李教授は研究室にいらっしゃいます。(이〈李〉, 교수님〈教授―〉, 연구실〈研究室〉)

第7課

②その方は今東京にいらっしゃいません。(그분)

③明日時間がおありですか。

④崔先生は今日授業がおありではありません。(최〈崔〉)(께서는を用いて)

4. 尊敬形　指定詞　이십니다・아니십니다

①お父様は高校の先生でいらっしゃいます。(고등학교〈高等学校〉)

②朴社長はあの方でいらっしゃいます。(박〈朴〉, 저분)

③お宅はどちらでいらっしゃいますか。

④その方は鄭会長ではいらっしゃいません。(정〈鄭〉, 회장님〈会長―〉)

5. 尊敬の否定形

①気分がよろしくありません。(기분〈気分〉)(안を用いて)

②驚かないで下さい。(놀라다)

③その人に会わないことにしましょう。

④ご両親は東京にお住まいにならないのですか。(-지 않다を用いて)

6. 尊敬形の해요体　-세요/-으세요

①この方をご存知ですか。

②手紙をお書きになりません。(안を用いて)

③ご両親はとてもお元気です。(건강하다〈健康―〉)

④お元気でいらっしゃいますか。(안녕하다〈安寧―〉)

⑤おばあさまがお茶を召し上がります。(녹차〈緑茶〉)(께서を用いて)

⑥姜部長は会議がおありです。(강〈姜〉, 부장님〈部長―〉, 회의〈会議〉)

⑦あの方が李先生でいらっしゃいます。

⑧どちら様ですか。

⑨たくさん召し上がって下さい。

⑩この部屋ではタバコを吸わないで下さい。

第7課のエッセンス

用言の否定形は副詞안を用言の前に置いて表すこともある。-지 않다の않다は안 하다が縮約した形である。存在詞の尊敬形は対象が人のときは계시다と안 계시다，物事のときは있으시다と없으시다となる。指定詞の尊敬形は이시다と아니시다である。尊敬の否定形は하지 않다の하と지あるいは않と다の間，また안 하다の하と다の間に-시-/-으시-を挿入する形があり得る。命令形と勧誘形には말다を用いる。尊敬形の해요体は叙述形，疑問形，命令形とも-세요/-으세요を用いる。

第8課（제팔과）
오후에 심리학 강의밖에 없어요.

58

① 이윤아：요시다 씨, 오늘도 수업이 많아요?

② 요시다：아니요, 오늘은 별로 많지 않아요. 오후에 심리학 강의밖에 없어요.

③ 이윤아：혹시 언어 심리학 아니에요? 저도 그 수업에 관심이 있어요. 다음에 저에게 노트 좀 보여 주세요.

④ 요시다：노트는 강의실에 있어요. 지금 같이 갑시다.

【単語】

많아요? ［마나요］多いですか。
많지 않아요 ［만치아나요］多くありません
오후 〈午後〉
에 （時）に
심리학 ［심니학］〈心理学〉
강의 〈講義〉
밖에 없다 しかない，の他にない
없어요 ［업써요］ありません
혹시 〈或是〉ひょっとして
언어 〈言語〉
아니에요?（名詞 아니에요?）（未知の事柄を確認するとき）ではありませんか。
관심 〈関心〉
관심이 있다 関心がある，興味がある
있어요 ［이써요］あります
다음 次
다음에 今度
에게 （人）に
노트 ノート
보이다 見せる
주세요 下さい
보여 주세요 見せて下さい
강의실 〈講義室〉
지금 〈只今〉今

【日本語訳】

①イ・ユナ ：吉田さん，今日も授業が多いですか。

②吉田 ：いいえ，今日は別に多くありません。午後に心理学の講義しかありません。

③イ・ユナ ：ひょっとして言語心理学ではありませんか。私もその授業に興味があります。今度私にノートをちょっと見せて下さい。

④吉田 ：ノートは講義室にあります。今いっしょに行きましょう。

【解　説】

§1 에と에게

에は場所や位置以外に，時や順序を表す語にもつきます。日本語では「に」の他に「で」と訳したり，あるいは特に訳さなかったりします。

오전에（午前に） 도중에（途中に，途中で）
오후에（午後に） 중간에（中間に，間に，途中に，途中で）
처음에（はじめに，最初に） 다음에（次に，今度）
나중에（後で） 이번에（今回，今度）
마지막에（終りに，最後に）

時を表す語のうち，朝，昼，夜などの語には에がつき，昨日，今日，明日などの語には에がつきません。

아침에（朝に）	밤에（夜に）	어제（昨日）	모레（あさって）
낮에（昼に）	금년에（今年）	오늘（今日）	올해（今年）
점심에（昼時に）	작년에（昨年,去年）	내일（明日）	지난해(昨年,去年)
저녁에（夕方に）	내년에（来年）	그저께（おととい）	다음해(来年,翌年)

第8課

에게は人や動物を表す語について「に」の意味を表す助詞です。話し言葉では한테をよく用います。

저에게/저한테 私に　　학생에게/학생한테 学生に

누구에게/누구한테 誰に　　고양이에게/고양이한테 猫に

§2 밖에

밖は位置を表す名詞で「外」を意味します。밖에は「外（そと）に」という意味ですが,「外（ほか）に，他に」の意味もあり，後に否定を表す語を用いて「しか（ない，しない)」を表します。このときの밖에は助詞で，前の語に直接つけます。

이것밖에 없습니다.　　これしかありません。

유진 씨밖에 없습니다.　　ユジンさんしかいません。

커피밖에 안 마십니다.　　コーヒーしか飲みません。

밖에とともに만という語を覚えましょう。만は「だけ，ばかり」の意味を表す助詞です。上の文を만を用いて次のように書き換えても実質的な意味は同じですが，修辞的には否定表現と肯定表現とから受ける印象が異なります。

이것만 있습니다.　　これだけあります。

유진 씨만 있습니다.　　ユジンさんだけいます。

커피만 마십니다.　　コーヒーだけ飲みます。

命令文や勧誘文には밖에は用いられず，만が用いられます。

다나카 씨만 오십시오.　　田中さんだけ来て下さい。

오늘은 영화만 봅시다.　　今日は映画だけ見ましょう。

§3　語尾-아/-어/-여

語尾の-아/-어/-여は「〜し，〜して」の意味を表します。用言語幹にこの語尾のついた語は他の用言の前に置かれたり，後続の内容とつなげたりするときに用いられるので，この形を連用形と呼ぶこともあります。

まず母音語幹以外の用言から見ていきます。

語幹末音節の母音		基本形	語幹	語尾	語幹＋-아/-어/-여
陽母音	ㅏ	받다（受け取る）	받-	-아	받아［바다］（受け取って）
	ㅏ	않다（〜しない）	않-		않아［아나］（〜しなくて）
	ㅗ	놓다（置く）	놓-		놓아［노아］（置いて）
	ㅑ	얇다（薄い）	얇-		얇아［얄바］（薄くて）
陰母音	ㅓ	없다（ない，いない）	없-	-어	없어［업써］（なくて，いなくて）
	ㅜ	웃다（笑う）	웃-		웃어［우서］（笑って）
	ㅐ	맺다（結ぶ）	맺-		맺어［매저］（結んで）
	ㅡ	만들다（作る）	만들-		만들어［만드러］（作って）
	ㅣ	있다（ある，いる）	있-		있어［이써］（あって，いて）
	ㅣ	잃다（失う）	잃-		잃어［이러］（失って）

語幹末音節の母音がㅏ，ㅗ，ㅑのときは-아がつき，それ以外の母音には-어がつきます。ㅏ，ㅗ，ㅑ，ㅛを陽母音，それ以外の母音を陰母音といいます。なお，語幹末音節の母音がㅑの用言は약다（ずる賢い），얇다（薄い），얕다（浅い）などの数語にすぎません。また語幹末音節にㅛを持つ用言は現代韓国語に見当たりません。

母音語幹の用言では語幹とこの語尾が縮約することがあります。元の形と縮約形のどちらも用いるものと，いずれか一方を用いるものとがあります。下の表では用いない形を「——」で示しました。하다および接尾辞-하다の語幹하-には-여がつきます。하여はさらに縮約して해となります。

第8課

語幹末音節の母音		基本形	語幹	語尾	語幹＋-아/-어/-여
陽母音	ㅏ	가다（行く）	가-	-아	──，가（行って）
	ㅗ	보다（見る）	보-		보아，봐（見て）
	ㅗ	오다（来る）	오-		──，와（来て）
陰母音	ㅓ	서다（立つ）	서-	-어	──，서（立って）
	ㅜ	주다（与える）	주-		주어，줘（与えて）
	ㅐ	내다（出す）	내-		내어，내（出して）
	ㅔ	세다（強い）	세-		세어，세（強くて）
	ㅚ	되다（なる）	되-		되어，돼（なって）
	ㅟ	쉬다（休む）	쉬-		쉬어，──（休んで）
	ㅕ	펴다（広げる）	펴-		──，펴（広げて）
	ㅣ	다니다（通う）	다니-		──，다녀（通って）
	ㅣ	기다（はう）	기-		기어，──（はって）
	ㅣ	이다（頭にのせる）	이-		이어，──（頭にのせて）
	ㅣ	이다（だ）	이-		이어，여:이라，라（で）
	ㅣ	아니다（ではない）	아니-		아니어,──:아니라（ではなくて）
	ㅣ	하시다（なさる）	하시-		──，하셔（なさって）
陽母音	ㅏ	하다（する）	하-	-여	하여，해（して）

母音語幹用言で語幹末音節の母音がㅏ，ㅓ，ㅕ，ㅣのものは通常縮約形を用います。ただし，기다（はう），이다（頭にのせる）は縮約しない形を用いるのが一般的です。보다（見る）は보아と봐がありますが，오다（来る）はもっぱら와を用います。ㅚ어の縮約形はㅙです。ㅟ어の縮約形はありません。指定詞の이다（だ）は이어が母音で終る名詞の後で여と縮約します。아니다（ではない）は아니어を用います。なお，指定詞に固有な語尾-라があり，이라，라（で），아니라（ではなく）の方をよく用います。尊敬形の接尾辞-시-/-으시-は縮約した形を用います。

§4　語幹＋語尾-아/-어/-여 주다

本課の§3で学んだ語尾の後に주다を補うと「～してくれる，～してあげる，～してやる」を表します。この表現には「誰かのために」という意味が含意されています。

야마다 씨가 저에게 책을 사 줍니다.

　山田さんが私に本を買ってくれます。

민호 씨에게 자료를 보내 줍니다.

　ミンホさんに資料を送ってあげます。

동생에게 종이 비행기를 만들어 줍니다.

　弟（妹）に紙飛行機を作ってやります。

주다を尊敬の命令形주십시오/주세요にした-아/-어/-여 주십시오/주세요は「～して下さい」を表します。これは誰かのためにお願いしたり依頼したりする表現です。会話文③の보여 주세요（見せて下さい）は「(話し手である）私のために」が含意されています。-십시오/-으십시오と-세요/-으세요は単に聞き手に行動を促す表現ですが，日本語では「～して下さい」となって区別がつかないので用法の違いに注意が必要です。

저는 아직 한글을 모릅니다. 이 한국어 문장을 읽어 주십시오/주세요.

　私はまだハングルが分かりません。この韓国語の文を読んで下さい。

이 서류는 볼펜으로 적으십시오/적으세요.

　この書類はボールペンで書いて下さい。

ただし，내리다（降りる）や빌리다（借りる）のような単語は次のように日本語で訳し分けます。

내리다（降りる）　내리십시오/내리세요.（降りて下さい。）
내려 주다（降ろす）내려 주십시오/주세요.（降ろして下さい。）
빌리다（借りる）　빌리십시오/빌리세요.（借りて下さい。）
빌려 주다（貸す）　빌려 주십시오/주세요.（貸して下さい。）

§5　해요体

해요体は합니다体よりも親しみの感じられる上称形の文体です（**第7課§6**）。해요体は用言語幹に語尾-아요/-어요/-여요をつけて表します。これは本課の**§3**で学んだ語尾-아/-어/-여に요をつけた形と同一です。

해요体は同じ形がイントネーションによって叙述，疑問，命令，勧誘を表します。なお，否定の命令形で用いる말다（やめる）は해요体で마요となるのが標準です。

휴일에는 공원에 가요.
　　休日には公園に行きます。
내일도 회사에 가요?
　　明日も会社に行きますか。
기다리지 마요. 먼저 가요.
　　待たないで下さい。先に行って下さい。
자, 같이 가요.
　　じゃ，いっしょに行きましょう。

語幹末音節の母音がㅐ，ㅔである母音語幹用言は내요（出します），세요（強いです）のように通常は縮約形を用います。보다（見る），주다（与える），되다（なる）は縮約しない形と縮約する形のいずれも用いますが，話し言葉では縮約形をよく用います。하다は하여요より해요を用いるのが普通です。

語幹末音節の母音		基本形	語幹	語尾	해요体
陽母音	ㅏ	가다（行く）	가-	-아요	가요（行きます）
	ㅏ	받다（受け取る）	받-		받아요（受け取ります）
	ㅏ	않다（〜しない）	않-		않아요（〜しません）
	ㅗ	오다（来る）	오-		와요（来ます）
	ㅗ	보다（見る）	보-		보아요，봐요（見ます）
	ㅗ	놓다（置く）	놓-		놓아요（置きます）
	ㅑ	얇다（薄い）	얇-		얇아요（薄いです）
陰母音	ㅓ	서다（立つ）	서-	-어요	서요（立ちます）
	ㅓ	없다（ない，いない）	없-		없어요(ありません,いません)
	ㅜ	주다（与える）	주-		주어요，줘요（与えます）
	ㅜ	웃다（笑う）	웃-		웃어요（笑います）
	ㅐ	내다（出す）	내-		내요（出します）
	ㅐ	맺다（結ぶ）	맺-		맺어요（結びます）
	ㅔ	세다（強い）	세-		세요（強いです）
	ㅚ	되다（なる）	되-		되어요，돼요（なります）
	ㅟ	쉬다（休む）	쉬-		쉬어요（休みます）
	ㅕ	펴다（広げる）	펴-		펴요（広げます）
	ㅡ	만들다（作る）	만들-		만들어요（作ります）
	ㅣ	기다（はう）	기-		기어요（はいます）
	ㅣ	다니다（通う）	다니-		다녀요（通います）
	ㅣ	있다（ある，いる）	있-		있어요（あります，います）
陽母音	ㅏ	하다（する）	하-	-여요	해요（します）

이다（だ）の해요体の이에요は母音で終る名詞の後で예요と縮約します。発音は［에요］です。

지금 어디예요［에요］？　今どこですか。

서울이에요.　ソウルです。

수원이 아니에요.　水原ではありません。

なお，이다の합니다体の입니다/입니까は母音で終る名詞の後で이が省略されることがあります。話し言葉でしばしば起こる現象です。

한국어입니다. → 한국업니다［한구검니다］.　　韓国語です。

사토 씨입니까？ → 사토 씹니까［사토씸니까］？佐藤さんですか。

指定詞と尊敬形の해요体をまとめると次の通りです。

語幹末音節の母音		基本形	語幹	語幹+-어	해요体
陰母音	ㅣ	이다（だ）	이-	이어，여	이에요，예요（です）
	ㅣ	아니다（ではない）	아니-	아니어	아니에요(ではありません)
	ㅣ	하시다（なさる）	하시-	하셔	하세요（なさいます）

§6　語幹・語根・語基

語幹・語根・語基といった用語はしばしば混乱されます。ここで本書における区別を述べておきます。

語幹は用言の活用を言うときの用語です。用言は語幹と語尾からできており，変化しない部分を語幹，変化する部分を語尾といいます。活用とは，つまり語幹に語尾が結合することに他なりません。語幹に語尾が結合し，様々な文法的意味を表す形を活用形と呼びます。韓国語には母音語幹，ㄹ語幹，子音語幹があります（**第3課§7**，**第4課§2**）。例えば，먹다（食べる）は子音語幹먹-と語尾-다からできています。語幹と語尾の結合のし方は今まで見てきたように，次の3通りがあります。

①語幹に直接つく

가-다（行く），있-습니다（います，あります）

②子音語幹につくとき으が加わる

보-세요（ご覧になります），찾-으세요（お探しになります）

③語幹末音節の母音によって形が異なる

받-아（受け取って），먹-어（食べて），하-여/해（して）

語根は語を形成する成分を言うときの用語です。語根には接辞がつきます。語根の前につくものを接頭辞（신세대（新世代）の신-（新）など），後につくものを接尾辞といいます。接尾辞は用言・用言語幹を作るものとそれ以外のもの（선생님（先生）の-님（様），자본론（資本論）の-론（論）など）に大別されます。ここでは用言・用言語幹を作るものについて見てみます。

用言を作るもの　　　-하다（**第4課§4**）
用言語幹を作るもの　-시-/-으시-（**第6課§1**）

例えば，공부하다（勉強する）は名詞の공부が語根で，それに接尾辞-하다がついてできた用言です。하다の一部は語根について語幹공부하-となります。-다は語尾です。この語幹공부하-が語根となり，接尾辞-시-がつくと，さらなる語幹공부하시-（勉強なさる）を作ります。

韓国語の用言の活用を説明するとき，語基を用いることがあります。보다（見る），웃다（笑う）を例にあげて見てみましょう。語基は表に示したように3種類があります。

	語幹＋語尾		語基＋語尾		
	語幹	語尾	語基		語尾
보다（見る） 웃다（笑う）	보- 웃-	-다	第Ⅰ語基	보- 웃-	-다
보세요（ご覧になります） 웃으세요（お笑いになります）		-세요 -으세요	第Ⅱ語基	보- 웃으-	-세요
보아요（見ます） 웃어요（笑います）		-아요 -어요	第Ⅲ語基	보아- 웃어-	-요

いわば，語幹はあくまでも一定した形であるととらえるのが「語幹＋語尾」の説明方法であり，語尾が一定した形で語幹が変化するととらえるのが「語基＋語尾」の説明方法です。両者の説明上の整合性や

学習上の利便性などをめぐって今も議論が続いています。私たち学習者の立場としては，いずれのよしあしよりも説明方法の違いをしっかり理解することを心がけたいものです。

本書では用言について最初に語幹と語尾を用いて説明したのに基づき（**第3課§7**），「語幹＋語尾」の説明方法をとっていきます。以下，語幹に直接つく語尾はハイフン（-）をつけ（-다，-습니다など），으が加わるものは（으）を付し（-(으)세요など），아/어/여は어を代表にして（-어요，-어 주다など）示すことにします。

◉コラム5　합니다体と해요体◉

합니다体は形式的な固さが感じられる一方，해요体はうちとけた柔らかみがあります。とはいえ，日本語ではどちらも「ですます体」で表すため，その違いは案外難しいもの。そこで，こんな場面をイメージしてみましょう。……イ・ビョンホンばりのやり手サラリーマンが同僚とともに颯爽と会議室に現れ，上役たちと합니다体で議論します。そして成功裏に終った会議の後，部屋を出ながら同僚と해요体で談笑します。……もしこれが逆になって，会議の席では해요体で上役たちと議論し，会議の後では합니다体で同僚と話しているとしたらどうでしょう。何か変だなと感じましたら，합니다体と해요体の違いに一歩近づいたことになるでしょう。

【応用会話の単語】

민준	ミンジュン	프림	コーヒー用の粉末ミルクの一般的な呼び名
유미코	ユミコ		
설탕	〈雪糖〉砂糖	괜찮다	大丈夫だ，かまわない

応用会話 59

①민준　：유미코 씨, 커피 드세요.

②유미코 ：설탕, 프림 있어요?

③민준　：미안해요. 설탕밖에 없어요.

④유미코 ：괜찮아요. 설탕만 주세요.

①ミンジュン：ユミコさん，コーヒーどうぞ。

②ユミコ　　：砂糖，ミルク，あります？

③ミンジュン：すみません。砂糖しかありません。

④ユミコ　　：いいですよ。砂糖だけ下さい。

【応用読解の単語】

회화	〈会話〉	따라서	したがって，それで
해요체	〈―体〉해요体	구별	〈区別〉
사용하다	〈使用―〉使用する	학습자	〈学習者〉
합니다체	〈―体〉합니다体	차이	〈差異〉違い
역시	〈亦是〉もまた，やはり	화자	〈話者〉話し手
쓰다	使う，用いる	표정	〈表情〉
그런데	ところで，ところが	태도	〈態度〉
문체	〈文体〉	그 안에	その中に
구별하다	〈区別―〉区別する	실마리	手がかり，糸口

第8課

応用読解 60

회화에서는 해요체를 아주 많이 사용합니다. 합니다체 역시 회화에서 많이 씁니다. 그런데 일본어에서는 이 문체를 구별하지 않습니다. 따라서 학습자에게는 이 차이가 좀 어렵습니다. 한국어 화자의 표정, 태도를 잘 보십시오. 그 안에 실마리가 있습니다.	会話では해요体をとてもたくさん使用します。합니다体もまた会話でたくさん用います。ところで日本語ではこの文体を区別しません。それで学習者にはこの違いが少し難しいのです。韓国語話者の表情，態度をよく見て下さい。その中に手がかりがあります。

【練習問題】

韓国語に訳しなさい。

1. 時，順序＋에

①夕方にアルバイトをします。(아르바이트)

②今日の午前には船が到着します。(도착하다〈到着—〉)

③会議の途中で外出します。(중간에〈中間—〉, 외출하다〈外出—〉)

④川村さんの次に渡辺さんが発表します。

⑤写真は後で撮りましょう。(-(으)ㅂ시다を用いて)

2. 에게と한테

①友だちに手紙を送ります。(친구〈親旧〉)

②後で私にもメールを下さい。

③子供に牛乳をあげます。(우유〈牛乳〉)

④恋人に電話します。(전화하다〈電話—〉)

⑤赤ちゃんにキスします。(아기，뽀뽀하다)

⑥このプレゼントは誰にあげますか。(선물〈膳物〉)

3. 밖에

①家の横には田んぼしかありません。(논)

②幼稚園には妹しか行きません。(유치원〈幼稚園〉)

③猫には魚しかあげません。(생선〈生鮮〉)

④その人の住所しか知りません。

4. 만

①机の上には詩集だけあります。(시집〈詩集〉)

②その新聞は事実だけ伝えます。(신문〈新聞〉, 사실〈事実〉, 전하다〈伝—〉)

③いつも小説ばかり読みます。(소설〈小説〉)

④この問題だけ解いて下さい。(문제〈問題〉, 풀다)

⑤今日はこの単語だけ覚えましょう。(외우다)(-(으)ㅂ시다を用いて)

5. 語幹＋語尾-어 주다

①吉川さんが私にケーキを作ってくれます。(케이크)

②その人には電話番号を教えてやりません。(전화 번호〈電話番号〉, 가르치다)

③後で山田さんにも伝えて下さい。

④ここで待っていて下さい。(待って下さい, と訳す)

⑤子供のそばにいて下さい。

6. 動詞の해요体

①デパートでスーツを買います。(양복〈洋服〉)

②渋谷で友だちに会いますか。

③ユミさんはタクシーで来ます。

④このバスは市庁前に止まります。(서다)

⑤ラジオをつけます。(켜다)

⑥私はお酒を飲みません。

⑦ドア, ちょっと閉めて下さい。

⑧子供が公園で遊びます。

⑨玄関で靴を脱ぎます。(현관〈玄関〉, 벗다)

⑩家で何を着ますか。

⑪子犬が靴をなめます。

⑫毎日韓国語を勉強します。

7. 形容詞の해요体

①料理がちょっとしょっぱいです。
②その店はとても安いです。(가게)
③今日は風が強いです。
④スモモがすっぱいです。(자두)
⑤カバンが小さいです。
⑥空が澄んでいます。(하늘, 맑다)
⑦服が薄いです。
⑧あの池は浅いです。(연못〈蓮―〉)
⑨道がたいして良くありません。(별로〈別―〉)
⑩地球は丸いです。
⑪約束時間が遅いですか。(약속〈約束〉)
⑫家族には愛が必要です。(사랑, 필요하다〈必要―〉)

8. 存在詞・指定詞の해요体

①その映画はとても面白いです。
②私には恋人がいます。
③そこには国語辞典しかありません。(국어 사전〈国語辞典〉)
④鉛筆は文具です。
⑤その人は学生ではありません。
⑥トマトは果物ですか。野菜ですか。(토마토, 채소〈菜蔬〉)

第8課のエッセンス

助詞の에は時や順序を表す語につく。에게は人や動物を表す語につき，話し言葉では한테に置き換え得る。밖에は否定を表す語とともに「しか（ない，しない）」の意味を表す。만は「だけ，ばかり」の意。語尾-아はㅏ，ㅗ，ㅑ（陽母音），-어はそれ以外の母音（陰母音），-여は하다の語幹하-につき，「～し，～して」を表す。後に주다を補うと，「～してくれる，～してあげる，～してやる」の意味を表す。해요体はこの語尾に요をつけた形と同じである。ただし，指定詞の해요体は이에요（母音で終る名詞の後では예요と縮約），아니에요である。尊敬形は하세요を用いる。

第9課（제구과）

작년 이월에 서울에서 왔어요.

61

① 기무라：미리 씨는 유학생이에요?

② 최미리：네, 작년 이월에 서울에서 왔어요. 지금은 도쿄에 살아요. 대학교에서는 한국어와 일본어 문법을 배워요.

③ 기무라：제 전공은 한국 경제예요. 한국의 경제 발전에 관심이 많아요. 미리 씨는 몇 학년이에요?

④ 최미리：삼 학년이에요. 우리 학과는 시험을 자주 봐요. 다음주에도 월요일부터 수요일까지 시험이 있어요.

【単語】

유학생	〈留学生〉
이월	〈二月〉2月
에서	（場所）から
왔어요	来ました（cf. 오다（来る）の過去形の해요体）
대학교	〈大学校〉大学
와	と
문법	［문뻡］〈文法〉
배우다	学ぶ
배워요	学びます，学んでいます
전공	〈専攻〉
경제	〈経済〉
발전	［발쩐］〈発展〉
삼 학년	［samɦaŋnjɔn］または［사망년］〈三学年〉3年生
학과	〈学科〉
시험을 보다	試験をする
다음주	［다음쭈］〈—週〉来週
월요일	［워료일］〈月曜日〉
수요일	〈水曜日〉
까지	まで

【日本語訳】

①木村　　　：ミリさんは留学生ですか。

②チェ・ミリ：ええ，去年の2月にソウルから来ました。今は東京に住んでいます。大学では韓国語と日本語の文法を学んでいます。

③木村　　　：私の専攻は韓国経済です。韓国の経済発展に強い関心があります。ミリさんは何年生ですか。

④チェ・ミリ：3年生です。私たちの学科では試験をよく行います。来週も月曜日から水曜日まで試験があります。

語彙リスト2：教育機関に関する言葉

유치원	〈幼稚園〉	유치원생	〈幼稚園生〉幼稚園児
초등학교	〈初等学校〉小学校	초등학생	〈初等学生〉小学生
중학교	〈中学校〉	중학생	〈中学生〉
고등학교	〈高等学校〉高校	고등학생	〈高等学生〉高校生
대학교	〈大学校〉大学	대학생	〈大学生〉
대학	〈大学〉大学，学部		

대학교は総合大学，대학は単科大学を指す。대학はまた総称的に用いる語でもある。대학교の学部を대학と言う。

【解　説】

§1　合成語における濃音化

合成語の中には後の単語の頭音の平音が濃音化するものがあります。この濃音化は単語ごとに覚えるしかありません。

길가	[길까]	길（道）＋가（端）	道端
김밥	[김빱]	김（のり）＋밥（ご飯）	のり巻き
이번달	[이번딸]	이번（今回）＋달（月）	今月
다음주	[다음쭈]	다음（次）＋주（週）	来週

また合成語か2単語かで揺れる語においてもこの濃音化が起きるものがあります。

일본사람/일본 사람 [일본싸람]　일본（日本）＋사람（人）　日本人

なお，合成語とは２つの単語が結合した語で，分かち書きせず，1語と見なします。そのため辞書の見出し語になり得ます。分かち書きするものは2単語と見なし，辞書の見出し語としては掲載しないのが一般的です。

ところで，合成語の前の単語が母音で終るとき，終声の位置にㅅをつけて表すことがあります。このㅅを「사이시옷（間のㅅ）」と呼びます。このとき，後の単語の頭音の平音は濃音化します。後の単語の頭音が鼻音のときはこのㅅが鼻音化します。また後の単語が［i］［j］で始まるときは［n］が挿入されます。

濃音化	바닷가	[바닫까]	바다（海）＋ㅅ＋가（端）	海辺
鼻音化	잇몸	[인몸]	이（歯）＋ㅅ＋몸（体）	歯茎
[n] の挿入	나뭇잎	[나문닙]	나무（木）＋ㅅ＋잎（葉）	木の葉

第9課

§2　漢字語における濃音化

漢字語において，終声ㄹの次の平音ㄷ，ㅅ，ㅈは濃音で発音されます。

활동［활똥］〈活動〉

일상［일쌍］〈日常〉

발전［발쩐］〈発展〉

例外には次のような語があります。

별수　［-수］〈別数〉特別な手段（별-（別）は接頭辞）

수필집　［-집］〈随筆集〉（-집（集）は接尾辞）

절절하다　［-절-］〈切切―〉切々としている

なお，合成語ではこの濃音化が生じないことが多いようです。

식물도감　［-도-］〈植物図鑑〉

기말시험　［-시-］〈期末試験〉

전출증명서［-증-］〈転出証明書〉

また漢字語では以下の語が濃音化することがあります。（ ）内は濃音化しない例です。

권〈権〉인권［인꿘］〈人権〉，주권［주꿘］〈主権〉

권〈圏〉대기권［대기꿘］〈大気圏〉，상위권［상위꿘］〈上位圏〉

점〈点〉시점［시쩜］〈時点〉，채점［채쩜］〈採点〉

건〈件〉사건［사껀］〈事件〉，조건［조껀］〈条件〉（물건［-건］〈物件〉もの）

격〈格〉성격［성껵］〈性格〉，인격［인껵］〈人格〉（자격［-격］〈資格〉）

과〈科〉내과［내꽈］〈内科〉，치과［치꽈］〈歯科〉（교과서［-과-］〈教科書〉，ただし［-꽈-］とも）

법〈法〉문법［문뻡］〈文法〉, 용법［용뻡］〈用法〉, 형법［형뻡］〈刑法〉（방법［-법］〈方法〉）

자〈字〉문자［문짜］〈文字〉, 한자［한짜］〈漢字〉, 영자［영짜］〈英字〉（타자［-자］〈打字〉タイプを打つこと）

적〈的〉1字語の後：공적［공쩍］〈公的〉, 사적［사쩍］〈私的〉（2字以上の語の後：일반적［-적］〈一般的〉）（**第18課§1参照**）

§3 와/과, 하고

와/과は「と」を表す助詞で，와は母音で終る名詞につき，과は子音で終る名詞につきます。話し言葉では하고をよく用います。「～と～と」のように2番目の名詞にもつけるときは「～하고～하고」を用います。

아기와 어머니	赤ちゃんとお母さん
손과 발	手と足
서울과 도쿄	ソウルと東京
숟가락과 젓가락	スプーンと箸
친구하고 애인	友だちと恋人
책하고 가방	本とカバン
책상하고 의자하고	机とイスと

와/과, 하고は副詞같이, 함께（いっしょに）を伴うことがあります。

친구와 같이 학생 식당에 갑니다.

友だちといっしょに学生食堂に行きます。

유리는 동생하고 함께 공원에서 놀아요.

ユリは弟（妹）といっしょに公園で遊びます。

「와/과 같이」はまた慣用句として「のように」,「와/과 같다」は「のようだ」の意味を表します。話し言葉では와/과が省略されることもあ

ります。なお「と同じだ」の意味では「와/과 같다」および「하고 같다」が用いられます。

이와 같이　このように
다음과 같습니다.　次の通りです。
꿈만 같아요.　夢（直訳は，夢ばかり）のようです。
제 생각과/하고 같습니다.　私の考えと同じです。

§4 「から」を表す에서と他の助詞

「から」にあたる韓国語の助詞はいくつかあります。まず「から」が起点を表すとき，場所には에서，時や順序には부터，人には에게서を用います。また人には話し言葉で한테서をよく用います。「から」が経路を表すときは로/으로を用います。

<table>
<tr><td rowspan="5">起点</td><td>場所</td><td>에서</td><td>미국에서 손님이 오십니다.
アメリカからお客さんがいらっしゃいます。</td></tr>
<tr><td>時</td><td rowspan="2">부터</td><td>오늘부터 책방에서 일합니다.
今日から本屋で働きます。</td></tr>
<tr><td>順序</td><td>다음부터 같이 놀아요.
今度からいっしょに遊びましょう。</td></tr>
<tr><td rowspan="2">人</td><td>에게서</td><td>할머니에게서 옛날이야기를 듣습니다.
おばあさんから昔話を聞きます。</td></tr>
<tr><td>한테서</td><td>유진 씨한테서 편지를 받아요.
ユジンさんから手紙をもらいます。</td></tr>
<tr><td colspan="2">経路</td><td>로/으로</td><td>남쪽 출구로 나오세요.
南口から出て来て下さい。</td></tr>
</table>

「まで」にあたる助詞は까지です。「～から～まで」が場所の範囲を表すときは「～에서～까지」を用い，時，順序，人の範囲を表すときは「～부터～까지」を用います。

<table>
<tr><td rowspan="4">範囲</td><td>場所</td><td>～에서～까지</td><td>도쿄에서 서울까지 비행기로 갑니다.
東京からソウルまで飛行機で行きます。</td></tr>
<tr><td>時</td><td rowspan="3">～부터～까지</td><td>아침부터 저녁까지 아르바이트를 합니다.
朝から夕方までアルバイトをします。</td></tr>
<tr><td>順序</td><td>처음부터 끝까지 읽으세요.
初めから終りまで読んで下さい。</td></tr>
<tr><td>人</td><td>유리 씨부터 민호 씨까지가 우리 팀이에요.
ユリさんからミンホさんまでが私たちのチームです。</td></tr>
</table>

なお，場所であっても時，順序，人に準じて範囲を限定して示すときは「～부터～까지」を用います。

여기부터 거기까지가 옆 집 땅입니다.

ここからそこまでが隣の家の土地です。

日本語では「まで」と「までに」を区別しますが，韓国語ではどちらも까지で表します。「までに」を까지에とは言いません。

저녁까지 도서관에서 공부합니다. 夕方まで図書館で勉強します。

저녁까지 이 서류를 제출하십시오.

夕方までにこの書類を提出して下さい。

§5 漢字語の数詞

韓国語の数詞には漢字語のものと固有語のものとの2種類があります。まず漢字語の数詞から学びましょう。 62

一	二	三	四	五	六	七	八	九	十
일	이	삼	사	오	육	칠	팔	구	십

十一	十二	十三	十四	十五	十六	十七	十八	十九
십일	십이	십삼	십사	십오	십육	십칠	십팔	십구

十	二十	三十	四十	五十	六十	七十	八十	九十
십	이십	삼십	사십	오십	육십	칠십	팔십	구십

百	千	万	億	兆	零
백	천	만	억	조	영

発音と用法が日本語の漢語の数詞と似ていますが，終声字の初声音化，濃音化，鼻音化が起きますので，慣れるよう練習が必要です。

35　三十五　삼십오［삼시보］
70　七十　칠십［칠씹］
80　八十　팔십［팔씹］
627　六百二十七　육백이십칠［육빼기십칠］
3549　三千五百四十九　삼천오백사십구［삼처노백싸십꾸］
6万　六万　육만［융만］
10万　十万　십만［심만］
100万　百万　백만［뱅만］

육は語頭で［육］と発音されますが，십，백，천，만の後では［뉵］と発音されます。십，백の終声はそれによって鼻音化します。

16　十六　십육［십뉵］→［심뉵］
106　百六　백육［백뉵］→［뱅뉵］
2600　二千六百　이천육백［이천뉵빽］
36000　三万六千　삼만육천［삼만뉵천］

1万は通常1を省略して「만」と言います。0は영（零）の他，電話番号などを言うときは공（空）を用いることもあります。

電話番号などで数を読み上げるときは，漢字語における濃音化，終声字の初声音化が起きます。육は母音とㄹの後で［륙］，それ以外の後

で［뉵］と発音されます。また，일일は［일릴］，일이は［일리］と発音されます。

後 前	0	1	2	3	4	5	6	7	8	9
0	[공공]	[공일]	[공이]	[공삼]	[공사]	[공오]	[공뉵]	[공칠]	[공팔]	[공구]
1	[일공]	[일릴]	[일리]	[일쌈]	[일싸]	[이로]	[일륙]	[일칠]	[일팔]	[일구]
2	[이공]	[이일]	[이이]	[이삼]	[이사]	[이오]	[이륙]	[이칠]	[이팔]	[이구]
3	[삼공]	[사밀]	[사미]	[삼삼]	[삼사]	[사모]	[삼뉵]	[삼칠]	[삼팔]	[삼구]
4	[사공]	[사일]	[사이]	[사삼]	[사사]	[사오]	[사륙]	[사칠]	[사팔]	[사구]
5	[오공]	[오일]	[오이]	[오삼]	[오사]	[오오]	[오륙]	[오칠]	[오팔]	[오구]
6	[육꽁]	[유길]	[유기]	[육쌈]	[육싸]	[유고]	[융뉵]	[육칠]	[육팔]	[육꾸]
7	[칠공]	[치릴]	[치리]	[칠쌈]	[칠싸]	[치로]	[칠륙]	[칠칠]	[칠팔]	[칠구]
8	[팔공]	[파릴]	[파리]	[팔쌈]	[팔싸]	[파로]	[팔륙]	[팔칠]	[팔팔]	[팔구]
9	[구공]	[구일]	[구이]	[구삼]	[구사]	[구오]	[구륙]	[구칠]	[구팔]	[구구]

まずご自身，友だち，会社などの電話番号を言えるようにしましょう。例えば，「02-1236-○○○○」［공이일리삼뉵……］となります。なお「-」は의（の）を用い，「02의」［공이에］と言います。의の代わりに発音通り에と記すときもありますが標準的ではありません。

小数点（소수점［소수쩜］）を含む数の発音もこれに準じます。ただし，0は영です。小数点の「.」は점［쩜］と常に濃音で発音します。例えば，「0.3」は［영쩜삼］，「5.06」は점と영の間に［n］が挿入され，［오쩜녕뉵］

と読みます。

なお，一から十までを読み上げるときは次のように発音します。

一 二 三 四 五 六 七 八 九 十
［일 리 삼 사 오 륙 칠 팔 구 십］

§6 漢字語の数詞に用いられる助数詞

助数詞は漢字語の数詞と固有語の数詞のいずれに用いられるか決まっています。助数詞は依存名詞の一種です。漢字語の数詞に用いられる助数詞には次のものがあります。

원 ウォン 천 원 千ウォン
층 〈層〉階 오 층 5階
번 〈番〉 일 번 1番
분 〈分〉 이십 분 20分
교시 〈校時〉時限 사 교시 4時限
학년 〈学年〉年生 삼 학년 3年生

何階，何番などの「何」は「몇」と言います。몇 학년（何年生）の発音に注意して下さい。

몇 층 何階
몇 번 何番
몇 학년［면탕년］また［며탕년］何年生

§7 年，月，日，曜日

年，月，日もまた漢字語の数詞に用いられる助数詞です。6月（유월）と10月（시월）は数詞の形が変わりますので注意して下さい。10日は십일［시빌］，11日は십일 일［시비릴］，12日は십이 일［시비일］となり，まぎらわしいのでしっかり練習しましょう。

「何～」と言うときは몇をつけますが，「何日」は며칠と形が変わります。몇 월の発音［며둴］に注意しましょう。「何曜日」は몇ではなく，무슨（何の）を用います。무슨 요일は［n］が挿入され，［무슨뇨일］と発音されます。

몇 년　何年　　　　　며칠　　　何日

몇 월 ［며둴］何月　　무슨 요일 ［무슨뇨일］何曜日

년〈年〉	월〈月〉	일〈日〉
1年 일 년 ［일련］	1月 일월 ［이뤌］	1日 일일 ［이릴］
2年 이 년	2月 이월	2日 이일
3年 삼 년	3月 삼월 ［사뭘］	3日 삼일 ［사밀］
4年 사 년	4月 사월	4日 사일
5年 오 년	5月 오월	5日 오일
6年 육 년 ［융년］	6月 유월	6日 육일 ［유길］
7年 칠 년 ［칠련］	7月 칠월 ［치뤌］	7日 칠일 ［치릴］
8年 팔 년 ［팔련］	8月 팔월 ［파뤌］	8日 팔일 ［파릴］
9年 구 년	9月 구월	9日 구일
10年 십 년 ［심년］	10月 시월	10日 십일 ［시빌］
100年 백 년 ［뱅년］	11月 십일월 ［시비뤌］	20日 이십 일 ［이시빌］
	12月 십이월 ［시비월］	30日 삼십 일 ［삼시빌］

요일〈曜日〉		
	月曜日 월요일 ［워료일］	金曜日 금요일 ［그묘일］
	火曜日 화요일	土曜日 토요일
	水曜日 수요일	日曜日 일요일 ［이료일］
	木曜日 목요일 ［모교일］	

§8　過去形

過去形は語幹に接尾辞-었-をつけて表します。**第8課§3**で学んだ語尾-어に씨をつけた形と同じです。この-었-は用言語幹を作る接尾辞です。

-었-は子音語幹を作りますので합니다体は-습니다/-습니까がつきま

す。過去形につく해요体の語尾は接尾辞の母音の如何にかかわらず，-어요がつきます。갔어요（行きました），섰어요（立ちました），했어요（しました）など。

語幹末音節の母音		基本形	語幹	接尾辞	過去形
陽母音	ㅏ	가다（行く）	가-	-았-	갔다（行った）
	ㅏ	받다（受け取る）	받-		받았다（受け取った）
	ㅏ	않다（～しない）	않-		않았다（～しなかった）
	ㅗ	오다（来る）	오-		왔다（来た）
	ㅗ	보다（見る）	보-		보았다，봤다（見た）
	ㅗ	놓다（置く）	놓-		놓았다（置いた）
	ㅑ	얇다（薄い）	얇-		얇았다（薄かった）
陰母音	ㅓ	서다（立つ）	서-	-었-	섰다（立った）
	ㅓ	없다（ない，いない）	없-		없었다（なかった，いなかった）
	ㅜ	주다（与える）	주-		주었다，줬다（与えた）
	ㅜ	웃다（笑う）	웃-		웃었다（笑った）
	ㅐ	내다（出す）	내-		내었다，냈다（出した）
	ㅐ	맺다（結ぶ）	맺-		맺었다（結んだ）
	ㅔ	세다（強い）	세-		세었다，셌다（強かった）
	ㅚ	되다（なる）	되-		되었다，됐다（なった）
	ㅟ	쉬다（休む）	쉬-		쉬었다（休んだ）
	ㅕ	펴다（広げる）	펴-		폈다（広げた）
	ㅡ	만들다（作る）	만들-		만들었다（作った）
	ㅣ	기다（はう）	기-		기었다（はった）
	ㅣ	다니다（通う）	다니-		다녔다（通った）
	ㅣ	있다（ある，いる）	있-		있었다（あった，いた）
	ㅣ	이다（だ）	이-		이었다，였다（だった）
	ㅣ	아니다（ではない）	아니-		아니었다（ではなかった）
	ㅣ	하시다（なさる）	하시-		하셨다（なさった）
陽母音	ㅏ	하다（する）	하-	-였-	하였다，했다（した）

이다（だ）の過去形이었습니다，이었어요は母音で終る名詞の後で

였습니다, 였어요と縮約します。

작년이었습니다. /작년이었어요.　去年でした。

어제였습니다. /어제였어요.　　昨日でした。

過去形は過去の事柄を表し，現在にもその影響が及ぶことを含意します。

ㄱ：과일 드세요. ――ㄴ：아까 먹었어요.

ㄱ：果物どうぞ。――ㄴ：さっき食べました。

さっき食べた影響が現在にも及び，「今お腹が一杯だ」とか「今は食べなくてもよい」といった意味を含みます。そのため，ㄴの発話はㄱへの断りと解釈できるわけです。

過去の否定形は過去の否定の事柄を述べたり，ある事柄がまだ行なわれていないことを表したりします。後者の意味では副詞아직（まだ）を伴うことがあります。

점심은 먹지 않았습니다. /안 먹었습니다.

昼食は食べませんでした。(過去の否定の事柄)

昼食は食べていません。(まだ行なわれていないこと)

유미는 아직 오지 않았습니다. /안 왔습니다.

ユミはまだ来ていません。

一方，現在形は現在の事柄を表し，今もその事柄が継続していることを含意します。日本語では「～している」と訳した方が自然なことがあります。継続中であることはテクストから読み取ることができます。

지금 무엇을 합니까?　――티비를 봅니다.

今何をしていますか。――テレビを見ています。

일요일에 무엇을 합니까?　――티비를 봅니다.

日曜日に何をしますか。――テレビを見ます。

【応用会話の単語】

마사오	マサオ	받다	もらう
서영	ソヨン	손수건	[손쑤건]ハンカチ(cf. 손〈手〉
생일	〈生日〉誕生日		＋수건〈手巾〉手ぬぐい)
언제	いつ	일기장	[일기짱]〈日記帳〉

応用会話 63

①마사오 ：서영 씨 생일이 언제예요？

②서영　 ：시월 삼십일 일이에요. 바로 이번주 화요일이었어요.

③마사오 ：생일 축하합니다. 선물은 받았어요？

④서영　 ：네. 친구한테서 손수건하고 일기장을 받았어요.

①マサオ ：ソヨンさんの誕生日はいつですか。

②ソヨン ：10月31日です。ちょうど今週の火曜日でした。

③マサオ ：誕生日おめでとうございます。プレゼントはもらいましたか。

④ソヨン ：はい。友だちからハンカチと日記帳をもらいました。

【応用読解の単語】

과거형	〈過去形〉	씩	ずつ
시작하다	〈始作―〉始める	연습하다	〈練習―〉練習する
조금	少し		

応用読解 64

제구과에서는 과거형을 배웠습니다. ……어제 무엇을 했습니까? 어디에서 점심을 먹었습니까? 맛있었습니까? 누구를 만났습니까? 언제 한국어 공부를 시작했습니까? ……매일 조금씩 연습하십시오.	第9課では過去形を習いました。……昨日何をしましたか。どこで昼ご飯を食べましたか。おいしかったですか。誰と会いましたか。いつ韓国語の勉強を始めましたか。……毎日少しずつ練習して下さい。

【練習問題】

韓国語に訳しなさい。文体の指定がないときは합니다体で書きなさい。

1. 와/과

①駅の前に文房具店と花屋があります。(문방구〈文房具〉, 꽃집)

②まず鍋に水とみそを入れて下さい。(우선〈于先〉, 냄비, 물, 된장〈―醤〉)

③日曜日にはガールフレンドとデートをします。(여자 친구〈女子親旧〉, 데이트)

2. 하고 (해요体で)

①田中さんにこれとそれを渡して下さい。(전하다〈伝―〉)(한테を用いて)

②今回の審査にはこの書類とその資料が必要です。(심사〈審査〉)

③ユリさんの服は私の服とまったく同じです。(똑같다)

3.「から」を表す助詞

①釜山からも留学生が来ます。

②次のページから鈴木さんが読んで下さい。(페이지)

③来週からジョギングを始めます。(조깅)

④恋人から指輪をもらいます。(반지)

4. 까지

①この映画館では今週から来週まで韓国の映画を上映します。(상영하다〈上映―〉)

②駅から海まで自転車で行きます。(자전거〈自転車〉)

③来月の発表はAグループからCグループまでです。(다음달, 발표〈発表〉, 그룹)

④金曜日までに結果を報告して下さい。(결과〈結果〉, 보고하다〈報告―〉)

5. 漢字語の数詞

数詞もハングルで書きなさい。

①1年は365日です。

②今年は12月31日が土曜日です。(올해)

③受験番号は666番です。(수험 번호〈受験番号〉)

④今日は3限に言語学の講義があります。(언어학〈言語学〉)

⑤このビルは9階と10階がレストランです。(빌딩)

⑥家から会社まで45分かかります。((時間が) 걸리다)

⑦コンピュータの修理に20万ウォンかかります。(컴퓨터, 수리〈修理〉, (お金が) 들다)

6. 過去形 (합니다体と해요体で)

①朝早く起きました。(일찍, 일어나다)

②今回は私たちのチームが勝ちました。(이기다)

③私は田舎で10年間暮らしました。(시골, 년간〈年間〉, 살다)

④今日も仕事を休みませんでした。(일)

⑤飛行機が空港に到着しました。(공항〈空港〉)

⑥値段があまりに高かったです。(너무)

⑦スモモがすっぱかったですか。

⑧その人は運が良かったです。(운〈運〉)

⑨昔はここに川がありました。(옛날, 에 (に) をつける)

⑩学生のときには時間もお金もありませんでした。(학생〈学生〉, 때)
⑪その韓日辞典と日韓辞典はいくらでしたか。(한일사전［-사-］〈韓日辞典〉, 일한사전［-사-］〈日韓辞典〉, 얼마)(하고を用いて)
⑫ミリさんはまだ結婚していません。(まだ結婚しなかった, と訳す)(결혼하다〈結婚―〉)

第9課のエッセンス

合成語の中には後の単語の頭音の平音が濃音化するものがある。漢字語においては終声ㄹの次のㄷ, ㅅ, ㅈが濃音化する。「と」にあたる助詞には와/과と하고がある。「から」にあたる助詞には起点を表すもの, つまり,(場所)에서,(時・順序)부터,(人)에게서・한테서があり, 経路を示す로/으로がある。数詞には漢字語のものと固有語のものがあり, 助数詞はいずれにつくか決まっている。년〈年〉, 월〈月〉, 일〈日〉は漢字語の数詞につく助数詞である。過去形は語幹に接尾辞-었-をつけて表す。過去形は過去の事柄を表し, 現在にもその影響が及ぶことを含意する。

第9課

第10課（제십과）
두 시 반쯤에 다시 오겠습니다.

65

① 다나카 : 말씀 좀 묻겠습니다. 김진수 선생님 강연회가 여기에서 열립니까?

② 안내원 : 네, 맞습니다. 이 회장에서 오후 세 시에 시작됩니다. 두 시 반쯤에 입장이 가능합니다.

③ 다나카 : 그러면 그 때 다시 오겠습니다. 그런데 강연회 팸플릿이 어디에 있습니까?

④ 안내원 : 저쪽 테이블 위에 자료들이 있습니다.

【単語】

묻다	尋ねる	두	2つの
묻겠습니다	お尋ねします	두 시	〈—時〉2時
김진수	キム・ジンス	반	〈半〉
강연회	〈講演会〉	-쯤	～ぐらい，～ごろ
열리다	開かれる	입장	〈入場〉
안내원	〈案内員〉	가능하다	〈可能—〉可能だ，できる
맞다	合う，その通りだ，そうだ	그러면	では
회장	〈会場〉	오겠습니다	来ます，参ります
세	3つの	팸플릿	パンフレット
시	〈時〉	테이블	テーブル
세 시	〈—時〉3時	자료	〈資料〉
시작되다	〈始作—〉始まる	-들	～たち，～など

【日本語訳】

①田中　：ちょっとお尋ねします。キム・ジンス先生の講演会はここで開かれますか。

②案内員：はい，そうです。この会場で午後3時に始まります。2時半ごろ入場ができます。

③田中　：ではそのときまた来ます。ところで講演会のパンフレットはどこにありますか。

④案内員：あそこのテーブルの上に資料があります。

【解　説】

§1　外来語の表記

ここで外来語の表記についてまとめておきます。主に英語からの外来語を見ることにします。

母音

<table>
<tr><td>[æ]</td><td>ㅐ</td><td rowspan="3">ア</td><td>apple [æpl]</td><td>애플</td><td>アップル</td></tr>
<tr><td>[ʌ]</td><td rowspan="2">ㅓ</td><td>bus [bʌs]</td><td>버스</td><td>バス</td></tr>
<tr><td>[ə]</td><td>curve [kə:v]</td><td>커브</td><td>カーブ</td></tr>
<tr><td>[i]</td><td>ㅣ</td><td>イ</td><td>city [síti]</td><td>시티</td><td>シティ</td></tr>
<tr><td>[u]</td><td>ㅜ</td><td>ウ</td><td>book [buk]</td><td>북</td><td>ブック</td></tr>
<tr><td>[e]</td><td>ㅔ</td><td>エ</td><td>pen [pen]</td><td>펜</td><td>ペン</td></tr>
<tr><td>[ɑ]</td><td>ㅏ</td><td rowspan="3">オ</td><td>pop [pɑp]</td><td>팝</td><td>ポップ</td></tr>
<tr><td>[ɔ]</td><td>ㅓ</td><td>coffee [kɔ́fi]</td><td>커피</td><td>コーヒー</td></tr>
<tr><td>[ɔ]</td><td>ㅗ</td><td>song [sɔŋ]</td><td>송</td><td>ソング</td></tr>
</table>

語頭の子音

[p]：ㅍ，[t]：ㅌ，[k]：ㅋ	[θ]：ㅅ，[ð]：ㄷ
[b]：ㅂ，[d]：ㄷ，[g]：ㄱ	[f]：ㅍ，[v]：ㅂ
[s]：ㅅ，[z]：ㅈ	[m]：ㅁ
[ʃ]：ㅅ（+ㅑㅕㅛㅠㅣなど）	[n]：ㄴ
[ʒ]：ㅈ	[r] [l]：ㄹ
[ʧ]：ㅊ，[ʤ]：ㅈ	[h]：ㅎ

語頭の子音はこのように比較的，対応関係がはっきりしています。[f]とㅍ，[ð]とㄷの対応に注意しましょう。theは店名や商品名などにしばしば「the ～」と用いられます。

[f]：ㅍ　fan [fæn] 팬 ファン

[ð]：ㄷ　the [ðə] 더 ザ

語頭以外の子音

[p] [t] [k]　：ㅍㅅㅋまた프트크	語中の [l]：ㄹㄹ
語末の [ʃ]　：시	語末の [l]：ㄹ
語末の [ʤ]　：지	他の子音　：母音ㅡを加える
[m] [n] [ŋ]：ㅁㄴㅇ	

[p] [t] [k] は短母音の次に来るときㅂ，ㅅ，ㄱと表記します。

gap [gæp] 갭 ギャップ

dot [dɑt] 닷　ドット

（ただし，hit（ヒット）は히트，net（ネット）は네트，internet（インターネット）は인터넷）

act [ækt] 액트 アクト

それ以外のときは프，트，크と表記します。

tape ［teip］　　　테이프　テープ

part ［pɑːt］　　　파트　パート

desk ［desk］　　　데스크　デスク

語末の［ʃ］［ʤ］と語中の［l］の例は次の通りです。

fish ［fiʃ］피시（標準ではないが피쉬とも）フィッシュ

bridge ［briʤ］브리지 ブリッジ

play ［plei］플레이 プレー

§2　接尾辞 -쯤，-들

-쯤は名詞の後について「～ぐらい，～ごろ」といった大体の程度を表す接尾辞です。

언제쯤　いつぐらい　　어디쯤　どのあたり

몇 분쯤　何分ぐらい　　지금쯤　今ぐらい，今ごろ，今時分

-들は複数を表す接尾辞です。人や動物以外の名詞にもつきます。また副詞や語尾について主体が複数であることを表します。

사람들　人々，人たち　　고양이들　猫たち

차들（数台の）車　　날들　日々　　이것들　これら

안녕히들 가십시오.（皆さん）さようなら。

먹지들 마세요.（皆さん）食べないで下さい。

§3　되다

되다は「なる」という意味の動詞です。「［名詞］になる」を表すとき，助詞は에（に）ではなく，가/이（が）を用います。

가수가 됩니다.　　歌手になります。

여름 방학이 됐어요.　　夏休みになりました。

第10課

また名詞に直接ついて動詞を作ります。를/을（を）は取らず，自動詞，受身になります。このときの-되다は用言を作る接尾辞です。**第4課§4**の-하다を参照して下さい。

강의가 시작됩니다.　　講義が始まります。
강의를 시작합니다.　　講義を始めます。
로봇이 발명됐습니다.　ロボットが発明されました。
로봇을 발명했습니다.　ロボットを発明しました。

§4　固有語の数詞

第9課§5では漢字語の数詞を学びました。ここでは固有語の数詞を学びます。여덟（8つ）の発音は［여덜］です。　66

1つ	2つ	3つ	4つ	5つ	6つ	7つ	8つ	9つ	10
하나	둘	셋	넷	다섯	여섯	일곱	여덟	아홉	열

10	20	30	40	50	60	70	80	90
열	스물	서른	마흔	쉰	예순	일흔	여든	아흔

韓国語の固有語の数詞は1つから99まで数えることができます。次頁の表を参照して下さい。열に続く둘・셋・다섯の頭音は濃音化，넷は流音化，여섯・여덟には［n］が挿入されます。스물は열の例を，마흔～아흔は서른の例を参考にして下さい。　67

11 열하나 [여라나]	31 서른하나 [서르나나]
12 열둘 [열뚤]	32 서른둘 [서른둘]
13 열셋 [열쎋]	33 서른셋 [서른섿]
14 열넷 [열렏]	34 서른넷 [서른넫]
15 열다섯 [열따섣]	35 서른다섯 [서른다섣]
16 열여섯 [열려섣]	36 서른여섯 [서른녀섣]
17 열일곱 [여릴곱]	37 서른일곱 [서르닐곱]
18 열여덟 [열려덜]	38 서른여덟 [서른녀덜]
19 열아홉 [여라홉]	39 서른아홉 [서르나홉]

ところで実際の発音では揺れが見られます。열일곱は［열릴곱］，서른둘は［서른뚤］また둘が語中でも有声音化せずに［-tul］, 서른셋は［서른쎋］，서른다섯は［서른따섣］また디が語中でも有声音化せずに［-ta-］，서른일곱は［서른닐곱］とも発音されます。

「〜日（間）」を表す固有語の表現を以下にあげておきます。68

1日	2日間	3日間	4日間	5日間	6日間	7日間	8日間	9日間	10日間
하루	이틀	사흘	나흘	닷새	엿새	이레	여드레	아흐레	열흘

§5 固有語の数詞に用いられる助数詞

助数詞の前に用いられる形を冠形詞形といいます。개（個）を用いた例を見てみましょう。개の頭音の発音に注意して下さい。

	単独の形	冠形詞形	〜個
1つ	하나	한	한 개［한개］
2つ	둘	두	두 개［두개］
3つ	셋	세	세 개［세개］
4つ	넷	네	네 개［네개］
5つ	다섯		다섯 개［다섣깨］

6つ	여섯		여섯 개 [여섣깨]
7つ	일곱		일곱 개 [일곱깨]
8つ	여덟		여덟 개 [여덜깨]
9つ	아홉		아홉 개 [아홉깨]
10	열		열 개 [열깨]
20	스물	스무	스무 개 [스무개]
30	서른		서른 개 [서른개]

하나, 둘, 셋, 넷, 스물は単独の形と冠形詞形が異なります。それらの冠形詞形の後では개の頭音が濃音化しません。다섯, 여섯, 일곱, 여덟, 아홉, 열は単独の形と冠形詞形が同じで, それらの後では개の頭音が濃音化します。서른, 마흔, 쉰, 예순, 일흔, 여든, 아흔は単独の形と冠形詞形が同じで, 개の頭音が濃音化しません。

固有語の数詞に用いられる助数詞には他に次のものがあります。

시	〈時〉	한 시	1時
사람	人	세 사람	3人
병	〈瓶〉本	여섯 병	6本
장	〈張〉枚	여덟 장	8枚
살	歳	스무 살	20歳
권	〈巻〉冊	스물두 권	22冊

さらに시간〈時間〉, 명〈名〉(人), 마리 (匹, 頭, 羽), 번〈番〉(回, 度), 잔〈盞〉(杯), 켤레 (足) などがあります。

24 시간 (24時間) は스물네 시간の他, 이십사 시간とも言います。

年齢を言うとき, 세〈歳〉を用いることもあります。세は漢字語の数詞に用いられます。自分の年齢を言うときは살を, 両親など目上の人の年齢を言うときは세をしばしば用います。열여덟 살 (18歳), 육십오 세 (65歳) など。

권〈巻〉は固有語の数詞に用いられると書籍を数える単位となり，漢字語の数詞に用いられると書籍の区分，順序を表します。한 권(1冊)，일 권（1巻）など。

번〈番〉は固有語の数詞に用いられると回数を表し，漢字語の数詞に用いられると番号を表します。두 번（2回），이 번（2番）など。

何時，何枚などの「何」は漢字語の数詞のときと同様に「몇」と言います。몇 시（何時），몇 장（何枚）など。

人数を表すときは固有語の数詞に사람や명を用いますが，「～人分，～人前」を表すときは漢字語の数詞に인분〈人分〉を用います。인〈人〉は漢字語の数詞に用いられる助数詞，-분〈分〉は分量の意の接尾語です。

序数詞は接尾辞-째（～目，～番目）を用いて表します。번〈番〉に-째のついた번째（～番目）という言い方もあります。「1番目」は첫째，첫 번째と言います。둘째/두 번째（2番目），셋째/세 번째（3番目）など。

§6　准断定の接尾辞-겠-

-겠-は用言語幹を作る接尾辞です。用言の語幹さらには過去の接尾辞の後にもつきます。現在形や過去形が現在あるいは過去の事柄を断定して述べるのに対し，-겠-はその事柄を断定するまでには至らないことを表します。本書ではこの-겠-を准断定の接尾辞と呼ぶことにします。

まず-겠-の接続のし方から見てみましょう。-겠-は語幹に直接つきます。そして語幹によって-겠-のㄱの発音が異なります。

下表の읽겠다［일껜따］の発音に注意して下さい。ㄺの終声字は後の子音字ㄱを読むのでした（**文字と発音**の**5.** 参照）。ところが後にㄱで始まる語尾や接尾辞が続くと前の子音字ㄹを読み，ㄺ＋ㄱは［ㄹㄲ］と発音されます。

第10課

語幹		語幹+-겠-+-다	-겠-の発音
母音	가-（行く）	가겠다［가겐따］	［겐］
ㄹ	알-（分かる）	알겠다［알겐따］	
子音（ㅎを含まない）	먹-（食べる）	먹겠다［먹껜따］	［껜］
	안-（抱く）	안겠다［안껜따］	
	심-（植える）	심겠다［심껜따］	
	앉-（座る）	앉겠다［안껜따］	
	젊-（若い）	젊겠다［점껜따］	
	읽-（読む）	읽겠다［일껜따］	
子音（ㅎを含む）	좋-（良い）	좋겠다［존켄따］	［켄］
	않-（～しない）	않겠다［안켄따］	
	싫-（嫌だ）	싫겠다［실켄따］	

用言語幹を作る接尾辞は-시-，-었-，-겠-の順に接続します。

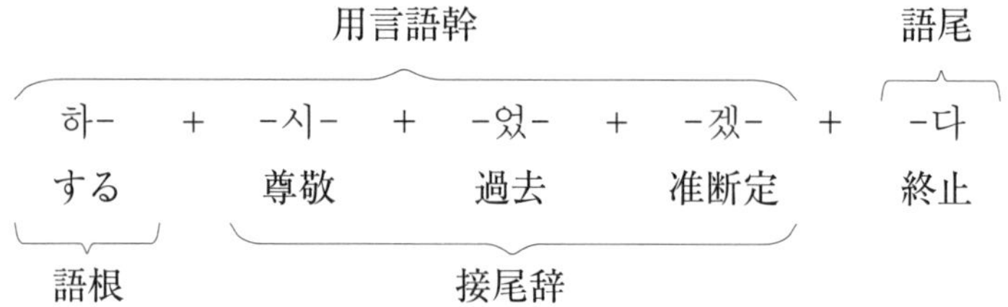

합니다体は-습니다/-습니까，해요体は-어요をつけて表します。

-겠-は断定に准ずることを根本的な意味とし，そこからさまざまな用法が生じます。

①推量

推量は話し手の判断によるものですが，時間の面から見て「未来」とも解釈されます。下例の오겠습니다(降るでしょう)，떨어지겠어요(落ちそうです）を参照して下さい。

내일은 비가 오겠습니다.　　明日は雨が降るでしょう。

짐이 떨어지겠어요.　　　　　荷物が落ちそうです。
그 파티는 재미있었겠어요.　　そのパーティーは面白かったようです。

②意志

ある事柄の決定を指向するところに意志が認められます。聞き手の意志を尋ねるときにも-겠-が用いられます。

한국에 꼭 가겠습니다.　　　　韓国に必ず行きます。
점심은 무엇을 드시겠어요?　昼食は何を召し上がりますか。

③婉曲

断定的でない表現は婉曲さを帯びます。알다（分かる），모르다（分からない）に用いられたり，あいさつの表現に用いられたりします。

알겠습니다.	分かりました。/かしこまりました。
모르겠습니다.	分かりません。/存じません。
처음 뵙겠습니다.	はじめまして。
잘 먹겠습니다.	いただきます。
말씀 좀 묻겠습니다.	ちょっとお尋ねします。
인사 말씀을 드리겠습니다.	ごあいさつの言葉を申し上げます。

上例の「인사 말씀을 드리겠습니다.」では인사の他に,사과（おわび），감사（感謝），안내（案内）などの語を用いることがあります。

第10課

◉コラム6　-겠-◉

-겠-は学習者にとって用法の難しい語の1つです。例えば，갑니다と가겠습니다は現代の日本語でどちらも「行きます」と訳せるため，その違いがなかなかピンときません。ところで日本語の古語には「われいざ行かん」のような意志を表す助動詞「ん（む)」が用いられました。「行かん」は普段使わない表現ではありますが，「行く」と比べると意志が含まれていることが感じられるでしょう。-겠-と「ん（む)」について意識しておきましょう。

【応用会話の単語】

쓰요시	ツヨシ	어머	(女性が驚いて出す声)
미경	ミギョン		あら，まあ
콘서트	コンサート	와	わあ
티켓	チケット	꿈만 같다	夢みたいだ

応用会話 69

①쓰요시 ：미경 씨，이거 좀 보세요．선배한테서 콘서트 티켓 받았어요.

②미경 ：어머，저도 이 가수 팬이에요．정말 좋겠어요.

③쓰요시 ：티켓을 두 장 받았어요．미경 씨도 같이 가시겠어요？

④미경 ：네，가겠습니다．와！꿈만 같아요.

①ツヨシ ：ミギョンさん，これちょっと見て下さい。先輩からコンサートのチケットもらいました。

②ミギョン：あら，私もこの歌手のファンです。ほんとに良いですねえ。

③ツヨシ ：チケットを2枚もらいました。ミギョンさんもいっしょにいらっしゃいますか。

④ミギョン：ええ，行きます。わあ!　夢みたいです。

【応用読解の単語】

들다	あげる	얼굴	顔
카피	コピー	피	血
코피	鼻血	몸	体
외래어	〈外来語〉	흐르다	流れる
많이	よく	권투	〈拳闘〉ボクシング
카페	カフェ	선수	〈選手〉
고유어	〈固有語〉	시합	〈試合〉
코	鼻	중	〈中〉
흔히	よく	비슷하다	似ている
흘리다	流す	시키다	注文する
발음	〈発音〉		

応用読解

단어를 세 개 들겠습니다. '카피', '커피' 그리고 '코피'입니다. 한국어에서도 외래어를 많이 사용합니다. 도서관에서는 자료를 '카피'합니다. 카페에서는 '커피'를 마십니다. '코피'는 외래어가 아닙니다. 고유어입니다. '코'는 얼굴 가운데에 있습니다. '피'는 몸 속을 흐릅니다. 권투 선수들은 시합 중에 흔히 '코피'를 흘립니다. 이 단어들은 발음이 비슷합니다. 여러분들은 카페에서 '코피'를 시키지 마세요!	単語を3つあげましょう。「카피」「커피」そして「코피」です。韓国語でも外来語をよく使用します。図書館では資料を「카피」します。カフェでは「커피」を飲みます。「코피」は外来語ではありません。固有語です。「코」は顔の真ん中にあります。「피」は体の中を流れています。ボクシングの選手たちは試合中によく「코피」を流します。これらの単語は発音が似ています。皆さんはカフェで「코피」を注文しないで下さいね!

第10課

【練習問題】

韓国語に訳しなさい。

1. -쯤

①ハワイからグアムまで何時間ぐらいかかりますか。(하와이，괌)

②プラザホテルの前で30分ぐらい待ちました。(플라자 호텔)

③ロビーの真ん中ぐらいにソファがあります。(로비，소파)

2. -들

①このクラスの学生たちは韓国語で話します。(반〈班〉, 이야기하다)

②子供たちがプールで遊びます。(풀장〈—場〉)

③最近は小学生たちも携帯電話を使います。(요즘，휴대폰〈携帯 phone〉，사용하다〈使用—〉)

④このレストランにはいろいろな国の食べ物があります。(레스토랑，여러，나라，음식〈飲食〉)

3. 되다

①いつの間にか春になりました。(어느덧，봄)

②この小説がベストセラーになりました。(베스트셀러)

③その工場では自動車の部品が生産されます。(공장〈工場〉，자동차〈自動車〉，부품〈部品〉，생산되다〈生産—〉)

4. 固有語の数詞

①今何時ですか。午後4時25分です。

②トマト7個とジュース10本を買いました。(주스)

③問題集を2冊すべて解きました。(문제집〈問題集〉，다)

④うちの娘が6歳になりました。

⑤玄関にブーツが3足あります。(부츠)

⑥この教室には学生が35名います。(교실〈教室〉)

⑦もう一度おっしゃって下さい。(다시 한번〈—番〉，말씀하다)

⑧右から8番目が山田さんの席です。(자리)

⑨東京から故郷まで高速バスで9時間かかります。

⑩子供に色紙を20枚買ってあげました。(색종이〈色—〉)

5. -겠-

①今日の夜から雪が降るでしょう。(눈)

②早く会社にお帰り下さい。社長が探していらっしゃるでしょう。(로/으로, 가다)

③今時分なら到着したでしょう。(지금쯤〈只今—〉)

④本当においしそうです。

⑤明日は寒くないでしょう。

⑥それも1つの方法でしょう。

⑦二人は今ごろデート中でしょう。

⑧これからも韓国語を一所懸命勉強します。(앞으로, 열심히〈熱心—〉)

⑨ビデオをいっしょにご覧になりますか。(비디오)

⑩その意味がよく分かりません。

⑪来週またお目にかかります。(또, 뵙다)

⑫ご案内申し上げます。(案内のお言葉を申し上げる, と訳す)

第10課のエッセンス

主に英語からの外来語の表記を**§1**にまとめておいた。接尾辞-쯤は大体の程度を表し, -들は複数を表す。-들は人や動物以外の名詞, また語尾や副詞にもつく。되다は「なる」の意味を表す動詞で,「名詞になる」は「名詞가/이 되다」である。また名詞に直接ついて自動詞や受身を作る-되다は接尾辞である。固有語の数詞は1つから99まであり, 개(個), 시(時), 사람(人)などの助数詞がつく。接尾辞-겠-は推量(未来), 意志, 婉曲などを表す。-겠-はある事柄を断定するまでには至らないことを表すところから, 本書では准断定の接尾辞と呼んだ。

第10課

第11課（제십일과）
이건 제 게 아니라 언니 거예요.

71

① 야마다：윤아 씨, 그게 뭐예요?

② 이윤아：이거요? 노트북이에요.

③ 야마다：제 것보다 훨씬 얇아요. 가볍지요?

④ 이윤아：네, 아주 가볍고 편리해요.

⑤ 야마다：어디서 샀어요?

⑥ 이윤아：잘 모르겠어요. 이건 제 게 아니라 언니 거예요. 제 건 고장 났어요.

【単語】

그게	(그것이の縮約形) それが	가볍고	軽くて
뭐	(무엇の縮約形) 何	편리하다	〈便利—〉便利だ
이거	(이것の縮約形) これ	서	(에서の縮約形) で
이거요?	これですか。	사다	買う
노트북	ノートパソコン	잘	よく
제 것	[제껃] 私のもの	이건	(이것은の縮約形) これは
보다	より	제 게	[제께] (게は것이の縮約形) 私のものが
훨씬	ずっと，はるかに	제 게 아니라	私のものではなく
얇다	薄い	언니	(妹から見て) お姉さん
가볍다	軽い		
가볍지요?	軽いでしょう?		

언니 거	[언니꺼]（거は것の縮約形）お姉さんのもの		고장	〈故障〉
제 건	[제껀]（건は것은の縮約形）私のものは		고장 나다	〈故障―〉故障する，壊れる

【日本語訳】

①山田　　：ユナさん，それは何ですか。

②イ・ユナ：これですか。ノートパソコンです。

③山田　　：私のよりずっと薄いですね。軽いでしょう?

④イ・ユナ：ええ，とても軽くて便利です。

⑤山田　　：どこで買いましたか。

⑥イ・ユナ：よく分からないです。これは私のじゃなくて，お姉さんのものです。私のは壊れました。

語彙リスト3：季節に関する言葉

봄	春	꽃구경		花見
여름	夏	장마		梅雨
가을	秋	여름 방학 [-빵학]	〈―放学〉	夏休み
겨울	冬	독서의 가을	〈読書―〉	読書の秋
계절	〈季節〉	식욕의 가을	〈食欲―〉	食欲の秋
사계	〈四季〉	겨울 방학 [-빵학]	〈―放学〉	冬休み
사계절	〈四季節〉四季	겨울 풍경	〈―風景〉	冬景色

【解　説】

§1　보다

보다は比較の「より」を表す助詞です。母音・子音のいずれで終る名詞にもつきます。また助詞の後にもつきます。

오늘은 어제보다 조금 춥습니다.　　今日は昨日より少し寒いです。

생각보다 빨리 서울에 도착했습니다.

　　思ったより（直訳は，考えより）早くソウルに到着しました。

그 사람은 배우로서보다 영화 감독으로서 유명합니다.

　　その人は俳優としてより映画監督として有名です。

§2　疑問詞

疑問詞には以下のようなものがあります。

언제 いつ，어디 どこ，누구 誰，누가 誰が，무엇 何，얼마 いくら，
왜 なぜ・どうして，어떻다 どうだ，어떡하다 どうする，어느 どの，
어느 것 どれ，어느 쪽 どちら・どっち，몇 何・いくつ，무슨 何の

疑問詞を重ねた어디어디は「どこどこ」，누구누구は「誰々」，무엇무엇，뭐뭐は「何々」の意味です。

疑問詞は疑問の意味の他に不定の意味を表すこともあります。

疑問　사과가 몇 개 있습니까?　　リンゴが何個ありますか。

不定　사과가 몇 개 있습니다.　　リンゴが何個かあります。

疑問　누가 왔어요?——미경 씨가 왔어요.

　　　　誰が来ましたか。——ミギョンさんが来ました。

不定　누가 왔어요?——네. /아니요.

　　　　誰か来ましたか。——はい。/いいえ。

§3　話し言葉での것, 무엇

것は「もの，こと」の意味を表す依存名詞です（**第5課§7**）。것が話し言葉で「(誰の，どこの，いつの）もの」を表すときは濃音化して［껃］と発音されるのが普通です。

유리 씨 것［유리씨껃］	ユリさんのもの
제 것［제껃］	私のもの
누구 것［누구껃］	誰のもの
회사 것［회사껃］	会社のもの
작년 것［장년껃］	去年のもの

さらに것は話し言葉で縮約されることがあります。이것を例にあげてまとめておきましょう。

이것	→ 이거	これ
이것은	→ 이거는，이건	これは
이것을	→ 이거를，이걸	これを
이것이	→ 이게	これが
이것으로	→ 이걸로	これで
이것입니다	→ 이겁니다	これです
이것이에요	→ 이거예요	これです

「(誰の，どこの，いつの）もの」を表す것も거［꺼］となります。

동생 거［동생꺼］	弟（妹）のもの
내 거［내꺼］	私のもの，ぼくのもの

무엇もまた話し言葉で次のように縮約されます。

무엇	→ 뭐	何
무엇이	→ 뭐가	何が

第11課

무엇을 → 뭐를, 뭘 何を
무엇으로 → 뭘로 何で
무엇입니까? → 뭡니까? 何ですか。
무엇이예요? → 뭐예요? 何ですか。

§4 話し言葉での에서, 는, 를

話し言葉で에서は서と縮約されます。

여기에서 → 여기서 ここで，ここから
어디에서 → 어디서 どこで，どこから
서울에서 → 서울서 ソウルで，ソウルから

また는と를は母音で終る語の後でㄴとㄹとに縮約されることがあります。

저는 → 전 私は
거기에서는 → 거기선 ここでは，ここからは
친구를 → 친굴 友だちを
누구를 → 누굴 誰を

§5 요/이요

会話文②の「이거요?」は先行の文①「그게 뭐예요?」（それは何ですか。）に対して，「これのことですか。」と確認をこめて聞き返す表現です。「이거?」（これ？）と聞き返すこともできますが丁寧さがありません。そこで요をつけ，丁寧さをもって相手に聞き返しているのです。요/이요は名詞に直接つきますので語尾ではなく助詞です。母音で終る名詞には요がつきます。子音で終る名詞には이요がつきますが，요がつくこともあります。

야마다 씨, 계세요?——저요?

山田さん，いらっしゃいますか。——私ですか。

그 옷 좀 보여 주세요. ――이 옷이요? [오시요] /옷요? [오쇼]

その服，ちょっと見せて下さい。――この服ですか。

내일 시간 있어요?――내일이요? [내이리요] /내일요? [내이료]

明日，時間ありますか。――明日ですか。

子音で終る名詞についた요は［뇨］と発音されることもあります。鼻音化と流音化に注意して下さい。

집요［짐뇨］(家ですか)　　짐요［짐뇨］(荷物ですか)

옷요［온뇨］(服ですか)　　돈요［돈뇨］(お金ですか)

책요［챙뇨］(本ですか)　　방요［방뇨］(部屋ですか)

내일요［내일료］(明日ですか)

また，先行文の繰り返しに当たる部分がテクストから理解できるときはその部分を省略し，요/이요をつけることがあります。下の例のㄴの発話ではㄱの繰り返し部分を省略し，それぞれ「그거.」「어디가?」「누가?」と言うことができますが，요をつけて丁寧な表現にしています。

①ㄱ：어느 게 한일사전이에요?

どれが韓日辞典ですか。

ㄴ：그거요.（=그게 한일사전이에요.）

それです。(=それが韓日辞典です。)

②ㄱ：정말 멋이 있어요.

本当にカッコいいです。

ㄴ：어디가요?（=어디가 멋이 있어요?)

どこがですか。(=どこがカッコいいですか。)

③ㄱ：유진 씨가 왔습니다.

ユジンさんが来ました。

ㄴ：네? 누가요?（=누가 왔습니까?)

えっ？　誰がですか。(=誰が来ましたか。)

助詞の요/이요は指定詞の이에요と形が似ていますので注意しましょう。用法の違いにも気をつけましょう。④のㄴはㄱの繰り返し部分を省略して요をつけた表現です。⑤のㄴは「어디?」と言うこともできますが，指定詞이다を해요体にして丁寧に尋ねています。このとき，ㄱの発話には場所に関する情報が無いため，助詞の요を用いると不自然になります。

④ㄱ：여보세요? 지금 서울역에 도착했어요.
　　もしもし。今ソウル駅に到着しました。
　ㄴ：네? 어디요? （＝어디에 도착했어요?）
　　はい？　どこですか。（＝どこに到着しましたか。）
⑤ㄱ：여보세요?
　　もしもし。
　ㄴ：여보세요? 지금 어디예요?
　　もしもし。今どこですか。

⑥のㄴのように，왜（どうして，なぜ）は丁寧に表すとき助詞の요をつけ，指定詞の입니까，이에요（예요）は用いないのが普通です。왜は前の発話の内容に関してその理由を問う語ですので，왜の後には通常，先行文の繰り返し部分が認められます。そのため왜と요は相性が良いのです。

⑥ㄱ：동생이 입원했어요.
　　弟（妹）が入院しました。
　ㄴ：왜요? （＝왜 입원했어요?）
　　どうしてですか。（＝どうして入院したのですか。）

§6　-지요

-지요は叙述，疑問，命令，勧誘にと広く用いられる語尾です。まず

叙述文と疑問文から見てみましょう。日本語では「～しますよね，～ですよね，～でしょう」などと訳します。-지요は用言と，-었-，-겠-の後につきます。また指定詞に-지요のついた이지요は母音で終る名詞の後で이が省略されるのが普通です。

-지요は聞き手に関する事柄や聞き手が既に知っている事柄について確認しながら同意を求めることを表します。聞き手への確認には問いかけが含まれているため，このときの-지요は叙述文と疑問文との区別が明確ではありません。

내일은 중국어 수업이 없지요. /없지요?

明日は中国語の授業がありませんよね。/ありませんよね？

무엇보다 건강이 중요하지요. /중요하지요?

何より健康が大切ですよね。/大切ですよね？

여기가 미리 씨 학교지요. /학교지요?

ここがミリさんの学校でしょう。/学校でしょう？

지금까지 한국어를 열심히 배웠지요. /배웠지요?

今まで韓国語を一所懸命学びましたよね。/学びましたよね？

-지요はまた話し手に関する事柄や聞き手の知らない事柄を伝えることもあります。話し手にとっては当然の事柄を聞き手にやわらかく伝える表現です。このときは叙述文になります。

저도 휴일에는 쉬지요.　私も休日は休みますよ。

당연히 그렇지요.　当然そうですよ。

그 당시에는 부자였지요.　その当時はお金持ちだったんですよ。

これらの表現は語気を強めると一転して強引な印象を与えます。場面に応じて使い分けるようにしましょう。

-겠지요の形でもよく用いられ，推量を表します。

버스는 금방 오겠지요.　バスはすぐ来るでしょうよ。

疑問詞を伴う疑問文に-지요が用いられるとやわらかい口調で尋ねることを表します。過去形とともに用いると忘れたことを確認するように尋ねる意味になります。

이게 얼마지요?　　　　これはいくらでしょう？

오늘이 며칠이었지요?　今日は何日だったでしょうかね？

命令文と勧誘文では聞き手にある行動を丁寧にうながすことを表します。主に-시지요の形で用いられます。

이 약을 드시지요.　　この薬をお飲み下さい。

같이 식사하시지요.　いっしょにお食事しましょう。

-지요は話し言葉でしばしば-죠と縮約されます。

재미있죠?　面白いでしょ？

그렇죠.　　そうですよ。

그게 뭐죠?　それは何でしょう？

§7　-고

-고は「～し，～して」の意味を表す語尾です。2つの事柄を並べて述べるのが基本的な用法です。

할아버지는 산에 가고 할머니는 강에 갔습니다.

　　おじいさんは山へ行き，おばあさんは川へ行きました。

그 학생은 키가 크고 성적도 좋아요.

　　その学生は背が高く，成績も良いです。

이 방에는 에어컨도 있고 냉장고도 있습니다.

　　この部屋にはエアコンもありますし，冷蔵庫もあります。

-고は否定形にもつきます。ただし,後に命令や勧誘が続くときは「말고」を用います。

어제는 인터넷을 하지 않고/안 하고 소설책만 읽었습니다.

昨日はインターネットをせずに小説ばかり読みました。

인터넷만 하지 말고 운동 좀 하세요.

インターネットばかりしないで，ちょっと運動しなさい。

혼자 택시를 타지 마시고 우리하고 같이 가시지요.

1人でタクシーにお乗りにならないで，私たちといっしょに行きましょう。

また，-고は-었-の後について「～したし，～だったし」の意味を表します。

그 때 밥도 먹고/먹었고 술도 마셨어요.

そのとき，ご飯も食べ/食べたし，お酒も飲みました。

指定詞に-고のつく例は以下の通りです。母音で終る名詞の後では이がしばしば省略されます。

윤아 씨는 대학생이고 스즈키 씨는 직장인입니다.

ユナさんは大学生で，鈴木さんはサラリーマンです。

제 가방은 이거고 언니 거는 저거예요.

私のカバンはこれで，お姉さんのはあれです。

指定詞아니다についた-고は「～도 아니고 ～도 아니다」(～でもなく～でもない) の形式でよく用いられます。「～ではなく～だ」と言うときは「아니라」を用います。

영호 씨는 대학생도 아니고 직장인도 아닙니다.

ヨンホさんは大学生でもないし，サラリーマンでもありません。

제 생일은 오늘이 아니라 내일입니다.

私の誕生日は今日ではなく，明日です。

-고で並べた事柄の間に時間関係や因果関係などを読み取ることがあります。これらの関係は前後のつながり，つまりテクストにもとづいて解釈されるものです。

세수를 하고 아침을 먹습니다.

顔を洗って朝ご飯を食べます。(先行の動作)

구두를 신고 밖에 나갔어요.

靴を履いて外に出ました。(先行の動作，結果の持続，様態)

택시를 타고 갑시다.

タクシーに乗って行きましょう。(同時の動作，手段)

그 소식을 듣고 놀랐습니다.

その知らせを聞いて驚きました。(先行の動作，原因・理由)

-고で文を終えることもできます。요をつけると丁寧な表現になります。情報を付け加えたり，あるいはさらに続けるべき言葉を省いたりすることにより，修辞的に豊かな含みを帯びます。

학생 시절에는 아주 바쁘지요. 숙제도 많고(요).

学生のころはとても忙しいですよ。宿題も多い（です）し。

【応用会話の単語】

힘들다	大変だ	숙젤	〈宿題—〉(숙제를の縮約形) 宿題を
양	〈量〉	놓고 오다	置いて来る，忘れて来る
다	全部		
그럼	もちろん，そうだよ		
그럼요	[그러묘/그럼뇨] もちろんですよ，そうですとも		

応用会話

72

①마사오 : 이번 숙제 힘들었죠？

②유리 : 삼 교시 거요？ 네, 내용도 어렵고 양도 많았어요.

③마사오 : 다 했어요？

④유리 : 그럼요. 숙제는 여기……아! 숙젤 집에 놓고 왔어요. 어떡하죠？

①マサオ：今回の宿題大変だったでしょう?

②ユリ ：3限のものですか。ええ，内容も難しいし，量も多かったです。

③マサオ：全部やりましたか。

④ユリ ：もちろんですよ。宿題はここ……ア! 宿題を家に忘れて来ました。どうしましょう?

【応用読解の単語】

그래서	それで	다니다	出歩く
평균 기온	〈平均気温〉	온돌	〈温突〉オンドル（床全体を温める韓国の伝統的な暖房方法）
겨울	冬		
영하	〈零下〉		
모자	〈帽子〉	온돌방	［온돌빵］〈温突房〉オンドル部屋
쓰다	かぶる		
목도리	マフラー	스웨터	セーター
장갑	〈掌甲〉手袋	양말	〈洋襪〉靴下
끼다	はめる		

第11課

応用読解 73

서울은 도쿄보다 북쪽에 있습니다. 그래서 서울 평균 기온이 도쿄보다 낮습니다. 겨울에는 가끔 영하가 됩니다. 밖에서는 사람들이 모자를 쓰고 목도리를 하고 장갑을 끼고 코트를 입고 다닙니다. 그런데 집에는 온돌이 있습니다. 아주 따뜻합니다. 저는 온돌방에서는 스웨터를 입지 않고 양말도 신지 않습니다.	ソウルは東京より北にあります。それでソウルの平均気温が東京より低いです。冬にはときどき零下になります。外では人々が帽子をかぶり，マフラーを巻き，手袋をはめ，コートを着て出歩きます。ところで家にはオンドルがあります。とても暖かいです。私はオンドル部屋ではセーターを着ませんし，靴下も履きません。

【練習問題】

韓国語に訳しなさい。

1. 助詞보다

①今はお金より時間が必要です。

②あの荷物がこの荷物より<u>もっと</u><u>重い</u>です。（더，무겁다）

③このお菓子はそれより甘いですか。

④その人は歌手としてより<u>政治家</u>として<u>活躍し</u>ました。（정치가〈政治家〉，활약하다〈活躍―〉）

⑤ここよりはあの木の<u>下</u>が<u>涼しい</u>です。（밑，시원하다）

⑥ユミコさんは私よりも歌が上手です。（<u>歌</u>を<u>よくする</u>，と訳す）（노래，잘하다）

2. 疑問詞

①夏休みはいつからいつまでですか。

②この手紙をどこに送りますか。

③誰が一番<u>人気</u>がありますか。（인기［인끼］〈人気〉）

④どうしてうそをついたのですか。(거짓말을 하다)

⑤どれが林教授の傘ですか。(임〈林〉)

⑥それは何の意味ですか。(뜻)

3. 不定の意味の疑問詞

①あの部屋に誰かいます。

②いつかいっしょにカラオケに行きましょう。(-(으)ㅂ시다を用いて)

③この犬はいつもここで誰かを待っています。

4. 거（것の縮約形）（해요体で）

①それは先生の万年筆です。(만년필〈万年筆〉)

②これとそれをちょっと包んで下さい。(포장하다〈包装—〉)

③私のものはこれじゃありません。

④このコンピュータは学校のものです。

5. 뭐（무엇の縮約形）（해요体で）

①これはいったい何ですか。(도대체)

②今何してますか。(뭐하다)

③このおもちは何で作りましたか。(떡)

④机の上に何がありますか。

⑤カフェで何を飲みましたか。

6. 서（에서の縮約形）（해요体で）

①どこで韓国語を習いますか。——学校で習います。

②どちらからいらっしゃいましたか。——慶州から来ました。(경주〈慶州〉)

7. 요/이요

①ツヨシさんの夢は何ですか。——ぼくの夢ですか。

②サクランボをいくつ食べましたか。——10個です。(앵두〈桜桃〉)

③昨日バイトを辞めました。——なぜですか。(알바, 그만두다)

8. -지요

①そこから富士山がよく見えるでしょう。(후지산〈—山〉, 보이다)

②ずいぶんお待ちになったでしょう。(많이)

第11課

③韓国の文化に関心がおありでしょう。(문화〈文化〉)

④ケンイチさんは大阪出身でしょう? (오사카, 출신〈出身〉)

⑤学生のころは旅行をたくさんしたんですよ。(여행〈旅行〉)

⑥やはり温泉が最高でしょうねえ。(온천〈温泉〉, 최고〈最高〉) (-겠-を用いて)

⑦次にやる人は誰だったでしょうかねえ。(次 (の) 順, と訳す) (차례〈次例〉)

⑧どうぞお入り下さい。(어서, 들어오다)

⑨今週の週末は私といっしょに出かけましょう。(今回 (の), と訳す) (주말〈週末〉, 나가다)

⑩この課題はたいして難しくありませんよね。(과제〈課題〉, 그다지) (-지 않다, -죠を用いて)

⑪ユキコさんは去年結婚なさいましたよね。(작년에〈昨年—〉) (-죠を用いて)

9. -고

①鈴木さんはピアノを弾き, ユリさんは歌を歌います。(피아노, 치다)

②昨日は学校も行かず, 一日中, 家で本ばかり読みました。(하루종일〈—終日〉)

③今日の気温は暑くもないし, 寒くもありません。(기온〈気温〉, 덥다)

④うちの会社の支店はフランスにもあるし, ドイツにもあります。(지점〈支店〉, 프랑스, 독일〈独逸〉)

⑤今オフィスには宋部長もいらっしゃいませんし, 金課長もいらっしゃいません。(오피스, 송〈宋〉, 과장님〈課長—〉)

⑥1階が薬局で, 2階が美容院です。(약국〈薬局〉, 미장원〈美粧院〉)

⑦私はその意見に賛成でもないし, 反対でもありません。(의견〈意見〉, 찬성〈賛成〉, 반대〈反対〉)

⑧ゴミはここに捨てないで, ゴミ箱に捨てて下さい。(쓰레기통〈—桶〉) (-(으)세요を用いて)

⑨今日は飲み屋に行かないで，カフェで話しましょう。(술집［술찝］)（-(으)ㅂ시다を用いて）

⑩母の写真を見て，涙が出ました。(눈물，나다)

⑪中学生は学生服を着て通います。(교복〈校服〉，다니다)

⑫帽子を脱いであいさつして下さい。(인사하다〈人事―〉)（-(으)세요を用いて）

⑬窓を開けて掃除します。(청소하다〈清掃―〉)

⑭うちの娘は弁当を持って遠足に行きました。(도시락，가지다，소풍〈逍風，消風〉)（を行く，と訳す）

⑮電気を消して寝ます。(火を消す，と訳す)（불，끄다）

⑯その事実を知り，腹が立ちました。(火が出る，と訳す)（화〈火〉）

⑰小説を読んで感想文を書きます。(읽고［일꼬］)（감상문〈感想文〉）

第11課のエッセンス

助詞の보다は比較の「より」の意味を表す。話し言葉では것が「(誰の，どこの，いつの）もの」を表すとき［껀］と濃音化する。また話し言葉では것が거，무엇が뭐となったり，助詞が縮約されることがある。疑問詞は疑問と不定の意味を表す。助詞の요/이요は「～のことですか」と確認をこめて聞き返したり，先行文の繰り返しに当たる部分を省略したりするときに用いられる。語尾の-지요は「～しますよね，～でしょう」といった意味を表す。聞き手に関する事柄を確認しながら同意を求めたり，話し手に関する事柄を聞き手に柔らかく伝えたりするときに用いられる。語尾-고は2つの事柄を並べて述べることを表す。テクストの解釈によって時間関係や因果関係などを読み取ることもある。

第12課 (제십이과)

지금 논문을 정리하고 있어요.

74

① 최미리 : 후유, 더워!

② 임영희 : 미리야, 너 연구실에서 에어컨도 안 켜고 뭐하고 있어?

③ 최미리 : 아, 영희 언니, 안녕하세요? 지금 논문을 정리하고 있어요. 여기는 정말 더워요.

④ 임영희 : 에어컨 켜면 되지. 왜 안 켜?

⑤ 최미리 : 에어컨이 작동하지 않아요. 여기에는 선풍기도 없고……너무 더워서 쓰러지겠어요.

⑥ 임영희 : 미리야, 지금은 하지 마. 좀 쉬고 이따가 해.

【単語】

후유	ふうっ	뭐하다	何する
덥다	(ㅂ変則) 暑い	하고 있다	している
더워	(덥다 (暑い) の해体) 暑い, 暑いよ	하고 있어?	(하고 있다 (している) の해体) してるの?
임영희	イム・ヨンヒ	언니	(女性から見て年上の) 女性
야	(呼びかけで) 〜や, 〜よ, 〜ちゃん	논문	〈論文〉
너	お前, 君, あなた	정리하다	〈整理—〉 整理する
연구실	〈研究室〉	켜면 되다	つけたらいい
에어컨	エアコン	작동하다	〈作動—〉 動く
켜다	(スイッチなどを) つける		

선풍기	〈扇風機〉	쉬다	休む
너무	あまりにも，～すぎる	이따가	後で
더워서	暑くて	해	（하다（する）の해体）して，やって
쓰러지다	倒れる		
하지 마	（하지 말다（しない）の해体）しないで，やめて		

【日本語訳】

①チェ・ミリ　：ふうっ，暑い!

②イム・ヨンヒ：ミリ，あなた研究室でエアコンもつけないで何してるの?

③チェ・ミリ　：あっ，ヨンヒ先輩，こんにちは。今，論文を整理しているんです。ここは本当に暑いですよ。

④イム・ヨンヒ：エアコンつけたらいいでしょ。どうしてつけないの?

⑤チェ・ミリ　：エアコンが動かないんです。ここには扇風機も無いし……暑すぎて倒れそうですよ。

⑥イム・ヨンヒ：ミリ，今はやめて。ちょっと休んで，後でやって。

◉コラム7　이따가と나중에◉

이따가/나중에 만납시다. 後で会いましょう。

이따가と나중에はどちらも「後で」の意味を表します。이따가はその文を発した後，早いうちにその行為を行うことが含意されます。一方，나중에は「(今ではない）後」を指すもので，その行為を行うこともあるし，曖昧に言葉を濁すときに用いることもあります。上の文で，社交的なあいさつには나중에をよく用います。

【解　説】

§1　呼びかけの助詞야/아

야/아は目下の人，動物，物などを親しみをこめて呼びかけるときに用います。母音で終る語には야，子音で終る語には아をつけます。

유리야	ユリや，ユリちゃん	영준아	ヨンジュンや，ヨンジュンくん
강아지야	子犬ちゃん	거북아	亀さんや
바다야	海よ	하늘아	空よ

また，人の名前に接尾辞-이をつけて親しく呼ぶこともあります。この-이は母音で終る語にはつかず，子音で終る語につきます。呼びかけだけでなく，助詞をつけて文中にも用いられます。

유리/유진이! 빨리 와　　ユリ/ユジン!　早くおいで。

유리는/유진이는 내 동생이에요.　ユリは/ユジンは私の妹です。

§2　人称代名詞

1人称代名詞の저（私）は目上の人や初対面の人と接するときに用いる謙譲語です。目下の人や友人には나（わたし，ぼく，おれ）を用います。나は助詞の가，의がつくと내となります。複数には저희（私たち），우리（わたしたち）と，それらに複数の接尾辞-들のついたものがあります。

	1人称代名詞	
	単数	複数
目上の人や初対面の人に	저（私） 제가（私が） 제（=저의）（私の）	저희（私たち） 저희들（私たち）
目下の人や友人に	나（わたし） 내가（わたしが） 내（=나의）（わたしの）	우리（わたしたち） 우리들（わたしたち）

2人称代名詞は目下の人や友人に対して너（お前，君，あなた）を用います。너は가，의がつくと네となります。네は話し言葉で［니］と発音されるのが普通です。複数には너희，너희들を用います。당신〈当身〉（あなた）は小説，ドラマ，歌詞などに現れますが，目上の人には直接用いません。

	2人称代名詞	
	単数	複数
目下の人や友人に	너（お前） 네가［니-］（お前が） 네［니］（＝너의）（お前の）	너희（お前たち） 너희들（お前たち）

3人称代名詞には그（彼），그녀〈—女〉（彼女）がありますが，小説など主に書き言葉で用いられます。話し言葉では그 사람（その人，あの人），그 남자〈—男子〉（その男の人，あの男の人），그 여자〈—女子〉（その女の人，あの女の人）が用いられます。

§3　-(으)면

-(으)면は条件や仮定を表す語尾です。-었-の後にもつきます。指定詞に-면のついた이면は母音で終る名詞の後で이がしばしば省略されます。ㄹ語幹においてはㄹが脱落しない語幹に-면がつきます。

	基本形	語幹	語尾	語幹+語尾
母音語幹	가다（行く）	가-	-면	가면（行けば）
ㄹ語幹	알다(分かる)	알-		알면（分かれば）
子音語幹	먹다(食べる)	먹-	-으면	먹으면（食べれば）

会話文④の켜면 되다（つけたらいい）の「-(으)면 되다」（〜したらよい）は慣用的によく用いられる表現です。このときの되다は「よい」の意味です。「だめだ」は안되다で，「-(으)면 안되다」（〜してはだめだ）と表します。

내일은 아침 열 시까지 오시면 됩니다.

明日は朝10時までにいらっしゃればいいです。

복도에서 놀면 안돼요. 廊下で遊んではいけません。

§4 −어서

−어서は−어（**第8課§3**）に서のついた語尾です。−어と−어서はともに前後の内容をつなげる用法があります。−어は主に書き言葉に用いられ，−어서は書き言葉と話し言葉とに用いられます。

語幹末音節の母音	基本形	語幹	語尾	語幹＋語尾
陽母音	가다（行く） 잡다（つかむ）	가− 잡−	−아서	가서（行って） 잡아서（つかんで）
陰母音	서다（立つ） 먹다（食べる） 이다（だ） 아니다（ではない） 하시다（なさる）	서− 먹− 이− 아니− 하시−	−어서	서서（立って） 먹어서（食べて） 이어서, 여서:이라서, 라서（で） 아니어서:아니라서（ではなく） 하셔서（なさって）
陽母音	하다（する）	하−	−여서	하여서，해서（して）

縮約のし方は−어に準じます。なお，指定詞は이라서，라서（で），아니라서（ではなく）をよく用います。

−어서は「〜して，〜ので」といった先行の動作，様態，原因・理由の意味を表します。

백화점에 가서 여름옷을 샀습니다.

デパートに行って夏服を買いました。(先行の動作)

친구와 벤치에 앉아서 이야기했습니다.

友だちとベンチに座って話しました。(先行の動作，様態)

열심히 공부해서 대학교에 합격했습니다.

熱心に勉強して大学に合格しました。(先行の動作，原因・理由)

그 호텔은 서비스가 좋아서 손님이 많습니다.

そのホテルはサービスがいいのでお客さんが多いです。(原因・理由)

-어서が形容詞，指定詞，否定形につくと，原因・理由を表しやすくなります。また-어서の後には命令や勧誘が用いられません。

慣用的な表現として，-어서の後に죽겠다（死にそうだ），미치겠다（気が変になりそうだ），쓰러지겠다（倒れそうだ）などを用い，そのような状態になりそうなことを誇張することがあります。

피곤해서 죽겠어요/미치겠어요/쓰러지겠어요.

疲れて死にそうです/気が変になりそうです/倒れそうです。

また-어서の後に感謝や謝罪などの表現を用いて慣用的なあいさつを表すこともあります。

가르쳐 주셔서 고맙습니다. 教えて下さりありがとうございます。

늦어서 죄송합니다. 遅れて申し訳ございません。

-고（**第11課§7**）はテクストの解釈によって先行の動作，様態，原因・理由の意味が読み取れるのに対し，-어서はそれ自体がこれらの意味を持っています。例えば「학교에 가서」（学校に行って）とだけ言っても先行の動作を表し，後に「学校で何かをする」という内容が続くものと予想されます。

보다（見る），듣다（聞く），읽다（読む）は通常-고をつけて原因・理由を表します。例えば，「그 뉴스를 듣고 놀랐어요.」（そのニュースを聞いて驚きました。）など。-어서をつけると，意味は通じますが，くどく感じられます。

§5　ㅂ（비읍）変則用言

ㅂで終る子音語幹の用言の中には活用するとき，終声のㅂが他の音に変わるものがあります。これをㅂ変則用言といいます。ㅂで終る子音語幹の形容詞はほとんどがㅂ変則用言です。変則用言はまた変格用言とも呼ばれます。これは語幹の変化自体に着目し，語幹が不規則に変化することを変格と呼んだものです。

接尾辞と語尾は①語幹に直接つくもの，②으が加わるもの，③어がつくものがあります。ㅂ変則用言の終声ㅂは①では変化がありませんが，②では우，③では워と変化します。③では語幹末音節の母音が陽母音であれ陰母音であれ，基本的に워となります。춥다（寒い）の例をあげて見てみましょう。

①ㅂ直接接続→ㅂ	②ㅂ-으→우	③ㅂ-어→워
춥-고 →춥고（寒くて）	춥-으면 →추우면（寒ければ）	춥-어요 →추워요（寒いです）

正則用言とㅂ変則用言の活用を比べると次の通りです。

	基本形	-고（～て）	-(으)면(～ば)	해요体
正則	좁다（狭い）	좁고	좁으면	좁아요
	입다（着る）	입고	입으면	입어요
ㅂ変則	가깝다（近い）	가깝고	가까우면	가까워요
	무겁다（重い）	무겁고	무거우면	무거워요

語彙リスト4：正則用言とㅂ変則用言

正則	꼬집다（つねる），꼽다（指折り数える），뒤집다（ひっくり返す），뽑다（引き抜く），씹다（噛む），업다（おんぶする），입다（着る），잡다（つかむ），접다（折りたたむ），집다（つまむ），굽다（曲がる，曲がっている）；수줍다（内気だ），좁다（狭い）
ㅂ変則	굽다（焼く），깁다（繕う），눕다（横たわる），줍다（拾う）；가깝다（近い），가렵다（かゆい），가볍다（軽い），간지럽다（くすぐったい），고맙다（ありがたい），공교롭다（あいにくだ），괴롭다（苦しい），귀엽다（かわいい），그립다（懐かしい），까다롭다（ややこしい），날카롭다（鋭い），더럽다（汚い），덥다（暑い），두껍다（厚い），두렵다（怖い），두텁다（(人情が）厚い），뜨겁다（熱い），맵다（辛い），무겁다（重い），무덥다（蒸し暑い），무섭다（怖い），미끄럽다（滑りやすい），밉다（憎い），반갑다（うれしい），부끄럽다（恥ずかしい），부드럽다（やわらかい），부럽다（うらやましい），새롭다（新しい），서럽다（悲しい），쉽다（易しい），시끄럽다（うるさい），싱겁다（(味が）薄い），아깝다（惜しい），아름답다（美しい），아쉽다（惜しい），안타깝다（やるせない），얄밉다（憎たらしい），어둡다（暗い），어렵다（難しい），어지럽다（目まいがしている），외롭다（さびしい），우습다（おかしい），자유롭다（自由だ），즐겁다（楽しい），지겹다（うんざりだ），차갑다（冷たい），촌스럽다（田舎くさい），춥다（寒い）

上の変化に当てはまらないㅂ変則用言として，③어がつくとき와となるもの，②으が加わるときと③어がつくときㅂが脱落するものの2種類があります。前者には돕다（助ける）と곱다（綺麗だ），後者には뵙다（お目にかかる），만나뵙다（お目にかかる），찾아뵙다（お訪ねする），여쭙다（申し上げる）があります。

	基本形	-고（~て）	-(으)면(~ば)	해요体
ㅂ変則	돕다（助ける）	돕고	도우면	도와요
	뵙다 (お目にかかる)	뵙고	뵈면	뵈어요, 봬요

§6　-고 있다

-고 있다は文字通り「~している」の意味で，動詞について今進行している動作を表します。「今」の時間幅は短い時間から長い期間まであり得ます。-고 있다はこの「今」の時間幅に沿って進行中の動作や現在の状況などを表します。

지금 밥을 먹고 있습니다. 今ご飯を食べています。(進行中の動作)

지금 대학에 다니고 있습니다. 今大学に通っています。(現在の状況)

また-고 있다は習慣的に繰り返す行為を表すこともあります。

요즘 매일 아침 여섯 시에 일어나고 있습니다.

最近毎朝6時に起きています。(習慣の行為)

語彙によっては進行中の動作と，その動作を行った結果の継続状態とを表すものもあります。

유리 씨는 운동화를 신고 있습니다.

ユリさんはスニーカーを履いています。(進行中の動作，結果の継続)

このような語彙には他に입다（着る，（ズボンやスカートを）履く），쓰다（(帽子を）かぶる，（メガネを）かける，（傘を）さす），끼다（(手袋や指輪を）はめる，（メガネを）かける），안다（抱く），들다（(手に)持つ），가지다（持つ，所有する），매다（(ネクタイを）しめる），메

다 ((リュックを) 背負う), 차다 ((時計やベルトを) はめる), 타다 (乗る), 하다 ((イヤリング, マフラー, ベルトを) する) などがあります。着用を表す動詞が多いのが特徴です。

ただし, 日本語の「～している」を-고 있다で表さない表現があります。결혼하다 (結婚する) は結婚して配偶者がいる状態を過去形で表します。결혼하고 있다は結婚式を挙げていることを意味します。닮다 (似る) は過去形を用い, -고 있다は用いない単語です。なお, 닮다は他動詞です。피곤하다 (疲れている) は形容詞で-고 있다の形を取りません。

結婚しています　　결혼했습니다
似ています　　(를/을) 닮았습니다
疲れています　　피곤합니다

-고 있다は「～しつつある」と訳すこともあります。また, 動作が進行中であるかどうか聞き手に不明なとき, それを補うように-고 있다を用いて述べることがあります。動詞の現在形も「～している」と訳し得ますが (**第9課 §8**), それは進行中であることがテクストを通じて聞き手に明らかなことによります。このとき-고 있다を用いると, 動作が進行中であることを強調するなど, 修辞的にさまざまな含みを持ちます。尊敬形では-고 계시다を用います。

태풍이 제주도에 다가오고 있습니다.
　台風が済州島に近づいています/近づきつつあります。
서영 씨는 어디에 있어요?――저기서 콜라를 마시고 있어요.
　ソヨンさんはどこにいますか。――あそこでコーラを飲んでいます。
만화만 보지 말고 공부 좀 해요. ――나는 매일 공부하고 있어요.
　マンガばかり見ないで勉強しなさいよ。――ぼくは毎日勉強してますよ。

할머니는 지금 마당에서 꽃에 물을 주고 계십니다.

おばあさんは今庭で花に水をやっていらっしゃいます。

§7 해体

해体は敬意の無い階称で，半言（반말），略待とも呼ばれます。日常の会話で親しい人，目下の人に対してよく用いられます。また独り言でも用いられます。해体は語尾-어（**第8課§3**）で文を終結したものと同じで，形としては해요体から요を除いたものです。ただし，指定詞と尊敬形の해体は下の表のように해요体と異なるので注意して下さい。また語幹に語尾-어のついた形に縮約しないものと縮約するものがある用言（보아と봐，주어と줘，되어と돼，하여と해など）においては，縮約するもの（봐，줘，돼，해）が해体に用いられます。

指定詞이다（だ）の해体の이야は母音で終る名詞の後では이がしばしば省略されます。なお，-었-，-겠-には-어がつき，했어，하겠어となります。

語幹末音節の母音	基本形	해요体	해体
陽母音	가다（行く） 잡다（つかむ） 보다（見る） 좋다（良い）	가요 잡아요 보아요，봐요 좋아요	가 잡아 봐 좋아
陰母音	서다（立つ） 먹다（食べる） 주다（与える） 웃다（笑う） 되다（なる） 이다（だ） 아니다（ではない） 하시다（なさる）	서요 먹어요 주어요，줘요 웃어요 되어요，돼요 이에요，예요 아니에요 하세요	서 먹어 줘 웃어 돼 이야，야 아니야 하셔
陽母音	하다（する）	해요	해

해요と同様に해も同じ形がイントネーションによって叙述，疑問，命令，勧誘を表します。말다（やめる）は否定の命令形で「하지 마」（するな，やめろ）のようにㄹが脱落します。해体の文では話し手が主語に現れるとき나を用い，저は避けます。해요体では나，저ともに用いることができます。

너는 점심에 뭘 먹었어?	君はお昼に何を食べた?
나는 비빔밥을 먹었어.	ぼくはビビンバを食べたよ。
그건 먹지 마. 대신 이거 먹어.	それは食べないで。代わりにこれ食べて。
우리，밖에서 같이 먹어.	ねえ，外でいっしょに食べようよ。

-지요（**第11課§6**）も해요体の1つで，요を除いた-지は해体の語尾です。

해요体の요は文を終結する語尾の後につく助詞です。文を終える位置につきますが，文を終える（つまり，陳述を表す）のは語尾であって，요はその文を丁寧に述べるときに用います。요はまた他の語尾（**第11課§7**の-고など）にもつき得ます。

【応用会話の単語】

사치코	サチコ	간장	〈—醤〉しょう油
겐타	ケンタ	엔	（에는の縮約形）には
싱겁다	（味が）薄い	이번엔	今度は

応用会話 75

①사치코 : 오빠, 국이 너무 싱거워.

②겐타　 : 그러면 간장을 넣으면 되지.

③사치코 : 알았어. ……오빠, 간장을 너무 많이 넣었어. 이번엔 짜. 어떡하지?

④겐타　 : 그러면 물을 넣으면 되지.

①サチコ：お兄ちゃん，スープの味が薄すぎるの。
②ケンタ：だったら，しょう油を入れればいいんだよ。
③サチコ：わかったわ。……お兄ちゃん，しょう油をたくさん入れすぎちゃった。今度はしょっぱいの。どうしよう?
④ケンタ：だったら，水を入れればいいんだよ。

【応用読解の単語】

움직이다	動く	뿌리다	まく
동작	〈動作〉	소년	〈少年〉
표현하다	〈表現—〉表現する	피리	笛
예	〈例〉	불다	(楽器などを）吹く
예를 들면	〈例—〉例をあげると，例えば	양손	〈両—〉両手
		귀	耳
모나리자	モナリザ	막다	ふさぐ
창가	[창까]〈窓—〉窓辺	눈앞	目の前
따르다	注ぐ	표현	〈表現〉
농부	〈農夫〉	상상	〈想像〉
씨	種	힘	力

応用読解 

그림 속의 사람들은 당연히 움직이지 않습니다. 그렇지만 우리는 그림 속의 동작을 '-고 있다'로 표현합니다. 예를 들면 다음과 같습니다.

모나리자가 웃고 있습니다.
창가에서 여자가 우유를 따르고 있습니다.
농부가 씨를 뿌리고 있습니다.
소년이 피리를 불고 있습니다.
남자가 길에서 양손으로 귀를 막고 있습니다.

문장을 읽고 있으면 그 그림들이 눈앞에 보이지 않습니까? 이와 같이 말은 우리에게 표현과 상상의 힘을 줍니다.

絵の中の人たちは当然動きません。けれども私たちは絵の中の動作を「-고 있다」で表現します。例をあげると次の通りです。

モナリザが笑っています。
窓辺で女の人が牛乳を注いでいます。
農夫が種をまいています。
少年が笛を吹いています。
男が道で両手で耳をふさいでいます。

文を読んでいるとその絵たちが目の前に見えませんか。このように言葉は私たちに表現と想像の力を与えてくれます。

【練習問題】

韓国語に訳しなさい。

1. -(으)면

①航空便で送れば1週間早く到着します。(항공편〈航空便〉, 일주일[일쭈일]〈一週間〉)

②梅雨になると雨がたくさん降ります。(장마, (가/이)들다)

③都合がつけば明日午後3時に参ります。(時間ができれば，と訳す)(되다)(-겠-を用いて)

④お腹がすいたら食堂で食事して下さい。(배, 고프다, 식당〈食堂〉)(-(으)세요を用いて)

⑤機会があればぜひソウルに行きます。(기회〈機会〉)(-겠-を用いて)

⑥10分もすれば飛行機が着陸します。(10分ならば，と訳す)(착륙하다〈着陸—〉)

2. -(으)면 되다/안되다

①時間が無いならEメールで報告すればいいですよ。(이메일)(해요体で)

②何番の窓口に行けばいいですか。(창구〈窓口〉)(로を用いて)

③この薬を一日に一袋ずつ飲むといいですよ。(하루에, 봉지〈封紙〉, 먹다)(해요体で)

④図書館で騒いではいけません。(떠들다)

⑤漢字を知らなくてはいけません。

⑥高校生がタバコを吸ってはだめでしょう。(-지요を用いて)

3. -어서

①銀行に行ってお金をおろしました。(찾다)

②明洞までバスで立って行きました。(명동〈明洞〉)

③その人は努力して大学を卒業しました。(노력하다〈努力—〉，졸업하다〈卒業—〉)

④掃除をしないので部屋がとても汚いです。(청소〈清掃〉，더럽다)

⑤傷が無くて幸いです。(상처〈傷処〉，다행〈多幸〉)

⑥春なので冬のコートはタンスにしまいました。(옷장〈—欌〉, 넣다)(이라서を用いて)

⑦営業の成績がトップではないので悔しいです。(영업〈営業〉，일등［일뜽］〈一等〉，억울하다〈抑鬱—〉)(아니라서を用いて)

⑧宿題が多すぎて死にそうです。

⑨パーティーに招待して下さいまして大変ありがとうございます。(초대하다〈招待—〉，대단히，감사하다〈感謝—〉)

⑩遅れてごめんなさい。(미안하다〈未安—〉)(해요体で)

4. ㅂ変則用言

①その荷物はかなり重いです。(꽤，무겁다)(해요体で)

②家からスーパーが近いです。(가깝다)(해요体で)

③東京の夏は蒸し暑いです。(무덥다)(의を用いて)(해요体で)

④試験が思ったより相当難しかったです。(상당히〈相当—〉)

⑤魚を焼きました。(굽다)

⑥久しぶりに小学校の先生にお会いしました。(오래간만, 뵙다)

⑦部屋が暗いので電気をつけました。(火をつける, と訳す)

⑧留学生活がさびしくて母に電話をしました。(외롭다)

⑨ヒロコさんは相変わらずお美しいです。(여전히〈如前—〉, 아름답다)

⑩このソファにちょっと横になって下さい。(눕다)(-(으)세요を用いて)

5. -고 있다

①その女性はさっきからずっとCDを聞いています。(여성〈女性〉, 계속〈継続〉, 시디)

②台所で猫がニャアニャア鳴いています。(야옹)

③今私たちのバスは仁川空港に向かっています。(인천〈仁川〉)(行きつつある, と訳す)

④その地域は商業都市として発展しつつあります。(상업〈商業〉, 도시〈都市〉, 발전되다〈発展—〉)

⑤女の子が人形を抱いています。(여자 애〈女子—〉, 인형〈人形〉)

⑥久しぶりです。元気で過ごしていますか。(잘, 지내다)

6. 해体

①またタバコかい? いったい一日に何本吸う?(개비)

②ぼくの財布はこれじゃないよ。(지갑〈紙匣〉)

③今は外に出ないで。黄砂がひどいよ。(황사〈黄砂〉, 심하다〈甚—〉)

④もしもし。お姉さん? わたしよ。元気?(잘 있다)

⑤おじいさんは今将棋を指していらっしゃるよ。(장기〈将棋〉, 두다)

⑥テレビの音がうるさいよ。音ちょっと小さくして。(소리, 시끄럽다,

줄이다)

⑦この人, 誰だっけ。(-었지を用いて)――さあ, 誰だろ。(글쎄)(-지を用いて)

⑧あのお店は全然安くなかったわ。(그, 전혀〈全―〉)(안を用いて)

◉コラム8　-고と-어서◉

連結語尾は2つの事柄をつなげるものです。事柄を絵に置き換えて, そのつなげ方をイメージしてみましょう。次の①②はともに「台所で料理を作って庭に出ました」という意味です。

①부엌에서 음식을 만들고 마당으로 나갔습니다.

②부엌에서 음식을 만들어서 마당으로 나갔습니다.

「ある人が台所で料理を作っている絵」と「その人が庭に出る絵」をイメージしましょう。-고は基本的に2つの事柄を並べるものでした。2枚の絵を横に並べてみると, その間には, 台所で料理を作って, それが済んでから, 庭に出て一息入れる, といったように, 並んだ2枚の絵から何らかの関係を読み取ることができます。-어서は先行, 様態, 原因・理由の意味をもって後の内容とつなげるものでした。では, 2枚の絵の端をのりでくっつけてみましょう。これで2枚の絵はしっかり連続しました。つまり, 前後の事柄は何らかの意味をもって必然的に, より自然に連続しているわけです。この2枚の絵は「料理して作ったものを持って庭に出る」と考えるのがより自然な流れでしょう。そうすると, 2枚目の絵には, その人の手においしそうな食べ物を, そして庭にテーブルとお腹を空かして待っている恋人を描き加えてもいいかもしれませんね。

第12課のエッセンス

呼びかけの助詞は母音で終る語には야，子音で終る語には아をつける。1人称代名詞には「저，나」（単数），「저희，우리」（複数），2人称代名詞には「너」（単数），「너희」（複数）がある。語尾-(으)면は条件や仮定を表す。ㄹ語幹においてはㄹが脱落しない語幹につく(알면，놀면など)。-어서は-어（**第8課§3**）に서のついた語尾で「～して，～ので」といった先行の動作，様態，原因・理由を表す。ㅂ変則用言は終声のㅂが「ㅂ-으→우」「ㅂ-어→워」と変化するものである。-고 있다は「～している」の意味で，「今」の時間幅に沿って，進行中の動作や現在の状況，また習慣の行為などを表す。해体（半言（반말），略待）は敬意の無い階称で，親しい人や目下の人に用いられる。形としては해요体から요を除いたものである。

第13課（제십삼과）

사람에 따라 달라요.

77

① 유미코 : 수민 씨, 다음주부터 여름 방학이잖아요? 한국 학생들은 방학 동안 보통 뭘 해요?

② 수민 : 사람에 따라 달라요. 알바도 하고 여행도 다녀요.

③ 유미코 : 수민 씨 계획은 어때요?

④ 수민 : 저요? 저는 서울에서 부산까지 히치하이크하려고 해요. 준비도 다 돼 있어요.

⑤ 유미코 : 그래요? 재미있겠어요. 저도 같이 따라가도 돼요?

⑥ 수민 : 글쎄요. 히치하이크는 돈 대신 체력을 많이 써요. 생각보다 준비 시간도 필요하고요. 잘 생각해 보고 결정하세요.

【単語】

여름 방학이잖아요?	夏休みじゃないですか。
동안	間
보통	〈普通〉
따르다	従う，よる
따라	（～에）（～に）よって
다르다	（르変則）違っている
달라요	（다르다（異なる）の해요体）違います
여행	〈旅行〉
다니다	（～를/을）（～に）出かける

계획	〈計画〉	따라가다	(～를/을)(～に)ついて行く
어떻다	(ㅎ変則) どうだ	따라가도 돼요?	ついて行ってもいいですか。
어때요?	(어떻다の해요体) どうですか。	글쎄요	そうですねえ
히치하이크	ヒッチハイク	체력	〈体力〉
하려고 해요	しようと思います	써요	(쓰다(使う)の해요体) 使います
준비	〈準備〉	필요하다	〈必要―〉 必要だ
다	すっかり	생각하다	〈生覚―〉 考える，思う
되다	できる	생각해 보다	〈生覚―〉 考えてみる
돼 있어요	できています	결정하다	〈決定―〉 決定する，決める
그렇다	(ㅎ変則) そうだ		
그래요?	(그렇다の해요体) そうですか。		

【日本語訳】

①ユミコ：スミンさん，来週から夏休みじゃないですか。韓国の学生たちは休みの間，普通何をしますか。

②スミン：人によって違います。バイトもやるし，旅行も出かけます。

③ユミコ：スミンさんの計画はどうですか。

④スミン：私ですか。私はソウルから釜山までヒッチハイクしようと思っています。準備もすっかりできています。

⑤ユミコ：そうですか。面白そうですね。私もいっしょについて行ってもいいですか。

⑥スミン：そうですねえ。ヒッチハイクはお金の代わりに体力をたくさん使います。思ったより準備時間も必要ですしね。よく考えてみてから決めて下さい。

◉コラム9　韓国語の勉強に没頭すればするほど……◉

韓国語の勉強に没頭すればするほど，普段用いる日本語に韓国語の影響が出てくるようです。皆さんは次の項目のうち，いくつ思い当たりますか。5つ以上ですと，かなり重症かも?

①「シャ」よりも「サ」の方が発音しやすくなり,「社長」を「サチョウ」と発音してもあまり違和感が無い。

② 駅のホームは「プラットホーム」だったか「フラットホーム」だったか，改めて考えるとちょっと自信が無い。

③ カバンの中に入れた「ハンドクリーム」を「ヘンドゥクリーム，ヘンドゥクリーム」とつぶやきながら取り出したことがある。

④ パソコンで文書を作成しているとき,「時計」という単語が，いくら「シゲ」と打っても変換されないので不思議に思ったことがある。

⑤ 日本語の国語辞典を引くとき,「カナダラマバサ……」と探していたため，単語が見つからなかったことがある。

⑥ 突然名前を呼ばれ，あわてて「ネ，あ，アニ，いや，はい」と韓国語と日本語がごっちゃになったことがある。

⑦ 人の話を聞いているとき,「そうそう，そうそう，クレクレ，クレクレ」とリズムをつけてうなずくことがある。

⑧ 韓国人の友だちができたらいいなあという気持ちが，勉強を始める前よりも強くなった。

【解　説】

§1　으語幹の用言

母音語幹の用言の中には語幹末音節の母音が一のものがあります。この語幹を으語幹といいます。으語幹の用言は어で始まる語尾または接尾辞が続くときの変化に特徴があります。

語幹が1音節のときは어がつき，2音節以上のときは一の直前の音節の母音が陽母音ならば아，陰母音ならば어がつきます。そして，으語幹の一は語尾・接尾辞のㅓあるいはㅏに取って代わられます。

<table>
<tr><td colspan="2">語幹の種類</td><td>基本形</td><td>語幹</td><td>語尾</td><td>해요体</td></tr>
<tr><td colspan="2">1音節</td><td>쓰다（書く）</td><td>쓰-</td><td>-어요</td><td>써요（書きます）</td></tr>
<tr><td rowspan="2">2音節</td><td>陽母音</td><td>아프다（痛い）</td><td>아프-</td><td>-아요</td><td>아파요（痛いです）</td></tr>
<tr><td>陰母音</td><td>기쁘다（うれしい）</td><td>기쁘-</td><td>-어요</td><td>기뻐요（うれしいです）</td></tr>
</table>

§2　르変則用言と러変則用言

으語幹の用言の中で르を語幹末音とするものに変則的に変化するものが2種類あり，르変則用言，러変則用言といいます。いずれも어で始まる語尾または接尾辞が続くときに変化します。

<table>
<tr><td></td><td></td><td>基本形</td><td>語幹</td><td>語尾</td><td>해요体</td></tr>
<tr><td rowspan="3">陽母音</td><td>正則</td><td>따르다（従う）</td><td>따르-</td><td rowspan="3">-아요</td><td>따라요（従います）</td></tr>
<tr><td>르変則</td><td>모르다（知らない）</td><td>모르-</td><td>몰라요（知りません）</td></tr>
<tr><td>러変則</td><td>노르다（黄色い）</td><td>노르-</td><td>노르러요(黄色いです)</td></tr>
<tr><td rowspan="4">陰母音</td><td rowspan="2">正則</td><td>치르다（支払う）</td><td>치르-</td><td rowspan="4">-어요</td><td>치러요（支払います）</td></tr>
<tr><td>들르다（立ち寄る）</td><td>들르-</td><td>들러요（立ち寄ります）</td></tr>
<tr><td>르変則</td><td>부르다（呼ぶ）</td><td>부르-</td><td>불러요（呼びます）</td></tr>
<tr><td>러変則</td><td>이르다（至る）</td><td>이르-</td><td>이르러요（至ります）</td></tr>
</table>

르変則用言では르のㄹがㄹㄹと重複します。르の直前の音節の母音が陽母音ならば아，陰母音ならば어がつき，르の一が語尾・接尾辞のㅓあるいはㅏに取って代わられるところは正則（つまり，으語幹の用言）と同じです。들르다（立ち寄る）は正則用言ですが，해요体の들러요が르変則用言と似ているので注意して下さい。

러変則用言は르の直前の音節が陽母音，陰母音にかかわらず，르の次に러が加わります。上の表では陽母音の러変則の例として노르다（黄

色い）をあげておきましたが，実際には누르다（黄色い）の方がよく用いられます。

語彙リスト5：으語幹の正則用言，르変則用言，러変則用言

正則	**語幹が1音節:**끄다（(火を) 消す), 뜨다（浮かぶ), 뜨다（(目を) 開ける), 쓰다（書く), 쓰다（使う), 트다（ひび割れる, (芽が) 出る)；쓰다（苦い), 크다（大きい） **語幹が2音節以上・陽母音:**다다르다（たどりつく), 담그다（漬ける, 浸す), 따르다（従う), 따르다（注ぐ), 모으다（集める), 잠그다（(錠を) かける), 잠그다（(水に) 漬ける);고달프다（疲れ切っている), 고프다（(おなかが) すいている), 나쁘다（悪い), 바쁘다（忙しい), 아프다（痛い） **語幹が2音節以上・陰母音:**들르다（立ち寄る), 무릅쓰다（(危険を) かえりみない), 부릅뜨다（(目を) むく), 치르다（支払う);구슬프다（もの悲しい), 기쁘다（うれしい), 서글프다（もの悲しい), 슬프다（悲しい), 예쁘다（かわいい）
르変則	**陽母音:**가르다（分ける), 고르다（選ぶ), 나르다（運ぶ), 마르다（乾く, やせる), 모르다（知らない), 바르다（塗る), 오르다（あがる), 자르다（切る), 조르다（締める, ねだる)；가파르다（(勾配が) 急だ), 고르다（平均している), 다르다（異なっている), 메마르다（ひからびている), 바르다（正しい), 빠르다（速い, 早い） **陰母音:**거르다（濾す), 거스르다（さからう), 구르다（(床などを) 踏み鳴らす), 구르다（転がる), 기르다（育てる), 끄르다（ほどく), 누르다（押す), 두르다（回す), 머무르다（泊まる), 무르다（退く), 무찌르다（打ち破る), 문지르다（こする), 벼르다（期す), 부르다（呼ぶ, 歌う), 서두르다（あわてる), 아우르다（合わせる), 이르다（言う), 저지르다（(あやまちを) おかす), 주무르다（もむ), 지르다（(大声を) あげる), 지르다（つつく, 近道をする), 찌르다（刺す), 타이르다（言い聞かせる), 흐르다（流れる);게으르다（怠慢だ), 그르다（間違っている), 무르다（やわらかい), 부르다（(おなかが) 一杯だ), 서투르다（下手だ), 이르다（早い）

러変則	이르다（至る，着く）；노르다（黄色い），누르다（黄色い），푸르다（青い）

会話文②の따라は따르다（従う）に語尾어がついたもので，助詞에とともに「에 따라」（〜によって）という慣用的な句をなします。人，場所，事物などにつき得ます。人につくときも에게ではなく에を用いるので注意して下さい。

§3 ㅎ（히읗）変則用言

ㅎ変則用言は語尾・接尾辞が語幹に直接接続するとき以外，ㅎが脱落します。으は消えます。어が続くとき，語幹末音節の母音はㅏであれㅓであれㅐとなります。그렇다（そうだ）の例を見ましょう。

①ㅎ直接接続→ㅎ	②ㅎ-으→Ø	③ㅎ-어→ㅐ
그렇-고 →그렇고（そうで）	그렇-으면 →그러면（それなら）	그렇-어요 →그래요（そうです）

ㅎを終声とする子音語幹の用言のうち，動詞は全て正則用言であり，形容詞は좋다（良い）以外は全てㅎ変則用言です。なお語幹末音節の母音がㅑのとき，어が続くとㅒとなります。ㅕのときはㅖとなりますが，ㅒと記すこともあり，揺れが見られます。

	基本形	-고（〜て）	-(으)면（〜ば）	해요体
正則	낳다（生む） 넣다（入れる） 좋다（良い）	낳고 넣고 좋고	낳으면 넣으면 좋으면	낳아요 넣어요 좋아요
ㅎ変則	노랗다(黄色い) 누렇다(黄色い) 하얗다（白い） 허옇다（白い）	노랗고 누렇고 하얗고 허옇고	노라면 누러면 하야면 허여면	노래요 누래요 하얘요 허예요/허얘요

語彙リスト6：正則用言とㅎ変則用言

正則	낳다（生む），넣다（入れる），놓다（置く，放す），닿다（触れる），땋다（(髪を）編む），빻다（(粉を）ひく），쌓다（積む），찧다（(米，もちを）つく）；좋다（良い）
ㅎ変則	그렇다（そうだ），기다랗다（長い），까맣다（真っ黒い），꺼멓다（真っ黒い），노랗다（黄色い），누렇다（黄色い），동그랗다（丸い），둥그렇다（丸い），빨갛다（赤い），뻘겋다（赤い），아무렇다（どうだ），어떻다（どうだ），이렇다（こうだ），저렇다（ああだ），조그맣다（ちっぽけだ），커다랗다（とても大きい），파랗다（青い），퍼렇다（青い），하얗다（白い），허옇다（白い）

ㅎ変則用言には이렇다（こうだ）などの指示を表す語（**第5課§7**）が含まれます。これに対する動詞の이러다（こうする）などは어で始まる語尾・接尾辞が続くとき，語幹末音節の母音が，ㅎ変則用言のように，ㅐとなります。으はつきませんので，이러면，이래요，이래などは形の上から이렇다と이러다の区別が無くなります。

基本形	-고（〜て）	-(으)면（〜ば）	해요体	해体
이렇다（こうだ）	이렇고	이러면	이래요	이래
이러다（こうする）	이러고			
그렇다（そうだ）	그렇고	그러면	그래요	그래
그러다（そうする）	그러고			
저렇다（ああだ）	저렇고	저러면	저래요	저래
저러다（ああする）	저러고			
어떻다（どうだ）	어떻고	어떠면	어때요	어때
어떡하다（どうする）	어떡하고	어떡하면	어떡해요	어떡해

§4　-잖다

-잖다は-지 않다の縮約形で「〜じゃない」の意味を表します。話し言葉で多用され，主に-잖아，-잖아요，-잖습니까の形で用いられます。

指定詞，-었-，否定形の後にもつきます。母音で終る名詞の後では指定詞の이がしばしば省略されます。

게다가 비가 오잖아요?	そのうえ雨が降ってるじゃないですか。
이건 내 거잖아요.	これは私のじゃないですか。
어제 말했잖습니까?	昨日言ったではありませんか。
먹지 않잖아요/안 먹잖아요.	食べないじゃないですか。
그렇잖아?	そうじゃない?
있잖아요.	ねえ。(慣用的に用いられ，相手の注意を促す)

§5 -(으)려고

-(으)려고は「～しようと，～しようとして，～しようと思って」といった意図を表す語尾です。ㄹ語幹においてはㄹの脱落しない語幹につきます。

	基本形	語幹	語尾	語幹+語尾
母音語幹	보다（見る）	보-	-려고	보려고（見ようと）
ㄹ語幹	놀다（遊ぶ）	놀-		놀려고（遊ぼうと）
子音語幹	먹다(食べる)	먹-	-으려고	먹으려고（食べようと）

오래간만에 영화를 보려고 극장에 갔습니다.
　久しぶりに映画を見ようと思い，映画館に行きました。
집에서 불고기를 만들려고 쇠고기를 샀어요.
　家でプルゴギを作ろうと思い，牛肉を買いました。

-(으)려고 하다は「～しようとする，～しようと思う」の意味を表します。また，人や動物以外に用いられ，そうなりそうであることを表します。

내년에 한국으로 유학을 가려고 합니다.
　来年韓国へ留学に行こうと思います。

아기가 자꾸 서려고 해요.

赤ちゃんがしきりに立とうとしています。

장미꽃이 피려고 해요.

バラの花が咲こうとしています/咲きそうです。

話し言葉では-(으)ㄹ려고となることがあります。このときㄹ語幹においてはㄹが脱落した語幹に-ㄹ려고がつきます。

	基本形	語幹	語尾	語幹+語尾
母音語幹	보다（見る）	보-	-ㄹ려고	볼려고（見ようと）
ㄹ語幹	놀다（遊ぶ）	놀-→노-		놀려고（遊ぼうと）
子音語幹	먹다（食べる）	먹-	-을려고	먹을려고（食べようと）

§6　-어도

-어도は「～しても」の意味を表す語尾です。縮約のし方は-어（**第8課§3**）に準じます。指定詞は이라도, 라도（であっても）, 아니라도（ではなくても）をよく用います。

語幹末音節の母音	基本形	語幹	語尾	語幹+語尾
陽母音	가다（行く）	가-	-아도	가도（行っても）
	잡다（つかむ）	잡-		잡아도（つかんでも）
陰母音	서다（立つ）	서-	-어도	서도（立っても）
	먹다（食べる）	먹-		먹어도（食べても）
	이다（だ）	이-		이어도, 여도：이라도, 라도（であっても）
	아니다（ではない）	아니-		아니어도：아니라도（ではなくても）
	하시다（なさる）	하시-		하셔도（なさっても）
陽母音	하다（する）	하-	-여도	하여도, 해도（しても）

−어도 되다は「〜してもよい」という意味を表します。되다の代わりに좋다（いい），괜찮다（かまわない）を用いることもあります。

이제 집에 가도 돼요/좋아요/괜찮아요.

もう家に帰ってもいいです/いいです/かまいません。

指定詞についた이라도，라도（であっても）と同形の助詞이라도，라도（でも）があります。指定詞の이라도，라도は「仮に」の意味を含みますが，助詞の이라도，라도は「満足ではないが，その中から良いものを選ぶこと」を意味します。

아무리 선생님이라도 여기서 담배를 피우시면 안됩니다.

いくら先生であっても，ここでタバコをお吸いになってはいけません。(指定詞)

심심하면 만화 책이라도 봐.

退屈ならマンガでも読んだら。(助詞)

§7　−어 가다と−어 오다

−어（して）と가다（行く）/오다（来る）からなる表現で，文字通り「〜して行く，〜して来る」の意味です。この가다/오다は，−어のつく本動詞に対して補助的に用いられるので，補助動詞と呼びます。

−어が動作を表す動詞，または状態を表す動詞，形容詞につくとき，가다/오다はその動作や状態が継続して進行することを表します。このときは分かち書きします。

전염병이 급속히 확산되어 갑니다. 伝染病が急速に拡散していきます。

지금까지 한국어를 열심히 공부해 왔습니다.

今まで韓国語を熱心に勉強してきました。

날씨가 점점 추워 오고 있습니다.

天気がだんだん寒くなってきています。

また動詞によっては，ある動作を終えた後の結果をそのまま保って移動することを表します。사다（買う），만들다（作る），가지다（持つ），읽다（読む），예습하다（予習する），복습하다（復習する），생각하다（考える）などがそうです。このときも分かち書きします。

슈퍼에서 과일을 사 가요. スーパーで果物を買って行きます。

집에서 교과서를 읽어 왔습니다. 家で教科書を読んで来ました。

다음주에는 십사과를 공부하겠습니다. 꼭 예습해 오세요.

来週は14課を勉強します。必ず予習して来て下さい。

-어が移動を表す動詞につくとき，가다/오다はその移動の方向を表します。分かち書きせず，しばしば1つの単語として扱われます。このような動詞を合成動詞と呼びます。

語彙リスト7：-어가다/오다

건너가다/건너오다（渡って行く/渡って来る）

걸어가다/걸어오다（歩いて行く/歩いて来る）

기어가다/기어오다（はって行く/はって来る）

나가다/나오다（出て行く/出て来る）

날아가다/날아오다（飛んで行く/飛んで来る）

내려가다/내려오다（降りて行く/降りて来る）

넘어가다/넘어오다（越えて行く/越えて来る）

다녀가다/다녀오다（立ち寄って行く/行って来る）

달려가다/달려오다（走って行く/走って来る）

돌아가다/돌아오다（帰って行く/帰って来る）

들어가다/들어오다（入って行く/入って来る）

따라가다/따라오다（ついて行く/ついて来る）

뛰어가다/뛰어오다（駆けて行く/駆けて来る）

올라가다/올라오다（上がって行く/上がって来る）
쫓아가다/쫓아오다（追って行く/追って来る）
찾아가다/찾아오다（訪ねて行く/訪ねて来る）
흘러가다/흘러오다（流れて行く/流れて来る）

§8　–어 보다

–어 보다は「～してみる」の意味で試みを表します。この보다は補助動詞です。

이 만년필로 한번 써 보세요.
この万年筆で一度書いてみて下さい。
호기심에 술을 마셔 보았습니다. 好奇心でお酒を飲んでみました。

–어보다からなる合成動詞には次の例があります。このときの보다は「見る」といった語彙的な意味を残していると言えるでしょう。

語彙リスト8：–어보다

노려보다（にらみつける）
돌아보다（振り返って見る, 見回る）
둘러보다（見回す）
만나보다（会う）
몰라보다（見違える）
바라보다（見渡す）
살펴보다（調べてみる）
알아보다（調べてみる）
우러러보다（仰ぎ見る）
지켜보다（見守る）
찾아보다（(訪ねて行って）会う）
훑어보다（じろじろ見る）
훔쳐보다（盗み見る）
흘겨보다（にらみつける）

§9　-어 있다

-고 있다（～している）は今進行している動作を表すものでした（**第12課§6**）。-어 있다も文字通り「～している」の意味で，「今」の時点で既にその状態で存在していることを表します。

-고 있다は「進行」を表す点で있다本来の語彙的な意味が薄れています。これに対し，-어 있다は結果の継続，完了した状態の持続を表す点で今の「存在」につながります。

책 뒤에 이름이 써 있어요.

本の後に名前が書いてあります。

아직 숙제가 많이 남아 있습니다.

まだ宿題がたくさん残っています。

요시다 씨는 바로 우리 앞 자리에 앉아 있어요.

吉田さんはちょうど私たちの前の席に座っています。

他動詞は一部の動詞（쓰다（書く），가져가다（持って行く），가져오다（持って来る）など）が-고 있다と-어 있다の形を取る以外は，-고 있다の形だけを取ります。自動詞では次の例に注意して下さい。

살고 있다（住んでいる）：살아 있다（生きている）

가고 있다（行きつつある，（そこへ）向かっている）

：가 있다（行って（そこに）いる）

오고 있다（来つつある，（ここへ）向かっている）

：와 있다（来て（ここに）いる）

語彙リスト9：-어と補助動詞からなる表現

-어 내다	～し抜く，～し終える
-어 놓다	（動作の完了）～しておく，～してある
-어 대다	しきりに～する，～し立てる，～しまくる

-어 두다	（準備として意図的に）～しておく
-어 버리다	～してしまう
-어 보이다	～なように見える

なお, 해내다（やり抜く）, 놓아두다（放っておく）, 잊어버리다（忘れてしまう）のように, 1つの単語として扱われるものもあります。

【応用読解の単語】

수수께끼	なぞなぞ, 謎	서로	お互いに
도로	〈道路〉	재다	計る
지켜보다	見守る	끝나다	終る
어른	大人	목욕	〈沐浴〉入浴, 風呂
노인	〈老人〉	잠시	〈暫時〉しばらく
우러러보다	仰ぎ見る	마르다	乾く
자기	〈自己〉自分	들어가다	入って行く
나오다	出て来る	정답	〈正答〉正解
짝	ペア, 相棒		

応用読解 78

수수께끼를 두 개 내겠습니다. 풀어 보십시오! ①그것은 키가 아주 커요. 언제나 도로 옆에 서 있어요. 그것은 우리를 지켜보고, 우리는 어른, 아이, 노인 그리고 강아지까지 그것을 우러러봐요.	なぞなぞを2つ出します。解いてみて下さい! ①それは背がとても高いです。いつも道路の横に立っています。それは私たちを見守り, 私たちは大人, 子供, 老人そして子犬までそれを仰ぎ見ます。

②그것은 보통 자기 방에 누워 있어요. 시간이 되면 자기 방에서 나와서 짝하고 같이 일을 해요. 짝은 서로 키를 재 보고 찾아요. 일이 끝나면 목욕을 하고 잠시 서 있어요. 몸이 다 마르면 자기 방으로 다시 들어가요. 정답은 ①신호등, ②젓가락입니다. 여러분 잘 푸셨습니까?	②それは普通自分の部屋に横になっています。時間になれば自分の部屋から出て来て，ペアといっしょに仕事をします。ペアはお互いに背を計ってみて探します。仕事が終ると風呂に入ってから，しばらく立っています。体が全部乾いたら，自分の部屋に再び入って行きます。 正解は①信号，②箸です。皆さん，うまく解きましたか。

【練習問題】

韓国語に訳しなさい。

1. 으語幹の用言

①その<u>物語</u>はとても悲しいです。(이야기)(해요体で)

②今日は朝から頭が痛いです。(해요体で)

③駅前のコンビニに立ち寄って雑誌を買いました。

④その<u>女優</u>は10年前もかわいかったです。(여배우〈女俳優〉)

2. 르変則用言と러変則用言

①私はその人の<u>出身地</u>を知りませんでした。(출신지〈出身地〉)

②<u>洗濯物</u>が<u>すっかり</u>乾きました。(빨래，다)

③<u>毎晩</u>おばあさんの<u>肩</u>をもんでさしあげます。(밤마다，어깨)

④私は<u>字</u>が下手なので手紙を<u>あまり</u>書きません。(글씨，잘)

⑤私たちは15年間，<u>研究</u><u>開発し</u>，今日に至りました。(연구〈研究〉，개발하다〈開発—〉)(하여を用いて)

3. ㅎ変則用言

①ミリさんの<u>髪</u>は<u>黒くて</u>長いです。(머리，까맣다)

②<u>では</u>私が先に申しあげます。(そうなら，と訳す)(-겠-を用いて)

③田舎のおじいさんのお宅の柱時計はとても大きかったです。(벽시계〈壁時計〉, 커다랗다)

④今日は雲が一つも無く, 空も真っ青です。(구름, 하나도, 파랗다)(해요体で)

⑤味はいかがですか。(어떻다の尊敬形を用いる)

4. -잖다

①人によって考えが違うではありませんか。(합니다体で)

②サッカーもバスケットボールもみな上手じゃないですか。(축구〈蹴球〉, 농구〈籠球〉)(해요体で)

③来週から夏休みじゃない? (해体で)

5. -(으)려고

①ダイエットしようと思い, ジョギングを始めました。(다이어트하나)

②子供が庭で遊ぼうとして, 靴を履いています。(신발)

③韓国に国際電話をかけようと思います。

④夜が明けようとしています。(日が明ける, と訳す)(날, 새다)

6. -어도

①さっきから弟は名前を呼んでも返事をしません。(아까, 대답〈対答〉)

②いくら高くてもその辞書を必ず買います。(아무리)(-겠-を用いて)

③小学生でもその小説の題名は知っています。(제목〈題目〉)(分かる, と訳す)

④そうでなくても今日は私がおごろうと思います。(사다)

⑤ここでは帽子を脱がなくてもいいです。

7. -어 가다/오다

①この机は私が幼稚園のときから使ってきました。

②夜がだんだん深まっていきます。(形容詞깊다(深い)を用いる)

③弁当は私が作っていきます。(도시락, 싸다) (-겠-を用いて)

④パスポートを必ず持ってきて下さい。(여권[여꿘]〈旅券〉, 가지다) (-(으)십시오を用いて)

8. 移動を表す動詞につく-어가다/오다

①猫がネズミを追って行きます。(쥐)

②春になると渡り鳥が飛んで来ます。(철새)

③登山客たちは頂上へ登って行きました。(등산객〈登山客〉, 꼭대기)

④妹は午後5時に学校から帰って来ました。

9. -어 보다

①もう泣かないで笑ってみて下さい。(-(으)세요を用いて)

②では,「検索」をクリックしてみて下さい。(그럼, 검색〈検索〉, 클릭하다) (-(으)십시오を用いて)

③この歌をみんないっしょに歌ってみましょう。(-(으)ㅂ시다を用いて)

④友人の結婚式のとき,はじめて韓服を着てみました。(결혼식〈結婚式〉, 처음, 한복〈韓服〉)

10. -어 있다

①その魚はまだ生きています。(물고기 [물꼬기])

②頭が痛くてしばらくベッドに横になっていました。(침대〈寝台〉)

③春はすでに私たちのそばに来ています。(이미, 곁)

④私のEメールアドレスが会員録に登録されています。(이메일 주소〈—住所〉, 회원록〈会員録〉, 등록되다〈登録—〉)

⑤木の後に子犬が隠れています。(숨다)

⑥おじいさんがソファに座っていらっしゃいます。(께서を用いて)

11. -어＋補助動詞

①犯人を最後まで捜し出します。(범인〈犯人〉, 끝, 찾다) (-겠-を用いて)

②自転車を図書館の前にとめておきました。(세우다) (-어 놓다を

用いて）

③カメラは机の上に置いておいて下さい。（카메라，놓다）（-어 두다を用いて）（-(으)십시오を用いて）

④スミスさんはアメリカに行ってしまいました。（스미스）

⑤ユリさんは年より若く見えます。

第13課のエッセンス

으語幹の用言は어で始まる語尾・接尾辞が続くとき，語幹末音が ㅓあるいはㅏに変化する。르変則用言はさらに르がㄹㄹと重複し，러変則用言は러が加わる。ㅎ変則用言は「ㅎ-으→Ø」「ㅎ-어→ㅐ」と変化するもので，ㅎを終声とする子音語幹の用言のうち，좋다（良い）以外の形容詞がそれに当たる。-잖다は「～じゃない」の意味で，指定詞，-었-，否定形の後にもつく。-(으)려고は意図を表す語尾で，ㄹ語幹においてはㄹが脱落しない語幹につく。-어도は「～しても」，-어 가다/오다は「～して行く/来る」，-어 보다は「～してみる」の意味を表す。-어 있다は「～している」の意味で，「今」の時点で既にその状態で存在していることを表す。

第14課 (제십사과)

그래, 그러자. 나도 배 고프다.

79

① 유리 : 민준아, 배 안 고파? 벌써 점심 시간이야. 뭔가 먹으러 가자.

② 민준 : 그래, 그러자. 나도 배 고프다. 어디 가서 뭘 먹을까?

③ 유리 : 오늘은 스파게티집에 안 갈래? 내가 할인 쿠폰 두 장 가지고 있어.

④ 민준 : 그래? 그러면 거기 갈까? 여기서 가깝냐?

⑤ 유리 : 걸어서 오 분이면 가. 천천히 가도 돼.

⑥ 민준 : 어, 비 온다. 유리야, 우산이 없으니까 빨리 뛰어가자.

【単語】

배	お腹	가자	行こう, 行こうよ
고프다	(お腹が) すく	그러자	そうしよう
고파	(고프다((お腹が)すく)の해体) すいている	먹을까	たべようか
안 고파?	すいてない?	스파게티집	[-찝] スパゲッティのお店
벌써	もう	안 갈래?	行かない?
뭔가	(무엇인가の縮約形) 何か	할인	〈割引〉
		쿠폰	クーポン
먹으러	食べに	가깝다	(ㅂ変則) 近い

가깝냐?	近いの？	온다	（오다（来る）の한다体）
걷다	（ㄷ変則）歩く		来る，（雨が）降る
걸어서	歩いて	없으니까	無いから
오 분이면	〈五分—〉5分もあれば	뛰어가다	走って行く
천천히	ゆっくり		

【日本語訳】

①ユリ　　　：ミンジュン，お腹すいてない？　もうお昼時間よ。何か食べに行こうよ。

②ミンジュン：そうだね，そうしよう。ぼくもお腹がすいたよ。どこに行って何を食べようか。

③ユリ　　　：今日はスパゲッティ屋さんに行かない？　私，割引クーポン2枚持ってるのよ。

④ミンジュン：そう？　それじゃ，そこに行こうか。ここから近いの？

⑤ユリ　　　：歩いて5分もあれば着くわ。ゆっくり行ってもいいわよ。

⑥ミンジュン：おや，雨が降ってきたよ。ユリ，傘が無いから早く走って行こう。

語彙リスト10：接続詞

그래도	それでも	그러자	そうするや
그래서	それで，だから	그런데	ところで，ところが
그랬더니	そうしたら	그런데도	それなのに
그러나	しかし，だが	그럼	じゃ，では
그러니	だから	그렇다면	だとすれば
그러니까	だから	그렇지만	けれども
그러다가	そうこうするうち	그리고	そして，それと
그러면	それなら	단	ただし

그러므로	それゆえ	따라서	したがって
또는	または	하지만	けれども
및	および		

【解　説】

§1　ㄷ（디귿）変則用言

ㄷ変則用言は으，어で始まる語尾・接尾辞が続くとき，終声のㄷがㄹに変わります。으，어は語尾・接尾辞の一部として残ります。ㄷ変則用言は動詞だけで，形容詞にはありません。듣다（聞く）の例を見ましょう。

①ㄷ直接接続→ㄷ	②ㄷ-으→ㄹ-으	③ㄷ-어→ㄹ-어
듣-고 →듣고（聞いて）	듣-으면 →들으면（聞けば）	듣-어요 →들어요（聞きます）

ㄷ変則用言はㄹ語幹の用言と形の似ているところがあるので注意しましょう。

	基本形	-고（～て）	-(으)면（～ば）	해요体
正則	묻다（埋める）	묻고	묻으면	묻어요
ㄷ変則	묻다（尋ねる）	묻고	물으면	물어요
ㄹ語幹	물다（かむ）	물고	물면	물어요

語彙リスト11：正則用言とㄷ変則用言

正則	걷다（まくりあげる），닫다（閉める），돋다（(芽などが)生える，(月・日が）のぼる），뜯다（むしる），묻다（埋める），묻다（付く），믿다（信じる），받다（受ける），뻗다（伸びる，伸ばす），쏟다（(水を）こぼす），얻다（得る），이어받다（引き継ぐ），파묻다（埋める）；곧다（まっすぐだ），굳다（かたい）
ㄷ変則	걷다（歩く），곧이듣다（真に受ける），긷다（汲む），깨닫다（悟る），듣다（聞く），듣다（効く），묻다（尋ねる），붇다（ふやける），싣다（載せる），알아듣다（聞いて分かる），엿듣다（立ち聞きする），일컫다（称する，たたえる）

§2　-(으)러

-(으)러は「～しに」といった行動や動作の目的を表す語尾です。ㄹ語幹においてはㄹが脱落しない語幹につきます。後に가다（行く），오다（来る）など，移動を表す動詞が用いられます。

	基本形	語幹	語尾	語幹+語尾
母音語幹	보다（見る）	보-	-러	보러（見に）
ㄹ語幹	놀다（遊ぶ）	놀-		놀러（遊びに）
子音語幹	먹다(食べる)	먹-	-으러	먹으러（食べに）

겐타는 여동생과 같이 공원에 놀러 갔습니다.

ケンタは妹といっしょに公園へ遊びに行きました。

열두 시가 되면 학생들이 점심을 먹으러 와요.

12時になると学生たちが昼ご飯を食べにやって来ます。

§3　-(으)니까

-(으)니까は「～から，～ので」といった根拠や理由を表す語尾です。-었-の後にもつきます。指定詞についた이니까は母音で終る名詞の後で이が省略されることがあります。ㄹ語幹においてはㄹが脱落し

た語幹につきます。

	基本形	語幹	語尾	語幹+語尾
母音語幹	가다（行く）	가-	-니까	가니까（行くから）
ㄹ語幹	알다（分かる）	알-→아-		아니까（分かるから）
子音語幹	먹다（食べる）	먹-	-으니까	먹으니까（食べるから）

-(으)니까の根拠や理由には話し手の主観的な判断が現れます。つまり，-(으)니까が連結する2つの事柄は，必然的な連続であれ強引な思いつきによるものであれ，話し手が「そう思う」ことによってつながっています。

-(으)니까の後には命令や勧誘が用いられます。また，文末に-지，-잖다との呼応がしばしば見られます。助詞요をつけて-(으)니까요（～からです）と用いることもあります。この요の代わりに指定詞をつけて-(으)니까예요とすると不自然になります。

두 사람한테 만 원씩 받았으니까 합쳐서 이만 원입니다.

2人に1万ウォンずつもらったので合計して2万ウォンです。

이 사과가 그 사과보다 크니까 맛이 있어요.

このリンゴがそのリンゴより大きいからおいしいです。

방이 더우니까 에어컨 좀 켜 주세요.

部屋が暑いからエアコンちょっとつけて下さい。

질이 안 좋으니까 안 샀지요.

質が良くないから買わなかったんですよ。

형이 우니까 동생도 울잖아요.

お兄ちゃんが泣くから弟（妹）も泣くじゃないですか。

왜 늦었어요?——버스가 안 왔으니까요.

どうして遅れたのですか。——バスが来なかったからです。

書き言葉では-(으)니を用いることがあります。語幹との接続のし方

は-(으)니까と同じです。

§4　-(으)ㄹ까

-(으)ㄹ까は「～しようか，～だろうか」という意向や推量を含んだ疑問を表す해体の語尾です。-었-の後にもつきます。指定詞についた일까は母音で終る名詞の後で이が省略されることがあります。ㄹ語幹においてはㄹが脱落した語幹に-ㄹ까がつきます。助詞요をつけ, -(으)ㄹ까요（～しましょうか，～でしょうか）と해요体でも用います。

	基本形	語幹	語尾	語幹+語尾
母音語幹	가다（行く）	가-	-ㄹ까	갈까（行こうか）
ㄹ語幹	팔다（売る）	팔-→파-		팔까（売ろうか）
子音語幹	먹다(食べる)	먹-	-을까	먹을까（食べようか）

이번 일요일에는 뭘 할까?　今週の日曜日には何をしようか。

왜 그럴까요?　なぜでしょうか（直訳は，なぜそうするのでしょうか，なぜそうなのでしょうか)。

이 책은 고등학생에게 어렵지 않을까?

この本は高校生に難しくないだろうか。

저 그림은 도대체 누가 그렸을까?

あの絵はいったい誰が描いたのだろうか。

-(으)ㄹ까 하다は「～しようかと思う」の意味で，話し手の意向を表します。

오후 두 시쯤에 출발할까 합니다.

午後2時ぐらいに出発しようかと思います。

§5　-(으)ㄹ래

-(으)ㄹ래は意志を表す動詞や있다（いる）について用いられる해

体の語尾です。叙述文では話し手の意志を表し，疑問文では聞き手の意志を尋ねる意味を表します。ㄹ語幹においてはㄹが脱落した語幹に-ㄹ래がつきます。助詞요をつけ，-(으)ㄹ래요のように해요体でも用います。「-어 줄래요?(～してくれますか)」は丁寧な命令,「안～-(으)ㄹ래요?（～しませんか)」は勧誘を表します。

	基本形	語幹	語尾	語幹+語尾
母音語幹	가다（行く）	가-	-ㄹ래	갈래（行くよ）
ㄹ語幹	팔다（売る）	팔-→파-		팔래（売るよ）
子音語幹	먹다(食べる)	먹-	-을래	먹을래（食べるよ）

나 먼저 갈래. 안녕. 私，先に行くわ。じゃあね。

그 영화는 두 번 다시 안 볼래요/보지 않을래요.

　その映画は二度と見ませんよ。

저는 갈비탕을 먹을래요. 미리 씨는 뭘 드실래요?

　私はカルビタンを食べます。ミリさんは何を召し上がりますか。

윤아 씨，티비 소리 좀 줄여 줄래요?

　ユナさん，テレビの音，ちょっと下げてくれますか。

피곤하죠? 저 벤치에 안 앉을래요?

　疲れたでしょう。あのベンチに座りませんか。

§6　한다体

한다体は敬意が低く，大人が子供に話すときや友だちの間で用いられます。新聞や教科書などで書き言葉としても用いられます。この文体の階称を下称と呼びます。

用言の文末に用いられる形を終結形といい，後の文とつなげる形を連結形といいます。終結形を表す語尾を終結語尾，連結形を表す語尾を連結語尾と呼びます。終結形には叙述形，疑問形，命令形，勧誘形があります。

まず，叙述形から見ましょう。動詞につく語尾は，母音語幹には-ㄴ다，子音語幹には-는다がつき，ㄹ語幹においてはㄹが脱落した語幹に-ㄴ다がつきます。形容詞，存在詞，指定詞はなべて-다がつき，結果として基本形と同形になります。指定詞についた이다は母音で終る名詞の後で이が省略されることがあります。日本語では基本形とこの叙述形とを言い分けることが困難です。基本形は活用を統一的に説明するための基本となる形，叙述形は活用形の１つで実際に用いられる形，と区別しておきましょう。

		基本形	語幹	語尾	한다体の叙述形
動詞	母音語幹	가다 (行く)	가-	-ㄴ다	간다 (行く)
	ㄹ語幹	알다 (分かる)	알-→아-		안다 (分かる)
	子音語幹	먹다 (食べる)	먹-	-는다	먹는다 (食べる)
形容詞	母音語幹	크다 (大きい)	크-	-다	크다 (大きい)
	ㄹ語幹	멀다 (遠い)	멀-		멀다 (遠い)
	子音語幹	작다 (小さい)	작-		작다 (小さい)
存在詞		있다 (いる, ある)	있-		있다 (いる，ある)
指定詞		이다 (だ)	이-		이다 (だ)

2文字からなる終声字を持つ動詞では次の発音変化に注意して下さい。

鼻音化　읽다［익따］→읽는다［잉는다］(読む)
　　　　　읊다［읍따］→읊는다［음는다］(詠む)
　　　　　밟다［밥따］→밟는다［밤는다］(踏む)

流音化　핥다［할따］→핥는다［할른다］(なめる)
　　　　　잃다［일타］→잃는다［일른다］(失う)

否定形-지 않다は，動詞では않-が子音語幹なので-는다がつき（-지 않는다［안는다］），形容詞では-다がつきます（-지 않다［안타］）。-었-，-겠-はいずれの品詞においても-다がつきます。

次に疑問形です。動詞と存在詞には-느냐がつき，形容詞と指定詞には-(으)냐がつきます。指定詞についた이냐は母音で終る名詞の後で이が省略されることがあります。ㄹ語幹においてはㄹが脱落した語幹に-느냐，-냐がつきます。

		基本形	語幹	語尾	한다体の疑問形
動詞	母音語幹	가다 (行く)	가-	-느냐	가느냐 (行くか)
	ㄹ語幹	알다 (分かる)	알-→아-		아느냐 (分かるか)
	子音語幹	먹다 (食べる)	먹-		먹느냐 (食べるか)
形容詞	母音語幹	크다 (大きい)	크-	-냐	크냐 (大きいか)
	ㄹ語幹	멀다 (遠い)	멀-→머-		머냐 (遠いか)
	子音語幹	작다 (小さい)	작-	-으냐	작으냐 (小さいか)
存在詞		있다 (いる，ある)	있-	-느냐	있느냐 (いるか，あるか)
指定詞		이다 (だ)	이-	-냐	이냐 (か)

否定形-지 않다は動詞では-느냐がつきます（-지 않느냐［안느냐］）。形容詞では않-が子音語幹なので-으냐がつきますが（-지 않으냐［아느냐］），-느냐との揺れが見られます。많지 않으냐?/않느냐?（多くないか。）など。-었-，-겠-はいずれの品詞においても-느냐がつきます。

話し言葉ではすべての品詞，-었-，-겠-につく-냐（～かい）をよく用います。また-느냐/-(으)냐よりも親しみのある-(으)니（～の）という語尾もあります。形容詞の子音語幹につくときだけ-으니となり

ますが，-니との揺れがあります。좋으니?/좋니?（いいの?）など。また，否定形-지 않다には-니がつくのが一般的です。작지 않니?（小さくないの?）など。指定詞についた이냐，이니は母音で終る名詞の後で이が省略されることがあります。ㄹ語幹においてはㄹが脱落した語幹に-냐，-니がつきます。

<table>
<tr><th colspan="2"></th><th>基本形</th><th>語幹</th><th>語尾
(〜かい)</th><th>한다体の
疑問形</th><th>語尾
(〜の)</th><th>한다体の
疑問形</th></tr>
<tr><td rowspan="3">動詞</td><td>母音</td><td>가다</td><td>가-</td><td rowspan="8">-냐</td><td>가냐</td><td rowspan="5">-니</td><td>가니</td></tr>
<tr><td>ㄹ</td><td>알다</td><td>알-→아-</td><td>아냐</td><td>아니</td></tr>
<tr><td>子音</td><td>먹다</td><td>먹-</td><td>먹냐</td><td>먹니</td></tr>
<tr><td rowspan="3">形容詞</td><td>母音</td><td>크다</td><td>크-</td><td>크냐</td><td>크니</td></tr>
<tr><td>ㄹ</td><td>멀다</td><td>멀-→머-</td><td>머냐</td><td>머니</td></tr>
<tr><td>子音</td><td>작다</td><td>작-</td><td>작냐</td><td>-으니</td><td>작으니</td></tr>
<tr><td colspan="2">存在詞</td><td>있다</td><td>있-</td><td>있냐</td><td rowspan="2">-니</td><td>있니</td></tr>
<tr><td colspan="2">指定詞</td><td>이다</td><td>이-</td><td>이냐</td><td>이니</td></tr>
</table>

ここで한다体以外の疑問形の語尾をあげておくことにします。まず，해体（半言）には-는지/-(으)ㄴ지（〜か）があります。-는지は動詞と存在詞につき，-(으)ㄴ지は形容詞と指定詞につきます。指定詞についた인지は母音で終る名詞の後で이が省略されることがあります。ㄹ語幹においてはㄹが脱落した語幹に-는지/-ㄴ지がつきます。-었-，-겠-の後には-는지がつきます。-는지/-(으)ㄴ지に요をつけると해요体になります。

また等称と呼ばれる階称には-는가/-(으)ㄴ가（〜か）があります。語幹との接続のし方は-는지/-(으)ㄴ지と同じです。等称は中称と下称の間に位置し，その文体を하게体といいます。目下であっても子供に話すような言い方ができない相手に用いたり，書き言葉で用いたりします。-는가/-(으)ㄴ가もまた요をつけると해요体になります。

하게体には他に-는가と置き換え得る-나（〜か）があります。요を

つけると해요体になります。ところで，-나の階称に해体を認めることがあります。この해体の-나は主に独り言で用いられます。また，標準的ではありませんが，形容詞につくこともあります。바쁘나?（忙しいのかなあ。），머나?（遠いのかなあ。），덥나?（暑いのかなあ。）など。

		基本形	語幹	語尾（～か）	해体の疑問形	語尾（～か）	하게体の疑問形
動詞	母音	가다	가-	-는지	가는지	-는가/-나	가는가/가나
	ㄹ	알다	알-→아-		아는지		아는가/아나
	子音	먹다	먹-		먹는지		먹는가/먹나
形容詞	母音	크다	크-	-ㄴ지	큰지	-ㄴ가	큰가
	ㄹ	멀다	멀-→머-		먼지		먼가
	子音	작다	작-	-은지	작은지	-은가	작은가
存在詞		있다	있-	-는지	있는지	-는가/-나	있는가/있나
指定詞		이다	이-	-ㄴ지	인지	-ㄴ가	인가

最後に한다体の命令形と勧誘形です。命令形は-어라，勧誘形は-자を用います。否定の命令形は말다（やめる）が마라となります。가지 마라（行くな）など。否定の勧誘形は말자です。사지 말자（買わないことにしよう，買うのをやめよう）など。

語幹末音節の母音	基本形	語幹	語尾	한다体の命令形	語尾	한다体の勧誘形
陽母音	가다（行く）	가-	-아라	가라（行け）	-자	가자（行こう）
	잡다（つかむ）	잡-		잡아라（つかめ）		잡자（つかもう）
陰母音	서다（立つ）	서-	-어라	서라（立て）		서자（立とう）
	먹다（食べる）	먹-		먹어라（食べろ）		먹자（食べよう）
	있다（いる）	있-		있어라（いろ）		있자（いよう）
陽母音	하다（する）	하-	-여라	하여라，해라（しろ）		하자（しよう）

§7　ㄹ語幹

ここでㄹ語幹についてまとめておきます。ㄹ語幹のㄹの脱落した語幹にはㄹ，ㅂ，ㄴ，오，ㅅで始まる語尾・接尾辞がつきます。ただし，ㄹは終声に位置する語尾，오は하오体（**第6課§2**）の語尾-오（～です，～ます）を指します。これを「ㄹ落ちれば直す……ㄹ（리을）落ち-れ（ㄹ）-ば（ㅂ）-な（ㄴ）-お（오）-す（ㅅ）」と覚えましょう。

基本形	語幹	語尾・接尾辞		語幹+（接尾辞）+語尾
팔다（売る）	팔-→파-（ㄹ脱落）	終声ㄹ	-ㄹ까	팔까（売ろうか）
		ㅂ	-ㅂ니다	팝니다（売ります）
		ㄴ	-ㄴ다	판다（売る）
		오	-오	파오（売ります）
		ㅅ	-시-	파시다（お売りになる）
	팔-	上記以外	-겠-	팔겠다（売るだろう）
			-고	팔고（売って）
			-려고	팔려고（売ろうと）
			-어요	팔아요（売ります）
			-지요	팔지요（売りますよ）

語彙リスト12：ㄹ語幹の用言

動詞	가물다（日照りになる），갈다（耕す），거닐다（ぶらつく），걸다（かける），골다（（いびきを）かく），굴다（振る舞う），기울다（傾く），까불다（ふざける），깔다（敷く），끌다（引く），날다（飛ぶ），놀다（遊ぶ），늘다（増える，伸びる，上達する，上手になる），달다（かける，つるす），덜다（減らす），돌다（回る），들다（入る，（お金が）かかる），들다（持つ，あげる），떠들다（騒ぐ），떨다（震える，震わす），만들다（作る），말다（巻く），말다（やめる），몰다（追う，（車を）運転する），물다（かむ），밀다（押す），받들다（仰ぐ），벌다（稼ぐ），베풀다（（恩恵を）施す），부풀다（ふくれる），불다（吹く），붙들다（つかむ），비틀다（ねじる，ひねる），빌다（祈る），빨다（（洗濯物を）洗う），빨다（（口で）吸う，しゃぶる），살다（生きる，住む，暮らす），슬다（さびる，（かびが）生える），시들다（しおれる），썰다（（食物を）刻む），쓸다（掃く），악물다（（歯を）くいしばる），알다（知る，分かる），얼다（凍る），열다（（実が）なる），열다（（～を）開く），울다（泣く，鳴く），이끌다（率いる），일다（（波や風が）起こる），저물다（暮れる），졸다（いねむりする），줄다（減る），치밀다（（怒りが）こみ上げる），털다（はたく），틀다（ねじる，ひねる），팔다（売る），풀다（解く），허물다（崩す），헐다（崩す，壊す），헐다（（皮膚が）ただれる，古くなる），휩쓸다（吹き払う），흔들다（振る）
形容詞	가늘다（細い），거칠다（荒い），길다（長い），달다（甘い），둥글다（丸い），드물다（まれだ），멀다（遠い），모질다（むごい），설다（半煮えだ，（実が）熟していない），잘다（細かい），힘들다（力がいる，くたくただ）

【応用読解の単語】

아내	妻	만지다	触る
딸아이	娘（自分の娘を低めて言う）	졸리다	眠い
		푹	ぐっすり
태어나다	生まれる	크다	（子供が）大きくなる，成長する
대화	〈対話〉		
안녕?	〈安寧〉元気?	가만히	じっと，静かに
먹다	（水，酒，薬などを）飲む	쳐다보다	見つめる
		싱글벙글	にこにこ
장난감	[장난깜] おもちゃ	미소	〈微笑〉ほほえみ

応用読解

80

우리 집은 삼인 가족이다. 나와 아내 그리고 딸아이 이렇게 세 명이다. 딸아이는 작년 겨울에 태어났다. 그 때부터 나와 딸아이는 얼마나 많이 대화를 해 왔을까?	うちは3人家族である。私と妻そして娘，このように3人である。娘は去年の冬に生まれた。そのときから私と娘はどれだけたくさん対話をしてきただろうか。
'안녕? 잘 잤니? 배 안 고파? 물 먹을래? 바나나 먹을래? 심심하지. 같이 노래를 부르자. 장난감 사러 가자. 그건 뜨거우니까 만지지 마. 졸려? 그럼, 푹 자. 많이 먹고 많이 커라.'	「元気? よく寝たかい? お腹空いてない? お水飲む? バナナ食べる? つまんないでしょ。いっしょに歌を歌おう。おもちゃ買いに行こう。それは熱いから触らないで。眠い? じゃあ，ぐっすり寝て。たくさん食べてたくさん大きくなれよ。」
내가 이야기를 하면 딸아이는 내 얼굴을 가만히 쳐다보고 이야기가 끝나면 싱글벙글 웃는다. 그 미소를 보고 나는 다시 이야기를 시작한다. 그녀는 정말 대화를 잘한다.	私が話をすると娘は私の顔をじっと見つめ，話が終るとにこにこ笑う。そのほほえみを見て私はふたたび話を始める。彼女は本当に対話が上手である。

【練習問題】

韓国語に訳しなさい。

1. ㄷ変則用言

①その芸能人のうわさをたくさん聞きました。(연예인〈演芸人〉, 소문〈所聞〉, 듣다)

②アンケート調査で大学生100人に聞きました。(설문 조사〈設問調査〉, 묻다)

③この薬は頭痛によく効きます。(두통〈頭痛〉, 듣다)(해요体で)

④トラックに荷物を載せて下さい。(트럭, 싣다)(-(으)십시오を用いて)

⑤海まで歩いて5分しかかかりません。(걷다)(-어서を用いて)

2. -(으)러

①子供たちは友だちの家へ遊びに行きました。

②私は週末に水泳を習いに水泳教室に通っています。(수영〈水泳〉)

③髪を洗いに浴室に入りました(감다, 욕실〈浴室〉, 들어가다)

3. -(으)니까

①そこはあまりに遠いので今日は行きません。(-겠-を用いて)

②タバコは健康に悪いのでやめました。(끊다)

③さっきお酒を飲みましたから運転しないで下さい。(운전하다〈運転—〉)(-(으)십시오を用いて)

④だから私が言ったじゃないですか。(そうだから, と訳す)(-잖아요を用いて)

⑤なぜこの書類が必要なんですか。——規則がそうなっていますから。(규칙〈規則〉, 그렇게)

4. -(으)ㄹ까

①今日は何して遊ぼうか。(-고を用いて)

②会議を一日二日延ばせばどうだろうか。(하루, 이틀, 미루다)

③いったい犯人は誰だろうか。(助詞は는/은を用いる)

④小包は無事に届いたでしょうか。(소포〈小包〉, 무사히〈無事―〉, 도착하다〈到着―〉)(助詞は가/이を用いる)(해요体で)

5. -(으)ㄹ래

①ぼくは休憩室に行ってちょっと休むよ。(휴게실〈休憩室〉)

②ママといっしょにのり巻きを作るわ。

③私も今日は家にいますよ。(해요体で)

④コンサートにいっしょに行きませんか。(해요体で)

6. 한다体の叙述形

①韓国語を習う。

②ソウルに住む。

③音楽を聞く。

④雑誌を読む。

⑤一所懸命働いた。

⑥あの池は深い。

⑦このジュースは甘い。

⑧子犬はこの部屋にいない。

⑨ここが図書館だ。

⑩花が咲かない。(-지 않다を用いて)

⑪今日は暑くない。(-지 않다を用いて)

⑫ロシア語の試験は難しかった。(러시아어〈―語〉)

7. 한다体の疑問形-느냐/-(으)냐

本課【練習問題】6. を疑問形に変え, 한다体の疑問形-느냐/-(으)냐で表しなさい。

8. 한다体の疑問形-냐

本課【練習問題】6. を疑問形に変え, 한다体の疑問形-냐で表しなさい。

9. 한다体の疑問形-니

本課【練習問題】6. を疑問形に変え, 한다体の疑問形-니で表しなさい。

10. 한다体の命令形

①がんばれ。あきらめるなよ。(力(を)出す, と訳す)(포기하다〈抛棄―〉)

②走らないでゆっくり歩け。(뛰다)

③ここに立っていろ。

11. 한다体の勧誘形

①もう帰ろうよ。——そうだね, 帰ろ帰ろ。(이제) (家に行く, と訳す)

②けんかはやめよう！(けんかするの否定の勧誘形で表す) (싸우다)

③体育館に行ってバレーボールやろうよ。(체육관〈体育館〉, 배구〈排球〉)

12. 해体の疑問形-는지/-(으) ㄴ지

本課【**練習問題**】**6.** を疑問形に変え, 해体の疑問形-는지/-(으) ㄴ지で表しなさい。また, 요をつけて해요体の疑問形としても表しなさい。

13. 하게体の疑問形-는가/-(으) ㄴ가

本課【**練習問題**】**6.** を疑問形に変え, 하게体の疑問形-는가/-(으) ㄴ가で表しなさい。また, 요をつけて해요体の疑問形としても表しなさい。

14. 하게体の疑問形-나

本課【**練習問題**】**6.** ①〜⑤, ⑧, ⑩, ⑫を疑問形に変え, 하게体の疑問形-나で表しなさい。また, 요をつけて해요体の疑問形としても表しなさい。

◉コラム10　-(으)니까◉

-(으)니까はその理由を選んだ話し手の態度が現れる語尾です。**コラム8**では-고と-어서を2枚の絵のつながりになぞらえて述べました。ここでも-(으)니까についてやはり絵で考えてみましょう。

さて,「왜 그것을 안 샀어요? (なぜそれを買わなかったんですか。)」と尋ねられ, その理由を答えることにします。目の前にはたくさん絵が置いてあり, その理由に当たる絵を選ぶことにしましょう。買わない理由は人さまざまですが, 質が良くなかったら絶対買わない人でしたら「質が良くない品物の絵」を選ぶでしょう。当然だよ, という態度でその絵を取り上げ, その態度のまま「品

物を買わなかった絵」を取り上げます。そして質問した人にその2枚の絵を見せます。

질이 안 좋으니까 안 샀지요.

質が良くないから買わなかったんですよ。

話し手の「当然だ」という主観的な態度が「안 좋으니까」と「안 샀지요」の語尾，つまり-(으)니까と-지요に現れているのです。

第14課のエッセンス

ㄷ変則用言は으，어で始まる語尾・接尾辞が続くとき，終声のㄷがㄹに変わる。ㄷ変則は動詞だけである。-(으)러は行動や動作の目的，-(으)니까は根拠や理由，-(으)ㄹ까は意向や推量を含んだ疑問を表し，-(으)ㄹ래は叙述文で話し手の意志，疑問文で聞き手の意志を尋ねる意味を表す。한다体の語尾には叙述形-ㄴ다/-는다/-다，疑問形-느냐/-(으)냐，-냐，-(으)니，命令形-어라，勧誘形-자がある。한다体以外の疑問形の語尾には해体の-는지/-(으)ㄴ지，하게体の-는가/-(으)ㄴ가，また-는가と置き換え得る-나がある。ㄹ語幹のㄹの脱落した語幹にはㄹ（終声に位置する），ㅂ，ㄴ，오（하오体），ㅅで始まる語尾・接尾辞がつく。

第15課（제십오과）

어깨도 돌처럼 딱딱해졌어요.

81

① 미리：갑자기 머리가 아파요. 어깨도 돌처럼 딱딱해졌어요.

② 유진：책상에 세 시간이나 앉아 있으면 누구나 다 그렇게 돼요.

③ 미리：제가 그렇게 오래 앉아 있었어요?

④ 유진：네. 어깨가 풀리도록 서서 어깨를 돌려 보세요.

⑤ 미리：이렇게요? 와, 어깨에서 소리가 나요. 그래도 기분이 좋고 어깨도 나았어요.

⑥ 유진：그렇게 어깨를 돌리면서 가볍게 운동하니까 두통도 없어지죠?

【単語】

갑자기	急に	누구나	誰でも
머리	頭	그렇게	そう，そのように
아프다	痛い，（動詞的に）痛くなる，痛くなった	오래	（時間が）長く
어깨	肩	풀리다	ほぐれる
돌	石	풀리도록	ほぐれるように
처럼	のように，みたいに	서서	（서다（立つ）+語尾-어서（して））立って
딱딱하다	固い	돌리다	回す
딱딱해지다	固くなる	소리	音
이나	（数）も	나다	出る，生じる

소리가 나다	音がする	돌리면서	回しながら
그래도	それでも	가볍게	軽く
기분	〈気分〉気持ち	운동하다	〈運動—〉運動する
낫다	(ㅅ変則) 良くなる, 治る	운동하니까	運動すると
나았어요	(낫다 (良くなる) の過去形の해요体) 良くなりました	두통	〈頭痛〉
		없어지다	無くなる

【日本語訳】

①ミリ　:急に頭が痛くなりました。肩も石のように固くなりました。

②ユジン:机に3時間も座っていたら誰でもそうなりますよ。

③ミリ　:私ったらそんなに長く座っていましたか。

④ユジン:ええ。肩がほぐれるように立って肩を回してみて下さい。

⑤ミリ　:こうですか。わあ, 肩から音がします。それでも気持ちが良いし, 肩も良くなりました。

⑥ユジン:そのように肩を回しながら軽く運動すると, 頭痛も無くなるでしょう?

語彙リスト13：体に関する言葉

몸	体	배	腹	다리	脚
뼈	骨	배꼽	へそ	넓적다리	[넙-] ふともも
머리	頭, 髪	허리	腰		
머리카락	髪の毛	엉덩이	尻	허벅지	内もも
얼굴	顔	팔	腕	무릎	ひざ
목	首, のど	팔꿈치	ひじ	정강이	すね
어깨	肩	손	手	종아리	ふくらはぎ
가슴	胸	손발	手足		
등	背中	발	足		

語彙リスト14：顔に関する言葉

얼굴	顔	귀	耳	이	歯
이마	額	코	鼻	혀	舌
눈	目	뺨	頬	턱	あご
눈썹	眉	볼	頬	수염	ひげ
속눈썹	まつ毛	입	口		
눈동자	[-똥자] 瞳	입술	唇		

【解　説】

§1　처럼

처럼は「のように，みたいに」といった比喩や同程度であることを表す助詞です。副詞の마치（まるで）をよく伴います。否定文では「ほど（～ない)」と訳し得ます。

신부는 마치 꽃처럼 예뻤다.

新婦はまるで花のようにきれいだった。

그 고양이는 돼지처럼 뚱뚱하다.

その猫はブタみたいに太っている。

오늘은 어제처럼 덥지 않다. 今日は昨日ほど暑くない。

§2　나/이나

나/이나は「でも，や，も」といった意味を表す助詞で，多様な用法を持っています。나は母音で終る名詞，이나は子音で終る名詞につきます。

①あまり気がむかないけれども，それでもかまわないことを表します。「でも」の意味。発話の意図はその行為以外（例えば，話し手の気を紛らす，聞き手の気をそらすなど）を含意することがあります。

오늘은 정말 심심하다. 화장실 청소나 할까.

今日は本当に退屈だな。トイレ掃除でもやろうかな。

민호야, 나 결국 여자 친구하고 헤어졌어.

——아이구, 울지 말고 술이나 먹어.

ミンホ, ぼくとうとうガールフレンドと別れたよ。

——やれやれ, 泣かないで酒でも飲めよ。

第15課

このU/이나と類似した助詞に라도/이라도 (**第13課§6**) があります。라도/이라도はその行為を目的とすることが含意されます。

배고프지? 지금 밥이 없어. 빵이라도 먹을래?

お腹空いたでしょ。今ご飯が無いのよ。パンでも食べる?

②類似した対象を列挙したり, その中からどれかを選んだりすることを表します。「や, とか, か」の意味。

요즘 나는 휴일에 미술관이나 박물관 등에 간다.

最近私は休日に美術館や博物館などに行く。

이번주 금요일이나 토요일에 만납시다.

今週の金曜日か土曜日に会いましょう。

③「〜나 〜나」と用いて, いずれも同じであることを表します。「〜も〜も, 〜であれ〜であれ」の意味。

고향 풍경은 예나 지금이나 아름답다.

故郷の風景は昔も今も美しい。

이 호텔 레스토랑은 한식이나 일식이나 다 맛이 있다.

このホテルのレストランは韓国料理であれ日本料理であれ皆おいしい。

④量を表す語について, その数量が予想を超えてかなり多いことを表

します。「も」の意味。

길이 너무 막혀서 공항까지 세 시간이나 걸렸다.

道があまりに混んでいて空港まで3時間もかかった。

그 사람은 떡국을 오 인분이나 먹었다.

その人はトックを5人分も食べた。

⑤얼마, 몇とともに疑問文に用いられ，だいたいの数を表します。「くらい」の意味。얼마나（どのくらい，どれくらい）は副詞として用いられています。

이 요리에는 고추를 얼마나 넣습니까?

この料理には唐辛子をどのくらい入れますか。

형제는 몇이나 되지요?

何人兄弟ですか（直訳は，兄弟は何人ほどなるでしょうか）。

그 파티에는 몇 명이나 왔을까?

そのパーティーには何名くらい来ただろうか。

⑥疑問詞について叙述文で用いられ，ある事柄に関しては特に何の条件もつけずにそうであることを表します。「でも」の意味。

나는 언제나 아침 여섯 시에 일어납니다.

私はいつも朝6時に起きます。

누구나 그 사실을 압니다.

誰でもその事実を知っています。

疑問詞に라도/이라도のついた語もこれと似た意味を表しますが，何らかの条件が含意されます。例えば，下例の언제라도（いつでも）は，電話する時間は「午前中，昼休み，午後1時，2時……」といったいずれの条件においてもかまわないことを表します。「であっても」の意味。

내일 몇 시에 전화하면 돼요?——언제라도 괜찮아요.

明日何時に電話すればいいですか。――いつでもかまいません。

누구라도 좋으니까 꼭 데리고 오세요.

誰でもいいですから必ず連れて来て下さい。

⑦⑥の「疑問詞＋나/이나」に似た意味を表す語に，冠形詞아무（どんな，何の）を用いた아무 거나（何でも），아무 데나（どこでも），아무 때나（いつでも）があります。

아무は助詞도とともに否定を表す文に用いられると全否定を表します。なお，아무도の아무は代名詞で「誰」の意味です。

아무도 없다. /아무 것도 없다.　　誰もいない。/何も無い。

아무 것도 안 샀어요.　　何も買いませんでした。

아무 말도 하지 마.　　何も言うな。

第15課

§3　ㅅ（시옷）変則用言

ㅅ変則用言は으，어で始まる語尾・接尾辞が続くとき，終声のㅅが脱落します。으，어は語尾・接尾辞の一部として残り，ㅅの脱落した語幹と縮約することはありません。母音語幹の用言との違いに注意しましょう。語幹末音節に終声ㅅを持つ形容詞はㅅ変則用言の낫다（より良い，ましだ）だけです。ここでは잇다（つなぐ）を例にあげて見てみましょう。

①ㅅ直接接続→ㅅ	②ㅅ－으→Ø－으	③ㅅ－어→Ø－어
잇－고 →잇고（つないで）	잇－으면 →이으면（つなげば）	잇－어요 →이어요（つなぎます）

	基本形	－고（～て）	－(으)면（～ば）	해요体
正則	벗다（脱ぐ）	벗고	벗으면	벗어요
ㅅ変則	짓다（作る）	짓고	지으면	지어요
母音語幹	지다(負ける)	지고	지면	져요

語彙リスト15：正則用言とㅅ変則用言

正則	벗다（脱ぐ），비웃다（あざ笑う），빗다（(髪を）とかす），빼앗다（奪う），솟다（そびえる，わき出る），씻다（洗う），웃다（笑う）
ㅅ変則	긋다((線を)引く)，낫다(治る)，붓다(腫れる)，붓다(注ぐ)，잇다（つなぐ，続ける），젓다（かき混ぜる，こぐ），짓다（作る，建てる）；낫다（より良い，ましだ）

§4　-게

-게は動詞，形容詞，存在詞について副詞的な用法を持たせる語尾です。「～ように，～く，～に」の意味で，変化の方向を表します。この-게のついた形を副詞形と呼びます。

사다（買う）　→사게（買うように）
울지 않다（泣かない）→울지 않게（泣かないように）
안 만나다（会わない）→안 만나게（会わないように）
크다（大きい）　→크게（大きく）
어떻다（どうだ）　→어떻게（どう，どのように）
정확하다（正確だ）　→정확하게（正確に）
재미있다（面白い）　→재미있게（面白く）

§5　-게 하다

-게 하다は動詞について使役を表します。形容詞につくと，そのような状況にすることを表します。存在詞につくときはそのどちらの意味もあり得ます。

그 사람은 우리를 한 시간이나 기다리게 했다.
　その人は私たちを1時間も待たせた。
부엌을 구석구석까지 깨끗하게 했다.
　台所を隅々まできれいにした。

오늘은 하루종일 아이들을 집에 있게 했다.

今日は一日中子供たちを家にいさせた。

그 선생님은 언제나 우리를 재미있게 해 주셨다.

その先生はいつも私たちを楽しませて（直訳は，面白くして）下さった。

なお，使役を表す語には시키다（させる）があります。動作を表す名詞に直接ついて，接尾辞としても用いられます。

아이에게 공부를 시킨다/공부시킨다.

子供に勉強をさせる/勉強させる。

§6　-게 되다

-게 되다は動詞と存在詞について，そのような状況になることを表します。

저희들은 다음달에 결혼하게 되었습니다.

私たちは来月結婚することになりました。

어느 사이에 나는 그 친구와 같이 있게 됐어요.

いつの間にか私はその友だちといっしょにいるようになりました。

「가/이 어떻게 되다」は名前や年齢などを尋ねるときによく用いられます。「～はどのようになりますか」と婉曲に尋ねることで丁寧な表現になります。

실례지만 연세가 어떻게 되십니까?

失礼ですがおいくつでいらっしゃいますか。

성함이 어떻게 되세요?　　お名前は何とおっしゃいますか。

전화 번호가 어떻게 됩니까?　電話番号は何番ですか。

§7　-어지다

-어지다は形容詞について，そのような状況になることを表す自動詞を作ります。지다は「(ある現象・状態に)なる」という意味の動詞で，-어지다では補助動詞として用いられています。-어と지다を分かち書きしない点に注意して下さい。なお，지다を接尾辞と見なすこともあります。-어지다はまた存在詞にもつき得ます。

좋다（良い）　　　→좋아지다（良くなる）
나쁘다（悪い）　　→나빠지다（悪くなる）
많다（多い）　　　→많아지다（多くなる）
적다（少ない）　　→적어지다（少なくなる）
재미있다（面白い）→재미있어지다（面白くなる）
없다（ない，いない）→없어지다（なくなる，いなくなる）

§8　-도록

-도록は「～ように」の意味を表す語尾です。-도록 하다の形でも用いられます。-게（本課**§4**）が変化の方向を示すのに対し，-도록は変化がその方向に進むよう，行為者が意図的にある行為を行うことを含意します。

그 아이는 어머니의 병이 빨리 낫도록 열심히 기도했다.
　その子は母親の病気が早く治るように一心に祈った。
이번 시합에서 꼭 우승하도록 최선을 다하겠습니다.
　今度の試合で必ず優勝するように最善を尽くします。
오늘 중으로 보고서를 제출하도록 하십시오.
　今日中に報告書を提出するようにして下さい。
손님들이 지루하지 않도록 음악을 틀었습니다.
　お客様たちがつまらなくないように音楽をかけました。

§9　-(으)면서

-(으)면서は「～ながら，～とともに，～くてなおかつ」(同時)，「～ながら，～のに」(逆接) といった意味を表す語尾です。逆接は「～くせに」のような批判や皮肉を表すこともあります。-었-につくと逆接の意味になります。指定詞についた이면서は母音で終る名詞の後で이が省略されることがあります。

	基本形	語幹	語尾	語幹+語尾
母音語幹	보다 (見る)	보-	-면서	보면서 (見ながら)
ㄹ語幹	놀다 (遊ぶ)	놀-		놀면서 (遊びながら)
子音語幹	먹다 (食べる)	먹-	-으면서	먹으면서 (食べながら)

그들은 차를 마시면서 이야기했다. (同時)

彼らはお茶を飲みながら話した。

한복은 아름다우면서 편합니다. (同時)

韓服は美しくて着やすいです。

자기도 힘들면서 친구 걱정만 한다. (逆接)

自分も大変なのに友だちの心配ばかりする。

운전면허증을 땄으면서 왜 운전을 안 해요? (逆接) (批判，皮肉)

運転免許証を取ったくせにどうして運転をしないんですか。

-(으)면서はある期間に起きたことを表すこともあります。「～するときに，～しているときに」の意味です。

제 아내는 대학교를 다니면서 만났습니다.

私の妻は (私が) 大学に通っているときに出会いました。

◉コラム11　-(으)면と-(으)니까◉

-(으)면と-(으)니까はどちらも「～すると，～したら」といった，あることを機に何らかの事柄が起こる意味を表すことがあります。この意味を表す-(으)면の後には一般的で客観的な事柄（誰でもたいていそうだ），-(으)니까の後には個人的で主観的な事柄（個人の特定の場合においてそうだ）が続く傾向があります。

결혼하면 집에 빨리 가게 된다.

（誰でも）結婚すると家に早く帰るようになる。

결혼하니까 어때요? 행복하죠?

結婚生活はどうですか（直訳は，（あなたは）結婚したら，（生活は）どうですか）。幸せでしょう。

【応用読解の単語】

사회	〈社会〉	부모	〈父母〉親
유교	〈儒教〉	영향	〈影響〉
사상	〈思想〉	그래서 그런지	そのせいか
강하다	〈強―〉強い	주름	しわ
남다	残る	독해	〈読解〉
예를 들어	〈例―〉例をあげると，例えば	끝내다	終える
		효도	〈孝道〉親孝行

応用読解 82

한국 사회에는 유교 사상이 지금도 강하게 남아 있다. 예를 들어, 한국 드라마를 보면 부모가 꼭 나와 아들이나 딸에게 영향을 많이 준다. 그리고 아이들은 부모에게 존경어를 쓴다. 그래서 그런지 한국어를 배우면 부모님 생각을 많이 하게 된다. 우리 부모님은 지금 무엇을 하고 계실까? 건강하게 잘 계실까? 주름이 얼마나 많아지셨을까? 이 독해를 끝내면 오래간만에 시골에 전화라도 해 보자. 이처럼 한국어는 나에게 효도의 뜻을 생각하게 해 준다.	韓国社会には儒教思想が今も強く残っている。例えば，韓国のドラマを見ると親が必ず出てきて，息子や娘に影響をたくさん与える。そして子供たちは親に尊敬語を使う。そのせいか，韓国語を学ぶと親のことをたくさん考えるようになる。 うちの親は今何をしているだろうか。健康で元気にいるだろうか。しわがどれほど増えただろうか。この読解を終えたら久しぶりに田舎に電話でもしてみよう。 このように韓国語は私に親孝行の意味を考えさせてくれる。

【練習問題】

韓国語に訳しなさい。文体の指定がないときは適切な文体を합니다体あるいは한다体から選んで書きなさい。

1. 처럼

①その看護師はお母さんのように優しかった。(간호사〈看護師〉, 다정하다〈多情―〉)

②明洞の夜は昼のように明るいです。

③マイケルさんは中国人のように中国語が上手です。(마이클, 중국 사람〈中国―〉)

④この建物はその建物ほど高くはありません。(높다)

2. 나/이나

①雑誌を見に本屋でも行こうかと思う。(서점〈書店〉)

②私たちは冬にスキーやスケートをする。(스키, 스케이트, 타다)
③最近は男性も女性もみな美容室に通う。(미용실〈美容室〉)
④学生のときより10キロも太った。(킬로) (肉がつく, と訳す) (살, 찌다)
⑤ソウルから平壌まで飛行機で何時間くらいかかるだろうか。(평양〈平壤〉)
⑥今は誰でも携帯電話を持ち歩く。(가지고 다니다)

3. ㅅ変則用言

①風邪がほとんど治りました。(거의, 낫다)
②コップに水を注いで下さい。(붓다) (-어 주세요を用いて)
③公園の前に家を建てました。(짓다)
④お嬢さんが鏡を見て微笑みました。(아가씨, 거울) (微笑を作る, と訳す) (짓다)
⑤この計画がその計画よりはるかにましです。(낫다) (해요体で)

4. -게

①私たち一行は予定より遅く出発した。(일행〈一行〉, 예정〈予定〉)
②子供たちがすごくうるさく騒いだ。(굉장히〈宏壮—〉, 시끄럽다)
③そんなに心配しないで下さい。(걱정하다) (-(으)세요を用いて)
④プレゼントをありがたくいただきました。(받다)
⑤おばさんがサムゲタンをおいしく作ってくれた。(아주머니, 삼계탕〈蔘鶏湯〉)
⑥中身が見えないように包みました。(내용물〈内容物〉, 싸다)

5. -게 하다

①私は息子にテコンドーを習わせた。(태권도〈跆拳道〉)
②妻は夫にタバコをやめさせた。(남편〈男便〉, 끊다)
③お待たせして申し訳ありません。(죄송하다〈罪悚—〉) (-어서を用いて)
④テレビの音を大きくして下さい。(텔레비전) (-(으)세요を用いて)

6. -게 되다

①私たちは済州島で結婚式を挙げることになりました。(올리다)

②その子は母親の気持ちを理解するようになった。(이해하다〈理解—〉)

③友だちの紹介でコンビニで働くようになった。(소개〈紹介〉)

④大学に入学すると大部分の学生たちがサークルに入るようになる。(입학하다〈入学—〉, 대부분〈大部分〉, 동아리)

⑤メールアドレスを教えて下さい。(메일 주소)〈—住所〉(～がどのようになるか, と訳す)(尊敬形にして, 해요体で)

⑥最近その学生は遅刻しなくなった。(지각하다〈遅刻—〉)

7. -어지다

①先週から天気が急に寒くなりました。(지난주〈—週〉)

②肉と野菜の値段が2倍くらい高くなりました。(고기, 배〈倍〉, 정도〈程度〉)(固有語の数詞を用いて)

③そのニュースを聞き, うれしくて表情が明るくなった。(뉴스, 기쁘다)(「聞き」は-고,「うれしくて」は-어서を用いて)

④お酒を飲んで顔が赤くなった。(빨갛다)(-어서を用いて)

⑤都会にトンボがいなくなった。(도시〈都市〉, 잠자리)

8. -도록

①荷物が明日届くように送った。

②床をきれいに磨くように頼んだ。(바닥, 닦다, 부탁하다〈付託—〉)

③消化がよくできるようにしっかり噛んで食べます。(소화〈消化〉, 잘되다, 꼭꼭, 씹다 (正則))(-어を用いて)(해요体で)

④毎日10分でも韓国語のニュースを聞くようにしている。

⑤会議に遅れないように来て下さい。(-(으)세요を用いて)

⑥時間を浪費しないよう, 前もって計画を立てて下さい。(낭비하다〈浪費—〉, 미리, 세우다)(-(으)세요を用いて)

9. -(으)면서

①私たちは助け合いながら暮らしている。(お互いに助ける, と訳す)

第15課

(서로)

②今日は曇りですが，一日中暑いでしょう。(天気が曇っていながら，と訳す)(흐리다)(-겠-を用いて)

③恋人がいながら合コンをやるの?(미팅)(-니を用いて)

④その人は主婦でありながら発明家である。(주부〈主婦〉，발명가〈発明家〉)

⑤人々は連休が始まると同時に海外旅行に出発した。(연휴〈連休〉，해외〈海外〉)(を発つ，と訳す)(떠나다)

第15課のエッセンス

처럼(のように)は比喩や同程度であることを表す助詞である。나/이나(でも)は気がむかないがそれでもかまわないことを表したり，類似した対象を列挙するなどの用法を持つ助詞である。ㅅ変則用言は으，어で始まる語尾・接尾辞が続くとき，終声のㅅが脱落する。語幹末音節に終声ㅅを持つ形容詞は낫다(より良い)(ㅅ変則)だけである。-게は副詞形を作る語尾で，-게 하다((動詞)ようにする，(形容詞)くする)，-게 되다((動詞)ようになる)としても用いられる。-어지다は形容詞について，そのような状況になることを表す。-도록は「～ように」の意味の語尾である。-(으)면서は「～ながら，～とともに」(同時)，「～ながら，～のに」(逆接)の意味を表す語尾である。

第16課 (제십육과)

저도 라면을 아주 좋아해요.

83

① 쓰요시 : 서영 씨가 제일 좋아하는 일본 음식은 뭐예요?

② 서영 : 초밥이나 생선회 같은 것도 좋아하지만 라면도 좋아해요.

③ 쓰요시 : 저랑 똑같네요. 저도 라면을 아주 좋아해요. 그런데 서영 씨는 집에서도 만들어 먹어요?

④ 서영 : 네. 아침하고 저녁은 집에서 먹어요.

⑤ 쓰요시 : 그래요? 저도 음식을 만들기는 하는데 설거지하기 귀찮아서 밖에서 많이 사먹어요. 참, 시부야에 싸고 맛있는 라면집이 있어요. 이번 주말에 같이 안 갈래요? 제가 사줄게요.

⑥ 서영 : 고마워요. 저도 가고 싶은데 주말에는 언니랑 가마쿠라에 가기로 했어요.

【単語】

제일	〈第一〉一番	좋아하지만	好きだけど
좋아하다	(～를/을) (～が) 好きだ, 好む	라면	〈拉麵〉ラーメン
		랑	と
초밥	〈醋―〉すし	똑같다	まったく同じだ
생선회	〈生鮮膾〉魚の刺身	똑같네요	まったく同じですね
같은	みたいな, のような	그런데	ところで, だけど, でも

아침	朝食	참	(急に思い出して) あっ, そうだ, そうそう
저녁	夕食	라면집	[-찝]〈拉麺―〉ラーメン屋
만들기는 하는데	作ることは作るが	사주다	おごる, 買ってあげる
설거지하다	食後の後片づけをする, 皿洗いする	사줄게요	[사줄께요] おごりますから
귀찮다	面倒だ	먹는 것보다	食べる (こと) より
하기 귀찮다	するのが面倒だ	가고 싶다	行きたい
사먹다	(食堂で) お金を払って食べる	가마쿠라	鎌倉

【日本語訳】

①ツヨシ：ソヨンさんが一番好きな日本料理は何ですか。

②ソヨン：おすしとか魚の刺身みたいなものも好きですけど, ラーメンも好きです。

③ツヨシ：私とまったく同じですね。私もラーメンが大好きです。ところでソヨンさんは家でも作って食べますか。

④ソヨン：ええ。朝食と夕食は家で食べます。

⑤ツヨシ：そうですか。私も料理を作ることは作りますが, 後片付けするのが面倒で, よく外食します。そうだ, 渋谷に安くておいしいラーメン屋さんがあります。今週の週末にいっしょに行きませんか。私がおごりますから。

⑥ソヨン：ありがとうございます。私も行きたいですが, 週末にはお姉さんと鎌倉に行くことにしたんです。

語彙リスト16：色に関する言葉

色	形容詞	名詞	～色	色	形容詞	名詞	～色
黒	까맣다	까망	까만색	緑	—	—	녹색, 초록색
	검다	검정	검은색	茶	—	—	갈색
白	하얗다	하양	하얀색	紫	—	—	보라색
	희다	—	흰색	ピンク	—	핑크	핑크색, 분홍색
赤	빨갛다	빨강	빨간색	だいだい	—	—	주황색
	붉다	—	붉은색	朱	—	—	주색
青	파랗다	파랑	파란색	紺	—	—	감색
	푸르다	—	푸른색	灰	—	—	회색
黄	노랗다	노랑	노란색	金	—	—	금색
	누르다	—	누른색	銀	—	—	은색

※검정색（黒色）のように名詞に색（色）をつけて用いることもある。

【解　説】

§1　랑/이랑

랑/이랑は「と」の意味の助詞で，랑は母音で終る名詞，이랑は子音で終る名詞につきます。親しみが感じられる表現であり，主に話し言葉で用いられます。「～と～と」というとき，2番目の名詞にもつきます（**第9課§3**）。

바지랑 치마　　ズボンとスカート
손이랑 발　　手と足
엄마랑 아빠랑　　ママとパパと
육개장이랑 국밥이랑　　ユッケジャンとクッパと

§2　-지만

-지만は「～するが，～だが」といった逆接を表す語尾です。-었-，-

겠-の後にもつきます。指定詞についた이지만は母音で終る名詞の後で이が省略されることがあります。

눈이 오지만 별로 춥지 않다. 雪が降っているがあまり寒くない。

그 사람은 배우지만 노래도 잘한다. その人は俳優だが歌も上手だ。

여기서 역까지는 좀 멀지만 걸어갑시다.

ここから駅まではちょっと遠いですが歩いて行きましょう。

며칠 전에 메일을 보냈지만 아직 답장이 없어요.

数日前にメールを送りましたがまだ返事がありません。

드셔 보시면 아시겠지만 이것은 술이 아닙니다.

お飲みになってみればお分かりでしょうが，これはお酒ではありません。

逆接を表す表現には他に-ㅂ니다/-습니다に助詞만（が）をつけた-ㅂ니다만/-습니다만（～しますが，～ですが）があります。

죄송합니다만 잠시만 기다려 주시겠습니까?

申し訳ございませんが，しばらくお待ち下さいますか。

성의는 고맙습니다만 사양하겠습니다.

お心はありがたいのですが，ご遠慮いたします。

§3　-(으)ㄹ게

-(으)ㄹ게は意志を表わす動詞や있다（いる）について用いられる해体の語尾です。ㄹ게の発音は［ㄹ께］です。話し手がそうすることを聞き手に約束したり，単に知らせたりするときに用いられ，「～するよ，～するね，～するからね」といった意味を表します。助詞요をつけ，-(으)ㄹ게요のように해요体でも用いられます。

	基本形	語幹	語尾	語幹+語尾
母音語幹	가다（行く）	가-	-ㄹ게	갈게（行くよ）
ㄹ語幹	팔다（売る）	팔-→파-		팔게（売るよ）
子音語幹	먹다（食べる）	먹-	-을게	먹을게（食べるよ）

約束するときは聞き手のためになることを述べるのが普通です。また，主体が話し手のときだけ用いられます。そのため，내가（私が），제가（私が）のような主語が現れなくとも，主体は話し手だと判断されます。

내가 커피를 맛있게 타 줄게.

私がコーヒーをおいしく入れてあげるね。

엄마, 설거지는 제가 할게요. お母さん，皿洗いは私がやりますよ。

알았어. 그럼 내일 아침 일곱 시에 여길 떠날게.

わかった。じゃあ，（私は）明日の朝7時にここを発つよ。

나중에 전화할게요. （私が）後で電話しますからね。

第16課

§4 –네

–네はある事柄に気づいたその場で感嘆を表すときに用います。해体の語尾で,「～するね, ～だな」といった意味を表します。요をつけ, –네요のように해요体でも用いられます。指定詞についた이네は母音で終わる名詞の後で이が省略されることがあります。–었–, –겠–の後にも用いられます。

	基本形	語幹	語尾	語幹+語尾
母音語幹	가다（行く）	가-		가네（行くね）
ㄹ語幹	팔다（売る）	팔-→파-	-네	파네（売るね）
子音語幹	먹다（食べる）	먹-		먹네（食べるね）

이 편의점에서는 감기약도 파네.

　このコンビニでは風邪薬も売ってるね。

어, 벌써 점심 시간이네. おや，もうお昼の時間だな。

한국말 잘하시네요. ——아뇨, 아직 멀었어요.

　韓国語，お上手ですね。——いいえ，まだまだです。

어머, 기무라 씨, 오늘은 일찍 왔네요.

　まあ，木村さん，今日は早く来ましたね。

ㄱ:이 김치 맛있겠네요.　ㄱ: このキムチ，おいしそうですね。

ㄴ:드셔 보세요.　ㄴ: 召し上がってみて下さい。

ㄱ:네. ……와! 참 맛있네요.　ㄱ: ええ。……わ!　本当においしいですね。

§5　-어하다

-어하다は主に感情を表す形容詞と存在詞について他動詞を作ります。このときの하다は補助動詞です。-어と하다は分かち書きしないので注意して下さい。

좋다（良い，好きだ）→ 좋아하다（好む，好きだ）
싫다（嫌だ，嫌いだ）→ 싫어하다（嫌う，嫌がる，嫌いだ）
기쁘다（うれしい）→ 기뻐하다（うれしがる，喜ぶ）
즐겁다（楽しい）→ 즐거워하다（うれしがる，楽しそうにする）
슬프다（悲しい）→ 슬퍼하다（悲しむ，悲しがる）
무섭다（怖い）→ 무서워하다（怖がる，恐れる）
재미있다（面白い）→ 재미있어하다（面白がる）

§6　-고 싶다

語尾-고（**第11課§7**）と補助形容詞싶다とからなり，「～したい」といった希望を表します。他動詞につくときは助詞를/을（を）をそのまま用います。まれに가/이（が）を用いることもあります。否定形は-고 싶

지 않다で表しますが，話し言葉では안を用いることもあります。また，急にそうしたくなったことを-고 싶다で表すこともあります。

서울에 가면 경복궁을 구경하고 싶습니다.

ソウルに行ったら景福宮を見物したいです。

뭐니뭐니 해도 세계 여행을 하고 싶다.

なんといっても世界旅行がしたい。

저는 한국에 살고 싶어요. 私は韓国に住みたいです。

역시 그것이 알고 싶다. やはりそれが知りたい。

오늘은 술을 마시고 싶지 않다. /안 마시고 싶다.

今日は酒が飲みたくない。

갑자기 엄마 목소리를 듣고 싶어요.

急にお母さんの声が聞きたくなりました。

-어하다（本課§5）をつけて-고 싶어하다とすると，第三者が何らかの行動をしたがっていることを表します。

윤아 씨는 도쿄에 살고 싶어해요.

ユナさんは東京に住みたがっています。

아이들이 밖에 나가고 싶어한다.

子供たちは外に出たがっている。

ある事柄がそうなることを望むときは-면 좋겠다（～すればいいのに），-었으면 좋겠다（～したらいいのに）を用います。-면 좋겠다は望めば実現する可能性があるとき，-었으면 좋겠다は望んでも実現する可能性が低いときに用いる傾向があります。-었으면 좋겠다は実現の可能性が低い分，より強く望むことを含意します。

그림 엽서라도 보내 주면 좋겠어요.

絵葉書でも送ってくれればいいのですが。

빨리 여름 방학이 되었으면 좋겠다.

早く夏休みになったらいいのに。

이 선물이 마음에 들었으면 좋겠습니다.

このプレゼントが気に入ってくれたらいいのですが。

§7 -는と-(으)ㄴ

用言が体言の前に置かれて，その体言を修飾する形を冠形詞形といいます。体言に連なる形なので連体形とも呼びます。-는と-(으)ㄴは冠形詞形を作る語尾です。

-는は動詞と存在詞について，現在の動作（する，している）や状態（いる，ある）を表します。これはその事柄が既に確定しており，話し手はその事柄通りに描写することを含意します。

		基本形	語幹	語尾	冠形詞形
動詞	母音語幹	가다 (行く)	가-	-는	가는 (行く～)
	ㄹ語幹	팔다 (売る)	팔-→파-		파는 (売る～)
	子音語幹	먹다 (食べる)	먹-		먹는 (食べる～)
存在詞		있다 (いる，ある)	있-		있는 (いる～，ある～)

바다에 가는 날　　海に行く日

방에 있는 사람　　(있는［인는］) 部屋にいる人

여기에 없는 것　　(없는［엄는］) ここに無いもの

冠形詞形の後には依存名詞の것がしばしば用いられます。것の後につく助詞によっては것をいちいち訳さないこともありますので注意して下さい。

하는 것（すること），하는 것이（することが），하는 것을（する

ことを)，하는 것은（することは)，하는 것만（することだけ)，하는 것보다（する（こと）より)，하는 것처럼（する（ことの）ように）など

-(으)ㄴは形容詞と指定詞について，現在の状態を表します。指定詞についた인は母音で終る名詞の後でも이は省略されません。인は「の」と訳し得ますが，これは同格（である～）であって，所有を表す助詞の의（の）とは用法が異なります。また-(으)ㄴは動詞につくと過去の冠形詞形を作ります。ある動作や行為を行い，その結果が今も残っている状態を表します。形容詞，指定詞，動詞のいずれにおいても現在の状態を表しますので，-(으)ㄴもまた事柄をその通りに描写する語尾です。

		基本形	語幹	語尾	冠形詞形
動詞	母音語幹	가다 (行く)	가-	-ㄴ	간 (行った～)
	ㄹ語幹	팔다 (売る)	팔-→파-		판 (売った～)
	子音語幹	먹다 (食べる)	먹-	-은	먹은 (食べた～)
形容詞	母音語幹	크다 (大きい)	크-	-ㄴ	큰 (大きい～)
	ㄹ語幹	멀다 (遠い)	멀-→머-		먼 (遠い～)
	子音語幹	작다 (小さい)	작-	-은	작은 (小さい～)
指定詞		이다 (だ)	이-	-ㄴ	인 (である～，の～)

집을 판 사람　　家を売った人
큰 소와 작은 닭　　大きい牛と小さい鶏

한국의 수도인 서울　　韓国の首都の（＝である）ソウル
공무원인 사람　　　　公務員の（＝である）人
회사원이 아닌 사람　　会社員ではない人

2つの用言が-고でつながって後の体言を修飾することもあります。同類の用言がつながっているときは2つの用言が1つの体言を同時に修飾するように解釈しますが，相反する用言がつながっているときは別々に修飾するように解釈します。

크고 강한 나라　　　大きくて強い国
덥고 추운 날씨　　　暑い天気と寒い天気
타고 내리는 사람　　乗る人と降りる人，乗り降りする人

-(으)ㄴは存在詞にはほとんどつきません。ただし，있다（ある）が뒤（後），후（後），직후（直後）などの名詞の前に置かれるときは-(으)ㄴがつき得ます。

교통 사고가 있은 뒤/후/직후/한 시간 후
　交通事故があった後/後/直後/1時間後

指示を表す語の現在の冠形詞形は次の通りです。어떤は「どんな」の意味以外に，不定の「ある～」の意味も表します。

動詞	이러는 (こうする～)	그러는 (そうする～)	저러는 (ああする～)	어떡하는 (どうする～)
形容詞	이런 (こんな)	그런 (そんな)	저런 (あんな)	어떤 (どんな，ある～)

ところで，관하다（関する），대하다（対する），의하다（よる），위하다（(目的の意）ためだ）は終結形ではほとんど用いられず，連結形（～하여/해/해서）あるいは冠形詞形（～한）で用いられます。관하다，대하다，의하다の伴う助詞は事物や人を問わず에を，위하다は를/을を

伴います。なお，있다もこれらに類した句に用いられます。助詞は에と에게を使い分けます。

에 관해서（に関して）　　에 관한（に関する～）
에 대해서（に対して）　　에 대한（に対する～）
에 의해서（によって）　　에 의한（による～）
를/을 위해서（のために）　　를/을 위한（のための～）
에 있어서（において）　　에 있어서의（における～）
에게 있어서（(人) にとって）　　에게 있어서의（(人) にとっての～）

第16課

§8　-는데と-(으)ㄴ데

-는데と-(으)ㄴ데は「～するが，～だが」といった意味を表す連結語尾です。逆接以外に前置きも表します。また文末では해体の終結語尾としても用いられます。助詞요をつけ，해요体でも用います。-는데は動詞，存在詞，さらに-었-，-겠-の後にもつきます。-(으)ㄴ데は形容詞と指定詞の後につきます。

가는데（行くが）	했는데（したが）	큰데（大きいが）
아는데（分かるが）	하겠는데（やるが）	먼데（遠いが）
먹는데（食べるが）		작은데（小さいが）
있는데（いるが，あるが）		봄인데（春だが）

아까 감기약을 먹었는데 아직도 열이 있다.（連結語尾・逆接）
　さっき風邪薬を飲んだが，まだ熱がある。
지금 시장에 가는데 사고 싶은 게 있어?（連結語尾・前置き）
　今から市場に行くんだけど，買いたいものある?
이 반찬 좀 짠데.（終結語尾）
　このおかず，ちょっとしょっぱいけど。
그것은 사토 씨 안경이 아닌데요.（終結語尾）
　それは佐藤さんのメガネではないのですが。

§9　-기

-기は用言を体言化する語尾です。このように体言として用いられる用言の形を体言形といいます。

읽다, 쓰다, 듣다, 말하다（読む，書く，聞く，話す）

→읽기［일끼］, 쓰기, 듣기, 말하기（読み，書き，聞き，話し）

받아쓰다（書き取る）→받아쓰기（書き取り，ディクテーション）

크다（大きい）→크기（大きさ）

굵다（太い）→굵기［굴끼］（太さ）

-기はまた他の語とともに慣用的な句をなします。よく用いるものをあげておきます。

-기 쉽다（～しやすい），-기 좋다（～し良い，～しやすい），-기 어렵다（～しにくい），-기 힘들다（～しにくい），-기 싫다（～したくない），-기 귀찮다（～するのが面倒だ），-기 시작하다（～し始める），-기 위해서（～するために），-기 위한（～するための～），-기 때문에（～するので），-기 전에（～する前に），-기로 하다（～することにする），-기는 -다（～することはする）など

「-기는 -다」は前後に同じ用言を繰り返し用います。また後の用言を하다で代用することもあります。この하다は-기는が動詞につくときは動詞として扱い，形容詞と指定詞につくときは形容詞として扱います。存在詞につくときは動詞と形容詞との揺れがありますが，叙述形では，下の例のように，形容詞扱いになることが多いようです。

動詞	먹기는 한다.	食べはする。食べることは食べる。
形容詞	크기는 하다.	大きくはある。大きいことは大きい。
存在詞	사람이 있기는 하다.	人がいはする。人がいることはいる。
指定詞	학생이기는 하다.	学生ではある。学生なことは学生だ。

なお，-기는は話し言葉でしばしば-긴と省略されます。-기につく助詞は는（は）以外に，도（も），만（だけ，ばかり）などがあります。

-기도 -다（～しもする）　　가기도 한다.（行きもする。）

-기만 -다（～するだけだ）　읽기만 한다.（読むだけである。）

ところで，体言形には他に-(으)ㅁがあります。

이르다（言う）→이름（名前）　죽다（死ぬ）→죽음（死）

지다（負う）→짐（荷物）　즐겁다（楽しい）→즐거움（楽しみ）

얼다（凍る）→얼음（氷）　슬프다（悲しい）→슬픔（悲しみ）

살다（生きる）→삶［삼］（生）

그리다（描く），꾸다（(夢を）見る），자다（寝る），추다（踊る）などは自らの体言形，つまり그림（絵），꿈（夢），잠（眠り），춤（踊り）とともに用います。

그림을 그리다（絵を描く），꿈을 꾸다（夢を見る），잠을 자다（眠る，寝る），춤을 추다（踊る）

-(으)ㅁもまた他の語とともに慣用的な句をなします。

-(으)ㅁ으로써（～することで），-(으)ㅁ으로 해서（～することによって），-(으)ㅁ에도 불구하고（～するにもかかわらず）など

【応用読解の単語】

대도시	〈大都市〉	어떤	ある～
전철	〈電鉄〉電車	취직하다	〈就職―〉就職する
등	背中	실은	〈実―〉実は
올라오다	（都に）のぼる，上京する	처음으로	はじめて
		느긋하게	ゆっくり，のんびり

第16課

맑다	澄んでいる	도심	〈都心〉
새파랗다	(ㅎ変則) 真っ青だ	교단	〈教壇〉
뜨다	浮かぶ		

応用読解 84

대도시에서 일하는 대부분의 사람들은 아침 일찍 일어나서 전철이나 버스를 타고 회사에 가서 밤 늦게 집에 간다. 매일 너무 바빠서 하늘을 보는 것보다 길에서도 회사에서도 앞에 있는 사람들의 등을 보게 된다. 나는 30년전에 도쿄에 올라와 어떤 회사에 취직했다. 실은 내가 도쿄의 하늘을 처음으로 느긋하게 본 것은 그 회사를 그만둔 후이다. 그 때 하늘은 맑고 새파랬다. 하늘에는 크고 작은 구름이 떠 있었고 도심의 공원에는 빨갛고 노란 꽃이 아름답게 피어 있었다. 지금 내 등은 별로 넓지도 않고 힘도 없지만 이런 내 등을 보고 따라와 주는 학생들이 있다. 나는 그들에게 교실에서도 맑고 아름다운 하늘이 보이는 것을 가르쳐 주고 싶어서 오늘도 교단에 서 있다.	大都市で働く大部分の人たちは朝早く起きて電車やバスに乗って会社へ行き，夜遅く家に帰る。毎日とても忙しいので空を見るより，道でも会社でも前にいる人たちの背中を見るようになる。 私は30年前に上京して，ある会社に就職した。実は私が東京の空をはじめてゆっくり見たのはその会社を辞めた後である。そのとき空は澄んで真っ青だった。空には大小の雲が浮かんでおり，都心の公園には赤や黄色の花が美しく咲いていた。 今私の背中はたいして広くもないし力も無いが，こんな私の背中を見てついて来てくれる学生たちがいる。私は彼らに教室からも澄んで美しい空が見えることを教えてあげたくて今日も教壇に立っている。

【練習問題】

韓国語に訳しなさい。

1. 랑/이랑

①今日はボーイフレンドといっしょにテニスをしました。(남자 친구〈男子親旧〉, 테니스, 치다)

②ラーメンとのり巻を頼みました。(시키다)

③それとこれと何が違いますか。(그거, 이거, 뭐가)(해요体で)

④君とぼくは友だちだよ。(君とぼくと, と訳す)(해体で)

2. -지만

①毎日運動しますがなかなかやせません。(肉が減る, と訳す)(살, 빠지다)

②この子はまだ幼いですが, お母さんのお手伝いをします。(어리다)(お母さんを手伝ってあげる, と訳す)

③今そのカバンが流行していますが, 私はあまり気に入りません。(유행하다〈流行—〉)

④失礼ですが, 窓をちょっと開けて下さいますか。(실례〈失礼〉)(-(으)시겠습니까を用いて)

⑤悪いけど, 1万ウォンだけ貸してくれる? (すまないが, と訳す)(-ㄹ래を用いて)

⑥汽車が駅に着きましたが, 誰も降りませんでした。(기차〈汽車〉)

3 .-ㅂ니다만/-습니다만

①この店ではワイシャツは売りますが, Tシャツは売りません。(와이셔츠, 티셔츠)

②そのときソウルは朝でしたが, ロンドンは夜でした。(런던)

4. -(으)ㄹ게

①明日はこのバス停の前で待ってるからね。(정류장〈停留場〉)(待つ, と訳す)

②肩, 痛いでしょ。(-지を用いて)　赤ちゃんはぼくがおんぶする

第16課

よ。(업다)

③飛行機のチケットは私が予約いたしますよ。(예약〈予約〉)(してさしあげる，と訳す)

5. -네

①これ飲んでみて。(해体で)——うん。 わ! すごく甘いね。(응, 되게)

②もう3歳なの? (벌써)(해体で) すごく大きくなったね。(많이)

③あら，財布に千ウォン札しか無いわね。(짜리)

④運動場では子供たちが野球をしていますね。(운동장〈運動場〉，야구〈野球〉)

⑤久しぶりですね。その後，お元気でしたか。(그동안)(안녕하십니까を過去形で表す)

⑥試験科目が多くて大変そうですね。(과목〈科目〉)(-겠-を用いて)

⑦今月は電話料金が20万ウォンにもなったね。(요금〈料金〉, 나오다)

6. -어하다

①息子は昔話を面白がるが，娘はつまらなそうにする。(재미없어하다)

②ユジンさんは何のスポーツが好きですか。(스포츠)

③鈴木さんが学生時代を懐かしがりました。(그리워하다)

7. -고 싶다

①今週の日曜日に釣りをしに海に行きたい。(낚시)

②のどが渇いたので水が飲みたいです。(마르다)(-어서を用いて)

③時間ができれば，私もその講演会に参加したいと思っています。(되다，참석하다〈参席—〉)(〜たい，と訳す)

8. -면/-었으면 좋겠다

①ユミコさんもいっしょに来ればいいのに。

②学校の近くに下宿すればいいのですが。(하숙하다〈下宿—〉)

③一日が25時間だったらいいのに。

④私も恋人ができたらいいのですが。(생기다)

9. -는

①私の趣味は絵を描くことです。(취미〈趣味〉, 것)

②この辺りには服を売る店が多いです。(동네〈洞—〉)

③その計画書には問題があります。どうするのが良いでしょうか(계획서〈計画書〉, 어떡하다)

④雪岳山は韓国の江原道にある山です。(설악산〈雪岳山〉, 강원도〈江原道〉)

10. -(으)ㄴ

①その学生は短い期間に韓国語がとても上達しました。(기간〈期間〉, 한국말〈韓国—〉, 많이, 늘다)

②工場では新しい車を作り, 販売店では新車を売ります。(공장〈工場〉, 새롭다, 판매점〈販売店〉, 새 차〈—車〉)

③図書館には古い本があり, 古本屋には古本があります。(오래되다, 헌책방〈—冊房〉, 헌책〈—冊〉)

④私は佐藤さんと同じ高校を卒業しました。(같다)

⑤この店は満員です。違う店に行きましょう。(席が無い, と訳す)(다르다(形容詞))(에を用いて)(-(으)ㅂ시다を用いて)

11. -는데と-(으)ㄴ데

①昨日小包を送ったのですが, お受け取りになりましたか。

②そのスープは塩を入れるとおいしいのですが。(소금)

③私もいっしょに行きたいですが, 明日は時間がありません。

12. -기

①外国語は易しい単語がかえって間違いやすい。(외국어〈外国語〉, 쉽다, 틀리다)(-기 쉽다を用いて)

②犯人は警察が来る前に地下の倉庫に隠れた。(경찰〈警察〉, 지하〈地下〉, 창고〈倉庫〉)

③今日は時間が無いので, 明日会うことにしました。(-기 때문에を用いて)

④ラジオを聞くことは聞きますが，毎日聞きはしません。(-기는 하다を用いて)

第16課のエッセンス

랑/이랑は「と」の意味を表す助詞である。-지만は逆接を表す語尾である。-(으)ㄹ게［ㄹ께］は話し手がそうすることを聞き手に約束したり，単に知らせたりする語尾で，主体が話し手のときだけ用いられる。-네はある事柄に気づいたとき，その場で感嘆を表す語尾である。-어하다は主に感情を表す形容詞と存在詞について他動詞を作る。-고 싶다は「～したい」といった希望を表す。冠形詞形を作る語尾の-는は動詞と存在詞について現在の動作や状態を表し，-(으)ㄴは形容詞と指定詞について現在の状態を表す。-(으)ㄴはまた動詞について過去の冠形詞形を作る。-는데と-(으)ㄴ데は「～するが，～だが」といった意味で，連結語尾と終結語尾として用いられる。-기は用言を体言化する語尾である。体言形には他に-(으)ㅁがある。

第17課 (제십칠과)

마치 한국 사람하고 이야기하는 것 같아요.

85

① 박유진 : 기무라 씨, 오래간만에 만났더니 한국말이 굉장히 늘었네요.

② 기무라 : 아니에요. 아직 멀었어요.

③ 박유진 : 발음이 정말 좋아요. 마치 한국 사람하고 이야기하는 것 같아요.

④ 기무라 : 어휴, 이제 비행기 태우지 마세요. 그렇게 칭찬해도 아무 것도 안 나와요.

⑤ 박유진 : 겸손하시군요. 기무라 씨만큼 열심히 공부하는 학생도 없을 거예요. 뭔가 특별한 공부 비결이 있나요?

⑥ 기무라 : 비결같은 건 별로 없어요. 저는 한국말 공부를 그냥 좋아할 뿐이에요.

【単語】

만났더니	会ったら
굉장히	〈宏壮—〉すごく
늘다	上手になる
한국 사람	〈韓国—〉韓国人
이야기하는 것 같아요	話しているみたいです
어휴	ああ
비행기 태우지 마세요	おだてないで下さい
칭찬하다	〈称賛—〉ほめる
겸손하다	〈謙遜—〉(形容詞) 謙遜している
겸손하시군요	ご謙遜なさっているんですね

만큼	ほど	비결	〈秘訣〉
없을 거예요	いないと思います	그냥	ただ
뭔가	何か	좋아할 뿐이에요	
특별한	〈特別―〉特別な		好きなだけです

【日本語訳】

①パク・ユジン：木村さん，久しぶりに会ったら韓国語がすごく上手になりましたね。

②木村　　　　：いいえ，まだまだですよ。

③パク・ユジン：発音が本当に良いです。まるで韓国人と話しているみたいです。

④木村　　　　：ああ，もう，おだてないで下さい。そんなにほめても何も出ませんよ。

⑤パク・ユジン：謙遜なさっているんですね。木村さんほど熱心に勉強する学生もいないと思います。何か特別な勉強の秘訣があるんですか。

⑥木村　　　　：秘訣のようなものは別にありません。私は韓国語の勉強がただ好きなだけです。

【解　説】

§1　-이-，-히-，-리-，-기-，-우-，-구-，-추-

これらは自動詞を他動詞に変えたり，他動詞を自動詞あるいは受身形や使役形に変えたり，一部の形容詞を他動詞に変えたりする接尾辞です。生産性はなく，つき得る単語が限られています。なお，これらを「이히리기」と総称することがあります。

これらの接尾辞がついた語の語幹末音節には［기］［끼］［키］［치］［피］［니］［리］［ㄹ리］［이］［우］［구］［꾸］［두］［추］が現れます。逆に

言うと，これら以外の音は現れません。

핥다（なめる）と훑다（しごく）に-이-のついた핥이다（なめられる，なめさせる）と훑이다（しごかれる）は口蓋音化が起きて［할치다］［훌치다］と発音されます。신기다（履かせる）はしばしば［신끼다］と発音されます。나다（出る）と바꾸다（かえる）は-이-が語幹末音節の母音に融合し，내다（出す），바뀌다（かわる）となります。

接尾辞	語幹末音節音	語根の特徴	例
-이-	［기］	終声ㄱ	녹다（とける）→녹이다（とかす）
		ㄱ（으語幹）	잠그다（漬ける）→잠기다（漬かる）
	［끼］	終声ㄲ	꺾다（折る）→꺾이다（折れる）
	［니］	終声ㄶ	끊다（切る）→끊이다（途切れる）
	［리］	ㄹ語幹	줄다（減る）→줄이다（減らす）
		終声ㅀ	끓다（沸く）→끓이다（沸かす）
	［이］	ㅏ，ㅗ，ㅡ，ㅣ	쓰다（書く）→쓰이다（書かれる）
		終声ㅎ	놓다（置く）→놓이다（置かれる）
		으（으語幹）	모으다（集める）→모이다（集まる）
	［치］	終声ㅌ，ㄾ	붙다（付く）→붙이다（付ける）
	［피］	終声ㅍ	덮다（覆う）→덮이다（覆われる）
-히-	［치］	終声ㅈ，ㄵ，ㄷ	앉다（座る）→앉히다（座らせる）
	［키］	終声ㄱ，ㄺ	식다（冷める）→식히다（冷ます）
	［피］	終声ㅂ，ㄼ	넓다（広い）→넓히다（広げる）
-리-	［ㄹ리］	ㄹ語幹	알다（知る）→알리다（知らせる）
		ㄷ変則	듣다（聞く）→들리다（聞こえる，聞かせる）
		르変則	부르다（呼ぶ）→불리다（呼ばれる）
		終声ㅀ	꿇다（ひざまずく）→꿇리다（ひざまずかせる）
-기-	［기］	終声ㄴ，ㅁ，ㄻ	남다（残る）→남기다（残す）
	［끼］	終声ㅅ，ㄷ，ㅊ，ㅌ	웃다（笑う）→웃기다（笑わせる）
	［키］	終声ㄶ	끊다（切る）→끊기다（切られる）

-우-	[우]	ㅐ, ㅣ	새다（明ける）→새우다（明かす）
	[두]	終声ㄷ	돋다（のぼる）→돋우다（あげる, 高くする）
-ㅣ우-	[우]	ㅏ, ㅓ, ㅡ	타다（乗る）→태우다（乗せる）
-구-	[꾸]	終声ㄷ, ㅅ[1]	돋다（のぼる）→돋구다（あげる, 高める）
	[구]	終声ㄹ	달다（熱くなる）→달구다（熱する）
-추-	[추]	終声ㄷ[2], ㅈ	낮다（低い）→낮추다（低める）

1）솟다（はね上がる）→솟구다（はね上がらせる）
2）곧다（まっすぐだ）→곧추다（まっすぐにする）

文のレベルでは主に次の4つに分類されます。

①主語が目的語になる。「～が…」→「～を…」

남다（残る）→남기다（残す），맞다（合う）→맞추다（合わせる），밝다（明るい）→밝히다（明らかにする）

②目的語が主語になる。「～を…」→「～が…」

걸다（かける）→걸리다（かかる），닫다（閉める）→닫히다（閉まる），보다（見る）→보이다（見える）

③目的語が主語になり，さらに「（人）に」を表す語がつき得る。「～を…」→「～が（～に）…」

쏘다（撃つ）→쏘이다（撃たれる），빼앗다（奪う）→빼앗기다（奪われる），먹다（食べる）→먹히다（食べられる）

④目的語は変わらないまま，「（人）に」を表す語がつき得る。「～を…」→「～を（～に）…」

읽다（読む）→읽히다（読ませる），먹다（食べる）→먹이다（食べさせる），맡다（引き受ける）→맡기다（任せる）

§2　-이，-히，-리

これらは形容詞について副詞形を作る接尾辞です。-이は存在詞없다にもつきます。-하다を持つ形容詞には-히がつきます。つまり，-하

다には-하게（**第15課§4**）と-히の2つの副詞形があります。ただし，語根の末の終声がㅅのときは-이がつきます。ㄹ語幹と르変則の形容詞には-리がつきます。

-이：많다（多い）→많이（たくさん）
　　같다（同じだ）→같이（いっしょに）
　　깨끗하다（きれいだ）→깨끗이（きれいに）
　　뚜렷하다（明らかだ）→뚜렷이（明らかに）
　　관계없다（関係ない）→관계없이（関係なく）
-히：조용하다（静かだ）→조용히（静かに）
　　천천하다（ゆっくりだ）→천천히（ゆっくり）
-리：멀다（遠い）→멀리（遠く）
　　빠르다（はやい）→빨리（はやく）

第17課

§3　疑問詞＋疑問形語尾

疑問詞に疑問形語尾-(으)ㄴ가（～か）のついた語は副詞となったり，不定的な意味を表したりします。왜（なぜ）と어쩌다（どうだ，どうする）には-(으)ㄴ지（～か）がつきます。なお，어쩐지には「どおりで」の意味もあります（本課**【練習問題】7.** ⑥）。

언젠가（いつか，そのうち），어딘가（どこか），누군가（誰か），뭔가（何か），왠지（なぜか），어쩐지（どうしたことか，なぜか）

-(으)ㄴ지の後には알다（分かる），모르다（分からない），알리다（知らせる）などがしばしば続きます。

스즈키 씨 회사가 어딘지 아세요?
　鈴木さんの会社がどこだかご存知ですか。
뭐가 뭔지 모르겠다．何が何だか分からない。
누가 누군지 잘 모르겠어요．誰が誰だかよく分かりません。

담당자 전화 번호가 몇 번인지 알려 주세요.

担当者の電話番号が何番かお知らせ下さい。

§4　-(으)ㄹ

-(으)ㄹは冠形詞形を作る語尾です。これから起こり得る動作やあり得る状態を表したり，-었-について過去にそうだっただろうと思われることを表します。これはその事柄が現在のところまだ確定しておらず，話し手は自らの推量や判断にもとづいて述べることを含意します。そのため意味には幅があり，推量（~するだろう…，~しただろう…），予定や意図（~するつもりの…），可能性（~できる…），義務（~すべき…）などを表します。

ㄹ語幹においてはㄹが脱落した語幹に-ㄹがつきます。指定詞についた일は母音で終る名詞の後でも이が省略されません。-(으)ㄹの後に来る単語の語頭が平音のときは濃音化が起きるので注意して下さい。また単語が［i］［j］で始まるときは［n］が挿入され，その結果，流音化が起きます（**第5課§4**）。

여행갈 사람［싸람］	旅行に行く（だろう，つもりの）人
놀 데［떼］	遊ぶ（ことのできる）所
할 일［할릴］	やる（べき）こと
볼일［볼릴］	用事（일을 보다（仕事をする）からできた語で，やる（べき）仕事の意）
먹었을 약［-ㄹ략］	飲んだ（であろう）薬

後に来る語彙によっては-(으)ㄹと結びつきやすいものがあります。

생각（考え，つもり），예정（予定），계획（計画），목적（目的），필요（必要），가능성（可能性）など

後に것が来るときは「〜する物，〜すべき物」を表します。また，総称的に「〜物」を表すときも-(으)ㄹを用いることがあります。

버릴 것(捨てる(べき)物), 살 것(買う(べき)物) cf. 買い物(쇼핑)
먹을 것（食べ物），마실 것（飲み物）cf. 毎日飲むもの（＝毎日飲んでいるもの：매일 마시는 것)

§5　-(으)ㄹ 것이다

-(으)ㄹ 것이다[꺼시다]は推量と意志を表します。その事柄が現在まだ確定しておらず，話し手はその事柄の実現を指向します。-겠-（**第10課§6**）と用法が似ていますが，婉曲さは無く，断定を指向する-겠-とはそもそもその指向する先が異なります。

전철이 곧 올 것이다.	電車がまもなく来るだろう。
내 편지를 받았을 것이다.	私の手紙を受け取ったことだろう。
언젠가 꼭 고백할 것이다.	いつかきっと告白するつもりだ。

なお，他の冠形詞形語尾-는，-(으)ㄴ（**第16課§7**）のついた-는 것이다，-(으)ㄴ 것이다もあります。これらはその事柄が既に確定していることだととりたてて述べ，話し手の考えを強調することを表します。

아무도 그 사실을 모르는 것이다.	誰もその事実を知らないのだ。
비가 왔으니까 시원한 것이다.	雨が降ったから涼しいのである。

話し言葉では것이다の것が거となり（**第11課§3**），冠形詞形語尾+겁니다/거예요/거야のように用いられます

§6　-(으)ㄹ 것 같다

-(으)ㄹ 것[껃] 같다は見たり聞いたりしたことを根拠にして，その

第17課

事柄が実現しそうだと判断することを表します。(動詞・存在詞) -는 것 같다と (形容詞・指定詞) -(으)ㄴ 것 같다は現在実現しているようだと判断すること, (動詞) -(으)ㄴ 것 같다は実現したようだと判断することを表します。判断の確実性にはその根拠の信頼度によって幅があり, 「〜 (し) そうだ, 〜ようだ, 〜みたいだ, 〜らしい」などと解釈し得ます。また信頼度の高い根拠であっても, 聞き手に対する配慮などによって断定を避けるとき, これらの表現がしばしば用いられます。

저 개는 아주 무서울 것 같다.　　あの犬はとても怖そうだ。
옆 방에 누가 있는 것 같다.　　隣の部屋に誰かいるようだ。
유리는 벌써 집에 간 것 같다.　　ユリはもう家に帰ったみたいだ。

§7　-(으)ㄹを含む慣用的な句

ここで-(으)ㄹを含む慣用的な句をいくつかあげておきます。また, それらと関連する表現もあわせて見ておきましょう。

-(으)ㄹ 때 (〜するとき), -(으)ㄹ 뿐이다 (〜するだけだ), -(으)ㄹ 만큼 (〜するほど, 〜するくらい)

때 (とき) と뿐 (だけ) は通常-(으)ㄹと結合します。過去の事柄を表すときは-(으)ㄴを用いるのではなく, -었-の後に-(으)ㄹをつけます。

어릴 때/어렸을 때　　幼いとき/幼かったとき
할 뿐이다/했을 뿐이다　　するだけだ/しただけだ

만큼 (ほど, くらい) は-(으)ㄹの他に-는と-(으)ㄴとも結合します。-(으)ㄹ 만큼は程度, -는 만큼 (〜するぶん, 〜するだけに, 〜するので) と-(으)ㄴ 만큼 (〜したぶん, 〜しただけに, 〜したので；〜なぶん,

～なだけに，～なので）は原因や根拠を表します。

앞이 안 보일 만큼 비가 왔다. 前が見えないほど雨が降った。

열심히 연습한 만큼 좋은 결과가 나왔다.

一所懸命練習したぶん，良い結果が現れた。

なお，뿐と만큼は依存名詞ですが，助詞としても用いられます。

남은 것은 그것뿐이다. 残ったのはそれだけだ。

아들은 엄마만큼 키가 크다. 息子はお母さんくらい背が高い。

§8 −더니と−었더니

−더니（～すると思ったら，～したと思ったら，～すると，～したら）と−었더니（～すると，～したら）は話し手が過去の事柄を振り返って述べるときに用いる連結語尾です。その事柄の主体がある動作や行為を行った結果，何らかの変化や発見があることを表します。

−더니と−었더니の違いは話し手の視点の移動と関係があります。−더니は話し手の視点が事柄の主体から移動しないときに用います。

친구가 방으로 들어오더니 갑자기 울기 시작했다.

友だちが部屋に入って来たと思ったら，急に泣き出した。

上の文で話し手の視点は友だちに向けられたままです。このように，話し手はある事柄を見る側に立ちますので，−더니の主体は話し手以外になるのが普通です。

내가 방으로 들어갔더니 친구가 울고 있었다.

私が部屋に入ると，友だちが泣いていた。

−었더니は話し手の視点が前後の文で移動するときに用います。上の文では話し手の視点が私から友だちに移動しています。このように，

話し手自身の行為の結果を表しますので，-었더니の主体は話し手になるのが普通です。ただし，話し手本人の内部的な変化を表すときは視点が本人から移動しなくとも-었더니を用います。

술을 마셨더니 배가 너무 아프다.

(私が) お酒を飲んだら，お腹がすごく痛い。

§9　-는군と-군

ある事柄に気づき，納得した調子で「～するね，～だな」といった感嘆を表す終結語尾です。-는군は動詞に，-군は形容詞，存在詞，指定詞，-었-，-겠-に用いられます。해体の語尾で，요をつけて해요体の語尾としても用いられます。発音は［n］が挿入されて-는군요［는군뇨］，-군요［군뇨］となることが多いようです。-는군と-군は-는구나と-구나の縮約形です。-는구나と-구나は-는군と-군よりもやや深く納得した調子で発せられます。なお，-는구나と-구나は한다体の語尾で，この後には요がつきません。

가는군（行くね）	크군（大きいね）	있군（いるね）	했군（したね）
노는군（遊ぶね）	멀군（遠いね）	봄이군（春だね）	하겠군（やるね）
먹는군（食べるね）	작군（小さいね）		

【応用読解の単語】

바람직하다	望ましい	위로하다	〈慰労―〉慰める
파악하다	〈把握―〉把握する	등등	〈等等〉などなど
조언	〈助言〉	어딘가에	どこかに
적절히	〈適切―〉適切に	확실히	〈確実―〉確実に，確かに
때로는	ときには	바로	まさに
엄격하다［엄껵-］	〈厳格―〉厳しい	마음속	心の中
격려하다	〈激励―〉励ます	스스로	自身，自ら

과	〈課〉	기르다	(르変則) 育てる
몇 번이나	〈一番―〉何度も	결코	〈決―〉決して
집중하다	〈集中―〉集中する	능력	〈能力〉
수고하다	苦労する	뿐만 아니라	だけでなく
어중간하다	〈於中間―〉中途半端だ	길러지다	育てられる
		자	さあ
충분하다	〈充分―〉十分だ，足りる	이제	あと
		뿐	のみ

応用読解

학생에게 있어서 어떤 교사가 가장 바람직할까? 학생의 성격을 잘 파악하여 늘 주언을 적절히 해 주는 교사. 친절할 뿐 아니라 때로는 엄격하고 때로는 격려해 주는 교사. 친구처럼 즐겁고 문법 공부가 어려울 때는 위로해 주는 교사, 등등.	学生にとってどんな教師が最も望ましいだろうか。学生の性格をよく把握し，常に助言を適切に与えてくれる教師。親切なだけでなく，ときには厳しく，ときには励ましてくれる教師。友だちのように楽しく，文法の勉強が難しいときは慰めてくれる教師，などなど。
'그런 교사가 어딘가에 있으면 좋겠는데 어디에도 없을 거야.'	「そんな教師がどこかにいたらいいけど，どこにもいないよ。」
여러분은 그렇게 생각할 것이다. 그러나 확실히 있다. 그것은 바로 여러분 마음속에 있는 당신 스스로이다. 문자와 발음부터 시작해 이 과까지 배워 온 여러분은 마음속의 자신과 몇 번이나 대화를 했을 것이다.	皆さんはそう思うであろう。しかし確かにいる。それはまさに皆さんの心の中にいる，あなた自身である。文字と発音から始め，この課まで学んできた皆さんは心の中の自分と何度も対話をしたことだろう。
'한국어 발음은 생각보다 어렵네.'	「韓国語の発音は思ったより難しいな。」「最

'처음에는 다 그래. 좀 더 힘내자.' '집중했더니 너무 피곤하다.' '오늘은 할 만큼 했군. 수고했어!' '아, 왠지 하기 싫다.' '어중간한 게 제일 안 좋아. 오 분이면 충분하니까 좀 해!' 여러분이 지금까지 길러 온 것은 결코 한국어 능력뿐만 아니라 마음 속의 교사도 길러 온 것이고 그 교사로부터 여러분 자신도 길러진 것이다. 자, 남은 것은 이제 한 과뿐. 같이 마지막 과의 페이지를 열어 보자.	初はみんなそうさ。もう少しがんばろう。」 「集中していたらすごく疲れた。」「今日はやるだけやったね。お疲れ!」 「ああ, なんだかやりたくない。」「中途半端が一番よくないんだよ。5分でいいからちょっとやって!」 皆さんが今まで育ててきたのは決して韓国語の能力だけではなく，心の中の教師も育ててきたのであり，その教師から皆さん自身も育てられたのである。 さあ, 残ったのはあと1課のみ。いっしょに最後の課のページを開いてみよう。

【練習問題】

Ⅰ　韓国語に訳しなさい。

1. 疑問詞＋疑問形語尾

①こんなに天気の良い日にはどこか遊びに行きたい。(이렇게)

②これはどの国の地図かご存知ですか。(지도〈地図〉)

③何となくその歌が気に入った。(왠지)

④誰かが笑う声が聞こえてきた。

⑤私はいつか韓国の大学に留学したい。(留学行く，と訳す)

2. -(으)ㄹ

①ああ，のど渇いた。何か飲み物無い?（해体で)

②お疲れですか。そんなときは人参茶が一番です。(그렇다を用いる)(인삼차〈人蔘茶〉)(해요体で)

③その店では紅茶を一杯飲んだだけだ。

④わざわざ事務室まで来る必要はありません。(일부러)

⑤スーパーに行って買うものを全部買った。

⑥今日はやることがないから退屈だ。

3. 冠形詞形語尾＋만큼

①その子は町中で話題になるほどかわいかった。(화제〈話題〉)

②運動するぶん，健康になる。(건강하다〈健康—〉＋-어지다)

③その試験は難しいだけに，合格者も少ない。(합격자〈合格者〉)

④白頭山は名山なだけに登ってみたいと思う人たちも多い。(백두산〈白頭山〉, 명산〈名山〉) (登山したがる, と訳す) (등산하다〈登山—〉)

4. 冠形詞形語尾＋것이다

①今年は石油の値段がずいぶん上がるだろう。(석유〈石油〉)

②たぶんその人は一人で韓国に行っただろう。(아마，혼자서)

③昼ご飯はどこ行って食べるつもり?(해体で)

④失敗したらやり直せばいいのです。(실패하다〈失敗—〉, 다시 하다) (해요体で)

⑤その荷物よりこの荷物がはるかに重いんだよ。(해体で)

⑥バスが来ないんですよ。(해요体で)

5. 冠形詞形語尾＋것 같다

①今日は早めに寝るのがよさそうだ。(일찍，것)

②最近その歌手は海外でも人気があるようだ。

③携帯電話をここに置いて行った人は佐藤さんのようです。(놓고 가다)

④釜山行き高速バスはもう出発したようです。(행〈行〉，이미)

⑤今も雪が降っているようだし，明日も雪が降りそうだ。

⑥ここが公演会場ですか?——ええ，そうみたいです。

6. -더니と-었더니

①急に空が暗くなったと思ったら，にわか雨が降り出した。(소나기)

②パーティー会場に佐藤さんが現れると，一斉に拍手がわき起こった。(일제히〈一斉—〉，박수〈拍手〉，터지다)

③呼び鈴を押すと，家の中からおばあさんがゆっくり出て来た。(초인종〈招人鐘〉，누르다（르変則))

④友だちがくれた頭痛薬を飲んだ。そうしたら頭痛がすぐ治った。(두통약〈頭痛薬〉，그랬더니，두통〈頭痛〉)

7. -는군と-군

①本当に美しい音楽を聞いたときは涙が出るんだな。

②あ，これは輸入品だね。(수입품〈輸入品〉)(-네を用いて)　それで値段が高いんだ!

③申請書はあの窓口に出せばいいんですね。(신청서〈申請書〉，창구〈窓口〉，제출하다〈提出—〉)(해요体で)

④その子はもう二十歳になったんですね。(스무 살)(해요体で)

⑤このボタンを押すとドアが開くよ。(버튼, 열리다)(해体で)——あ，そうかあ。(-구나を用いて)

⑥ユミコがさっきたくさん泣きました。(해요体で)——どおりで。それでユミコの目が赤かったんだな。(어쩐지)(-구나を用いて)

第17課のエッセンス

-이-, -히-, -리-, -기-等は自動詞を他動詞，他動詞を自動詞に変えたりする。また-이，-히，-리は形容詞について副詞形を作る。疑問詞に疑問詞形語尾-(으)ㄴ가，-(으)ㄴ지がついて副詞を表す。冠形詞形語尾-(으)ㄹは推量，予定，意図等を表す。**§5**，**§6**，**§7**では-(으)ㄹを含む慣用的な句をあげた。連結語尾-더니と-었더니は過去の事柄を振り返って述べるときに用いる。-다가と-었다가は前後の文で事柄が変わることを表す。終結語尾-는군と-군は納得した調子で感嘆を表す。

第18課 (제십팔과)

달성감도 있었고 해방감도 느꼈거든요.

87

① 박유진 : 기무라 씨는 한국말을 배울 때 뭐가 제일 중요하다고 생각해요?

② 기무라 : 글쎄요. 한국 친구가 잘 하던 말이 있어요. 기초적인 단어나 표현은 역시 외워야 된대요.

③ 박유진 : 회화도 아주 자연스럽게 할 수 있잖아요? 어떻게 연습했어요?

④ 기무라 : 아니에요. 저보다 잘하는 사람들이 꽤 많더라고요. 저는 드라마를 보다가 마음에 드는 표현이 있으면 똑같이 말하려고 연습했어요.

⑤ 박유진 : 지금까지 배운 것 중에서 가장 인상적이었던 게 뭐예요?

⑥ 기무라 : 저 같은 경우에는 교과서 한 권을 마지막까지 다 끝냈을 때 달성감도 있었고 해방감도 느꼈거든요.

【単語】

중요하다고	〈重要―〉大切だと	외워야 된대요	覚えないといけないそうです
하던 말	言っていたこと		
기초적인	〈基礎的―〉基礎的な	자연스럽게	〈自然―〉自然に

할 수 있다	できる	인상적이었던 것	
꽤	かなり，すごく		〈印象的―〉印象的だったこと
많더라고요	多かったですよ	경우	〈境遇〉場合
드라마	ドラマ	저 같은 경우에는	私の場合は
보다가	見ていて	달성감	[달썽감]〈達成感〉
똑같이	まったく同じように	해방감	〈解放感〉
인상적이다	〈印象的―〉印象的だ	느끼다	感じる
		느꼈거든요	感じたんですよ

【日本語訳】

①パク・ユジン：木村さんは韓国語を学ぶとき何が一番大切だと思いますか。

②木村　　　　：そうですねえ。韓国人の友だちがよく言っていたことがあります。基礎的な単語や表現はやはり覚えないといけないそうです。

③パク・ユジン：会話もとても自然にできるじゃないですか。どうやって練習しましたか。

④木村　　　　：いいえ。私より上手な人がすごく多かったですよ。私はドラマを見ていて気に入る表現があれば，まったく同じように言おうと思って練習しました。

⑤パク・ユジン：今まで学んだことの中で最も印象的だったのは何ですか。

⑥木村　　　　：私の場合は教科書一冊を最後までみなやり終えたとき，達成感もありましたし解放感も感じたんですよ。

【解　説】

§1　–적（的）

–적（的）は主に漢字語につく接尾辞です。一字からなる漢字語につくときは［쩍］と濃音化します。

지적［지쩍］（知的）　　cf.지적［지적］（指摘）
사적［사쩍］（史的）　　cf.사적［사적］（史跡）
역사적［–적］（歴史的）
적극적［–쩍］（積極的）（濃音化（**第2課§1**））
예술적［–쩍］（芸術的）（漢字語における濃音化（**第9課§2**））

–적のついた語の後には이다（だ），인（(이다の冠形詞形）な），으로（に）がつきます。–적のついた語は冠形詞としても用いられます。否定形は「～적이 아니다」ですが「～적이지 않다」もしばしば用いられます。

구체적이다（具体的だ）
추상적인 그림（抽象的な絵）
국제적으로 유명하다（国際的に有名だ）
미적 감각（美的感覚）（冠形詞の用法）
활동적이 아니다/활동적이지 않다（活動的でない）

§2　–(으)ㄹ 수 있다/없다

–(으)ㄹ 수[쑤] 있다/없다は可能/不可能を表します。수は手段や方法のことで，「そうすべき手段がある/ない」という意味です。

문을 열 수 있다/없다.　戸を開くことができる/できない。
술을 마실 수 있다/없다.　お酒が飲める/飲めない。

なお，不可能は못を用いて表すこともできます。못は副詞で動詞の

前に置かれます。このとき，発音変化に注意が必要です。

濃音化

못 가다［-까-］（行けない）　　못 다니다［-따-］（通えない）

못 보다［-뽀-］（見られない）　못 사다［-싸-］（買えない）

못 자다［-짜-］（寝られない）

激音化

못 하다［-타-］（できない）

鼻音化

못 나가다［몬나-］（出られない）못 먹다［몬먹-］（食べられない）

終声音の初声音化

못 오다［모도-］（来られない）　못 있다［모딛-］（いられない）

[n]の挿入

못 잊다［몬닏-］（忘れられない）　못 열다［몬녈-］（開けられない）

못 잊다，못 읽다（読めない）は［몬닏-］［몬닉-］の他，［모딛-］［모딕-］とも発音されます。

また，不可能は-지 못하다の形でも表すことができます。못と-지 못하다は状況によることであれ個人的な理由であれ，いずれにせよ，できないことを表します。

（ㄱ）그 사람을 잊을 수 없다.

（ㄴ）그 사람을 못 잊는다/잊지 못한다.

上の（ㄱ）（ㄴ）はどちらも「あの人のことが忘れられない」という意味ですが，（ㄱ）には忘れようにもそのすべが無いという含みがあります。

§3　-던と-었던

-던と-었던は冠形詞形を作る語尾です。

늘/그 때/아까 웃던 아이
　　いつも/そのとき/さっき笑っていた子供

-던は過去に何度もくり返し起きていたことや長期間続いていたこと，あるとき偶然見かけたこと，さっきまで続いていたことを表します。これらに共通する点はその事柄が終了したところは見ていない，あるいは終了したことには関心が無いということです。上の文は笑っているところは見ましたが，笑い終わったところは見ていないことを含意します。また他の用法として，中断した事柄を表すこともあります。먹던 밥（食べかけのご飯），읽던 책（読みかけの本）など。

-었던はその事柄が終了したところを見た，あるいは終了したことに関心がある，という含みがあります。また，事柄が終了したあと，その事柄を行う前の状態に戻っていることを含意することもあります。ある動作や行為を行い，今もその結果が残っているのが-(으)ㄴ（**第16課§7**）でした。この-(으)ㄴと比べると，한국에 간 사람（韓国に行った人）は今ここ日本にはいませんが，한국에 갔던 사람（韓国に行っていた人）は今日本にいる，ということになります。

§4　-더라고と-었더라고

-더라고と-었더라고は話し手が自ら経験した過去の事柄を振り返って相手に知らせることを表す終結語尾です。その事柄が起きた過去の場面において，その事柄が現在形で表すものであれば-더라고，過去形で表すものであれば-었더라고を用います。

例えば，過去のある場面で「雨がたくさん降る（비가 많이 온다)」，「釜山の天気が本当に良い（부산 날씨가 참 좋다)」というように現在形で表すことを経験したときは-더라고を用います。日本語の訳し方に注意しましょう。

비가 많이 오더라고.　　　雨がたくさん降っていたよ。

부산 날씨가 참 좋더라고.　釜山の天気が本当によかったよ。

「コンピュータが壊れた（컴퓨가 고장 났다）」,「おいっ子が大きくなった（조카가 컸다）」というように過去形で表すことを経験したときは-었더라고を用います。

컴퓨가 고장 났더라고.　コンピュータが壊れていたよ。

조카가 컸더라고.　　　おいっ子が大きくなっていたよ。

また,「約束時間に遅れそうだ（약속 시간에 늦겠다）」のように-겠-を用いることを経験したときは-겠더라고を用います。

약속 시간에 늦겠더라고. 約束時間に遅れそうだったよ。

いずれも助詞요をつけて丁寧に表すことがあります。

비가 많이 오더라고요.　　　雨がたくさん降っていましたよ。

컴퓨가 고장 났더라고요.　　コンピュータが壊れていましたよ。

약속 시간에 늦겠더라고요.　約束時間に遅れそうでしたよ。

§5　−다가と−었다가

-다가（～していて，～してから）と-었다가（～してから）はどちらも前後の文で事柄が変わることを表す連結語尾です。-다가はある事柄の途中で，あるいはそれを中断して他の事柄に変わることを，-었다가はその事柄をやり終えてから他の事柄に変わることを表します。

길을 가다가 빨간 리본을 주웠다.（途中）

道を歩いていて赤いリボンを拾った。

엄마, 놀다가 자면 안 돼요?（中断）

（夜寝る時間に幼児が母親に）ママ，遊んでから寝ちゃだめ?

물고기를 잡았다가 놓아주었다. (完遂)

魚を捕まえてから放してやった。

-다가, -었다가は가を略して-다, -었다とも用います。終結語尾ではないので注意して下さい。ところで, 갔다 오다（行って来る）という表現があります。これは갔다가 오다（行ってから来る）の가を略したものです。

갔다 오겠습니다.　（あいさつの表現）行って来ます。

빨리 갔다 와!　早く行って来て!

서울에 갔다 왔어요.　韓国に行って来ました。

§6　-거든

-거든は根拠を表す해体の語尾です。「～するんだよ」といった意味を表します。主に対話で相手の発話に応えるようにして用いられます。逆に言うと, この用法の-거든を用いた発話から対話が始まることはほとんどありません。助詞요をつけ, -거든요のように해요体でも用います。発音は［n］が挿入されて［거든뇨］となります。

고이치 : 왜 그렇게 열심히 공부해?

유림　: 내일 시험이 있거든.

コウイチ：なんでそんなにがんばって勉強してるの?

ユリム　：明日試験があるのよ。

미리　: 어머, 방이 깨끗하네요.

마사오 : 내가 아까 청소했거든요.

ミリ　：まあ, 部屋がきれいですね。

マサオ：ぼくがさっき掃除したんですよ。

§7　–어야 되다/하다

-어야 되다/하다は「～しなければならない」といった義務を表す慣用的な句です。-어야 되다は状況によってそうせざるを得ないという含みがあり，-어야 하다は話し手の意志や判断によってそうすべきだという含みがあります。ただし，義務にはその両面が同時にあり得ますので，厳密に区別することは困難です。

급한 일이 생겨서 내일부터 오사카에 출장가야 된다/한다.

　急な用ができて，明日から大阪へ出張しなければならない。

방을 청소할 때는 창문을 꼭 열어야 돼요/해요.

　部屋を掃除するときは窓を必ず開けなくてはいけません。

§8　引用を表す語尾

한다体の語尾（**第14課§6**）に고をつけると「～と（言う）」のような引用を表す語尾になります。「言う」に当たる語は通常하다を用います。「尋ねる」は묻다（ㄷ変則）です。なお，指定詞이다は이라と形が変わります。이라고 하다は自己紹介のときにも用い，「저는 박유진이라고 합니다.」（私はパク・ユジンと申します。）のように言います。

간다고 하다（行くと言う）	가느냐고 묻다（行くかと尋ねる）
논다고 하다（遊ぶと言う）	노느냐고 묻다（遊ぶかと尋ねる）
먹는다고 하다（食べると言う）	먹느냐고 묻다（食べるかと尋ねる）
크다고 하다（大きいと言う）	크냐고 묻다（大きいかと尋ねる）
멀다고 하다（遠いと言う）	머냐고 묻다（遠いかと尋ねる）
작다고 하다（小さいと言う）	작으냐고 묻다（小さいかと尋ねる）
있다고 하다（いると言う）	있느냐고 묻다（いるかと尋ねる）
봄이라고 하다（春（だ）と言う）	봄이냐고 묻다（春かと尋ねる）
했다고 하다（したと言う）	했느냐고 묻다（したかと尋ねる）
하겠다고 하다（やると言う）	하겠느냐고 묻다（やるかと尋ねる）

命令形の引用は-(으)라に고をつけます。ㄹ語幹のㄹは脱落しません。命令形の語尾-어라と形が似ているので注意して下さい。勧誘形の引用は-자고で表します。

가라고 하다（行けと言う）	가자고 하다（行こうと言う）
놀라고 하다（遊べと言う）	놀자고 하다（遊ぼうと言う）
먹으라고 하다（食べろと言う）	먹자고 하다（食べようと言う）

하다（する）の命令形は語尾-어라がついて해라（しろ）となりますが，命令形の引用は-(으)라고がついて하라고（しろと）となります。

청소 좀 해라.→청소 좀 하라고 했습니다.

掃除をちょっとしろ。→掃除をちょっとしろと言いました。

주다（あげる，やる）は誰にその行為を行うかによって引用形が変わります。話し手のときは달라고（くれと）(基本形は달다)，第三者のときは주라고（やれと）となります。-어 주다（～してやる）の주다も同じです。

(나에게) 그 사과를 주십시오.→그 사과를 달라고 했습니다.

（私に）そのリンゴを下さい。→そのリンゴをくれと言いました。

(나에게) 편지를 보내 주세요.→편지를 보내 달라고 했어요.

（私に）手紙を送って下さい。→手紙を送ってくれと言いました。

(아이에게) 바나나를 먹여 주세요.→바나나를 먹여 주라고 했어요.

（子供に）バナナを食べさせて下さい。

→バナナを食べさせてやれと言いました。

否定形の引用は以下の通りです。否定の命令形と勧誘形では말다（やめる）を用い，말라고と말자고となります。

가지 않는다고 하다（行かないと言う）
안 간다고 하다（行かないと言う）

크지 않다고 하다（大きくないと言う） 안 크다고 하다（大きくないと言う）
그게 아니라고 하다（それではないと言う）
가지 말라고 하다（行くなと言う） 가지 말자고 하다（行かないことにしようと言う，行くのをやめようと言う）

§9 −답니다/−대요/−대/−단다

上の**§8**で学んだ引用の形はさらに縮約して用いることがあります。命令形と勧誘形の縮約形もあります。합니다体は次のようにいずれも-고 하-が縮約します

간다고 합니다	→간답니다（行くそうです）
논다고 합니다	→논답니다（遊ぶそうです）
먹는다고 합니다	→먹는답니다（食べるそうです）
크다고 합니다	→크답니다（大きいそうです）
봄이라고 합니다	→봄이랍니다（春だそうです）
하라고 합니다	→하랍니다（しろと言います）
하자고 합니다	→하잡니다（しようと言います）

해요体では-답니다，-이랍니다，-잡니다，-랍니다がそれぞれ-대요，-이래요，-재요，-래요となり，해体では요を除いた-대，-이래，-재，-래となります。

간다고 해(요)	→간대(요)(行くそうです/行くんだって)
논다고 해(요)	→논대(요)(遊ぶそうです/遊ぶんだって)
먹는다고 해(요)	→먹는대(요)(食べるそうです/食べるんだって)
크다고 해(요)	→크대(요)(大きいそうです/大きいんだって)
봄이라고 해(요)	→봄이래(요)(春だそうです/春なんだって)
하라고 해(요)	→하래(요)(しろと言います/しろだって)
하자고 해(요)	→하재(요)(しようと言います/しようだって)

한다体では-고 하-が縮約します。

간다고 한다	→간단다 (行くそうだ)
논다고 한다	→논단다 (遊ぶそうだ)
먹는다고 한다	→먹는단다 (食べるそうだ)
크다고 한다	→크단다 (大きいそうだ)
봄이라고 한다	→봄이란다 (春だそうだ)
하라고 한다	→하란다 (しろと言う)
하자고 한다	→하잔다 (しようと言う)

否定形の引用も上記のように縮約します。

가지 않는다고 합니다	→가지 않는답니다 (行かないそうです)
가지 않는다고 해(요)	→가지 않는대(요)(行かないそうです/行かないんだって)
가지 않는다고 한다	→가지 않는단다 (行かないそうだ)
크지 않다고 합니다	→크지 않답니다 (大きくないそうです)
크지 않다고 해(요)	→크지 않대(요)(大きくないそうです/大きくないんだって)
크지 않다고 한다	→크지 않단다 (大きくないそうだ)

그게 아니라고 합니다	→그게 아니랍니다（それではないそうです）
그게 아니라고 해(요)	→그게 아니래(요)(それではないそうです/それではないんだって)
그게 아니라고 한다	→그게 아니란다（それではないそうだ）
하지 말라고 합니다	→하지 말랍니다（やめろと言います）
하지 말라고 해(요)	→하지 말래(요)(やめろと言います/やめろだって)
하지 말라고 한다	→하지 말란다（やめろと言う）
하지 말자고 합니다	→하지 말잡니다（やめようと言います）
하지 말자고 해(요)	→하지 말재(요)(やめようと言います/やめようだって)
하지 말자고 한다	→하지 말잔다（やめようと言う）

【練習問題】

I　韓国語に訳しなさい。

1. −(으)ㄹ 수 있다/없다

①日本でもインターネットで韓国のラジオを聞くことができる。

②昔はこの川で泳ぐことができました。(헤엄치다)

③試験中は電話が取れません。(試験中には，と訳す）(받다)

④あまりに恥ずかしくてどうしようもなかった。(창피하다〈猖披―〉，어쩌다)

⑤1時間後には出発できそうだ。(−(으)ㄹ 것 같다)

2. −못と−지 못하다

次の①～⑤を못および−지 못하다を用いて表しなさい。

①私はもともとスキーができない。(원래〈元来〉)

②その金庫は誰も開けることができない。(금고〈金庫〉)

③昨日はとても忙しくてメールも書けなかった。

第18課

④今日中にはこの仕事は終えられそうにありません。(오늘중으로〈—中—〉)（-겠-を用いて)

⑤空港の中では写真を撮ることができませんか。

3. -던と-었던

①さっきまで泣いていた子が今は笑っているね。(少し前，と訳す)

②妹が育てていた花が枯れました。(기르다，시들다)

③それは私の飲みかけのコーヒーです。

④韓国で過ごした留学生活がとても懐かしい。(보내다，그립다)

⑤学校であったことを日記帳に書いた。(일)

4. -더라고と-었더라고

①赤ちゃんがママを見てにこにこ笑ったんだよ。

②雨が降って道が滑りやすかったんだよ。

③その人がまさに犯人だったんですよ。(바로)

④おばあさんの家の庭にきれいな花が咲いていたんですよ。(예쁜 꽃들)

⑤あまりにも疲れて倒れそうだったんですよ。

5. -다가と-었다가

①講義を聞いていて，眠くて寝てしまった。(-어 버리다)

②手紙を途中まで書いてやめた。(도중〈途中〉，말다)

③この夫婦は一時別居してから，再びいっしょに住むようになった。(부부〈夫婦〉，한때，별거하다〈別居—〉)

④その高速バスはターミナルに到着してから，30分後に再び出発した。(터미널)

6. -거든

①どうしてケーキを食べないの?——ダイエット中なの。(다이어트，중〈中〉)（해体で)

②おかずをたくさん残したね。——実はおいしくなかったんだよ。(남기다)（해体で)

③なぜそんなにあわてているんですか。――授業に遅れそうなんですよ。(서두르다)(해요体で)

④わあ，試験で100点をもらったんですか。――運が良かっただけなんですよ。(해요体で)

⑤熱が下がりましたね。――風邪がすっかり治ったんですよ。(해요体で)

7. -어야 되다/하다

次の①～⑤を-어야 되다および-어야 하다を用いて表しなさい。

①この仕事は月末までにやり遂げなければならない。(월말〈月末〉，해내다)

②いくら仲が良くても言葉に気をつけなければならない。(사이)(を用心する，と訳す)(조심하다〈操心―〉)

③外国語を学ぶときはその国の文化や習慣も知らなければなりません。(습관〈習慣〉)

④子供との約束は必ず守らなくてはならない。(지키다)

⑤公園は市民のための自由な場所でなくてはいけません。(시민〈市民〉)

8. 引用を表す語尾

①その人はいつも朝6時に起きると言った。

②彼女は明日は約束があると言った。

③今晩あたりに雪が降りそうだと予測した。(今日（の）夜ぐらい，と訳す)(예측하다〈予測―〉)

④誰が試験は来週だと言いましたか。(試験が，と訳す)

⑤私は窓を開けてくれと頼みました。

⑥一日にコーヒーを何杯飲むかと尋ねた。

⑦いつ日本にいらっしゃったかと質問しました。(질문하다〈質問―〉)

⑧この部屋には絶対に入るなと言った。(절대로〈絶対―〉)

⑨学生たちに教室では騒ぐなと注意をした。(注意を与える，と訳す)

第18課

⑩いっしょに映画を見に行こうと誘った。(行こうと言う，と訳す)

9. -답니다/-이랍니다/-랍니다/-잡니다

次の文を引用の形に変え，その縮約形を합니다体で表しなさい。

①公園まで歩いて行く。
②タバコはやめた。
③韓国の昔話を読みたい。
④本当にそうだった。
⑤その映画は面白かった。
⑥駅前には薬局が無い。
⑦明日から海外出張だ。
⑧弟は中学生ではない。
⑨最後までがんばれ。
⑩絶対にあきらめるな。
⑪いっしょに韓国語で話そう。
⑫友だちとけんかしないようにしよう。

10. -대(요)/-이래(요)/-래(요)/-재(요)

本課【**練習問題**】9. の①～⑫を해요体と해体で表しなさい。

11. -단다/-이란다/-란다/-잔다

本課【**練習問題**】9. の①～⑫を한다体で表しなさい。

Ⅱ 以下の文章を読解しなさい。日本語訳はつけませんでした。修了試験のつもりで読んでみて下さい。文章の内容通り発音できれば合格です。

88

ㅂ이나 ㅁ을 양순음(両唇音)이라고 한다. 즉, 두 입술로 내는 소리이다. 바꿔 말하면 두 입술을 움직이지 않으면 ㅂ이나 ㅁ은 발음하지 못하는 것이다. 그런데 여러분도 아시겠지만 어떤 유명한 복화술사(腹話術師)는 입술을 움직이지 않고 그 소리들을 낼 수 있다. 텔레비전에서 그 사람을 볼 때마다 나도 같이 따라 해 봤는데 도대체 어떻게 발음하는지 도저히 알 수 없었다.

그런데 어느 날 한국어 음성학(音声学) 책을 읽고 있었을 때 갑자기 그 발음 방법을 알게 되었다. 음성학에 해결의 힌트가 있었던 것이다.

양순음은 두 입술을 닫았다가 열면서 내는 소리이다. 즉, 입술 대신 입 안에 있는 무엇인가가 입에서 나가는 공기를 막았다가 내는 것이다. 이제 아시겠지만 그 역할을 하는 것은 다름이 아니라 혀이다. 먼저 두 입술을 조금만 연다. 그 다음에 혀 끝을 입술의 틈에 꼭 맞게 댄다. 그리고 혀 끝을 당기면서 '아'라고 발음한다. 공기가 입에서 나가면 '바'가 되고 코에서 나가면 '마'가 되는 것이다.

第18課のエッセンス

接尾辞の-적（的）は主に漢字語につく。冠形詞形語尾-（으）ㄹ 수 있다/없다は可能/不可能を表す。不可能は副詞못や-지 못하다の形でも表すことができる。-던と-었던は事柄の終了に対して関心が無い/あるという含みがある。-더라고と-었더라고はその事柄が起きた過去の場面において，その事柄が現在形で表すものであれば-더라고，過去形で表すものであれば-었더라고を用いる。-다가と-었다가は前後の文で事柄が変わることを表す。-거든は根拠を表す。-어야 되다/하다は義務を表す慣用的な句である。한다体の語尾に고をつけると引用を表す語尾になる。引用の形はさらに縮約して，합니다体，해요体，해体，한다体のそれぞれの形で用いられる。

第18課

練習問題の解答

第1課（제일과）

1. 名詞 입니다.
①개입니다. ③지우개입니다. ⑤수박입니다.
②사과입니다. ④말입니다. ⑥필통입니다.
2. 名詞 입니까?
①고양이입니까? ③자입니까? ⑤귤입니까?
②배입니까? ④곰입니까? ⑥연필입니까?
3. 名詞 는/은 名詞 입니다. /입니까?
①개는 동물입니다. ③필통은 문구입니다. ⑤배는 과일입니까?
②귤은 과일입니다. ④곰은 동물입니까? ⑥지우개는 문구입니까?

第2課（제이과）

1. 있습니다. /있습니까?
①바다가 있습니다. ④새가 있습니다. ⑦애인이 있습니까?
②꿈이 있습니다. ⑤자가 있습니까? ⑧곰은 있습니까?
③개가 있습니다. ⑥시간은 있습니까?
2. 없습니다. /없습니까?
①강이 없습니다. ④뱀은 없습니다. ⑦아이는 없습니까?
②시간은 없습니다. ⑤돈이 없습니까? ⑧늑대는 없습니까?
③야마다 씨가 없습니다. ⑥산은 없습니까?
3. 名詞 는/은 名詞 가/이 아닙니다.
①요코하마는 도쿄가 아닙니다. ④저는 아이가 아닙니다.
②(남)동생은 대학생이 아닙니다. ⑤저는 서울이 고향이 아닙니다.
③요시다 씨는 직장인이 아닙니다.
4. 도, 에, 에는, 에도
①지우개도 문구입니다. ④서울에는 강이 있습니다.
②내일도 시간이 없습니까? ⑤공원에도 새가 있습니까?
③기무라 씨는 집에 고양이가 있습니다. ⑥스즈키 씨 책은 어디에도 없습니다.

第3課（제삼과）

1. 動詞の叙述形
①서울에 갑니다. ②학교에 옵니다. ③비행기를 탑니다.

④쓰레기를 버립니다.
⑤도쿄에 삽니다.
⑥공원에서 놉니다.
⑦아이가 웁니다.
⑧문을 엽니다.
⑨문을 닫습니다.
⑩새를 잡습니다.
⑪애인이 웃습니다.
⑫아이를 안습니다.

2. 動詞の疑問形

①어디에 보냅니까?
②지우개를 버립니까?
③편지를 씁니까?
④기무라 씨를 만납니까?
⑤어디에서 놉니까?
⑥바람이 붑니까?
⑦전화를 겁니까?
⑧창문도 엽니까?
⑨코트를 입습니까?
⑩김치도 같이 먹습니까?
⑪무엇을 찾습니까?
⑫나무를 심습니까?

3. 動詞の否定形

①우리 집에는 오지 않습니다.
②택시를 타지 않습니다.
③편지는 보내지 않습니다.
④길에는 쓰레기를 버리지 않습니다.
⑤도서관에서는 놀지 않습니다.
⑥편의점에서도 팔지 않습니다.
⑦바람이 불지 않습니까?
⑧요코하마에는 살지 않습니까?
⑨호랑이는 잡지 않습니다.
⑩사진도 찍지 않습니다.
⑪아이가 웃지 않습니다.
⑫꽃은 심지 않습니다.

第4課（제사과）

1. 形容詞の叙述形

①옷이 쌉니다.
②키가 큽니다.
③국이 짭니다.
④레몬이 십니다.
⑤지구는 둥급니다.
⑥꿀이 답니다.
⑦실이 가늡니다.
⑧코끼리는 코가 깁니다.
⑨김치가 맵습니다.
⑩이름이 같습니다.
⑪시간이 늦습니다.
⑫딸기가 빨갛습니다.

2. 形容詞の疑問形

①방이 따뜻합니까?
②노트북은 비쌉니까?
③택시가 빠릅니까?
④전공이 다릅니까?
⑤바지가 깁니까?
⑥시장은 멉니까?
⑦다리가 가늡니까?
⑧얼굴이 둥급니까?
⑨산이 낮습니까?
⑩회사가 가깝습니까?
⑪바다는 깊습니까?
⑫방이 춥습니까?

3. 形容詞の否定形

①사전은 싸지 않습니다.
②내일도 바쁘지 않습니다.
③다리는 아프지 않습니다.
④포도가 시지 않습니다.
⑤이야기는 길지 않습니다.
⑥학교는 멀지 않습니다.
⑦달이 둥글지 않습니까?
⑧커피는 달지 않습니다.
⑨숙제는 어렵지 않습니다.
⑩그렇지 않습니까?
⑪지금은 춥지 않습니다.
⑫길이 좁지 않습니다.

第5課（제오과）

1. 位置を表す名詞

①동물원 우리 안에 사자가 있습니다.
②호수 가운데에 섬이 있습니다.
③집 옆에는 편의점이 없습니다.
④아이는 밖에서 놉니다.
⑤발밑에 강아지가 있습니다.
⑥어머니는 늘 아이 곁에 있습니다.

⑦시청 앞에서 전화를 겁니다.

⑧화장실 오른쪽이 부엌입니다.

⑨과일 가게 왼쪽에 생선 가게가 있습니다.

⑩병원 건너편에 은행이 있습니다.

2. 指示を表す語

①저 꽃 옆에 나비가 있습니다.

②어느 건물이 학생 식당입니까?

③그것은 일본 영화입니다.

④제 우산은 이것이 아닙니다.

⑤와타나베 씨 사진이 어느 것입니까?

⑥이것도 저것도 다 어렵습니다.

⑦여기가 서울역입니다.

⑧극장은 저기입니다.

⑨어디가 아픕니까?

⑩거기는 신라 호텔입니까?

⑪불만이 있습니까? 아니요, 그렇지 않습니다.

⑫내일 날씨가 어떻습니까?

第6課（제육과）

1. 尊敬形　動詞と形容詞　−십니다/−으십니다

①이케다 씨는 출판사에 다니십니다.

②김 선생님은 서울에 사십니까?

③명함을 받으십니다.

④가방을 책상 위에 놓으십니다.

⑤그 선배님은 키가 크십니까?

⑥이분은 늘 친절하십니다.

2. 尊敬の命令形　−십시오/−으십시오

①이 그림을 보십시오.

②할아버지, 할머니, 오래오래 사십시오.

③마당에 꽃을 심으십시오.

④여기에 주소를 적으십시오.

⑤옷을 거기에 거십시오.

3. 尊敬の勧誘形　−십시다/−으십시다

①여기에서 좀 쉬십시다.

②한국어를 공부하십시다.

③같이 추억을 만드십시다.

4. 勧誘形　−ㅂ시다/−읍시다

①같이 노래방에 갑시다.

②공원에서 놉시다.

③저 건물 앞에서 사진을 찍읍시다.

5. 로/으로

①저쪽으로 갑시다.

②영국에서도 자동차는 왼쪽으로 다닙니다.

③막걸리는 무엇으로 만듭니까?

④연필로는 쓰지 않습니다.

⑤비행기로 미국에 갑니다.

⑥그분은 소설가로 유명하십니다.

⑦그 옷으로 주십시오.

第7課（제칠과）

1. 2文字からなる終声字

①값은 아주 쌉니다.

②뜰에 흙이 있습니다.

③닭이 웁니다.

④달이 밝습니다.

⑤방이 넓습니다.

⑥도서관에는 책이 많습니다.

⑦그 사람은 아직 젊습니다.

⑧바지가 짧습니다.

⑨고양이가 접시를 핥습니다.

⑩시를 읊습니다.

練習問題解答

⑪흙을 밟습니다.　　　　⑫넋을 잃습니다.

2. 否定の副詞　안

①이 비행기는 제주도에 안 갑니다.　　⑧이 옷은 안 비쌉니다.
②연필로는 안 씁니다.　　⑨키가 안 큽니다.
③백화점에서도 판매 안 합니다.　　⑩과자가 안 답니다.
④저 공원에서는 안 놉니다.　　⑪고향은 안 멉니까?
⑤오늘은 바람이 안 붑니다.　　⑫한국어 작문은 안 어렵습니다.
⑥그 잡지는 안 읽습니다.　　⑬이 김치는 안 맵습니다.
⑦그 닭은 달걀을 안 낳습니까?　　⑭시간이 안 짧습니까?

3. 尊敬形　存在詞　(人) 계십니다・안 계십니다, (物事) 있으십니다・없으십니다

①이 교수님은 연구실에 계십니다.　　③내일 시간이 있으십니까?
②그분은 지금 도쿄에 안 계십니다.　　④최 선생님께서는 오늘 수업이 없으십니다.

4. 尊敬形　指定詞　이십니다・아니십니다

①아버님은 고등학교 선생님이십니다.　　③댁이 어디십니까?
②박 사장님은 저분이십니다.　　④그분은 정 회장님이 아니십니다.

5. 尊敬の否定形

①기분이 안 좋으십니다.
②놀라지 마십시오.
③그 사람을 만나지 마십시다.
④부모님은 도쿄에 사시지 않습니까/살지 않으십니까/사시지 않으십니까?

6. 尊敬形の해요体　-세요/-으세요

①이분을 아세요?　　⑥강 부장님은 회의가 있으세요.
②편지를 안 쓰세요.　　⑦저분이 이 선생님이세요.
③부모님은 아주 건강하세요.　　⑧누구세요?
④안녕하세요?　　⑨많이 드세요/잡수세요.
⑤할머님께서 녹차를 드세요/잡수세요.　　⑩이 방에서는 담배를 피우지 마세요.

第8課 (제팔과)

1. 時, 順序+에

①저녁에 아르바이트를 합니다.　　④가와무라 씨 다음에 와타나베 씨가 발표합니다.
②오늘 오전에는 배가 도착합니다.　　⑤사진은 나중에 찍읍시다.
③회의 중간에 외출합니다.

2. 에게と한테

①친구에게/한테 편지를 보냅니다.　　④애인에게/한테 전화합니다.
②나중에 저에게도/한테도 메일을 주십시오.　　⑤아기에게/한테 뽀뽀합니다.
③아이에게/한테 우유를 줍니다.　　⑥이 선물은 누구에게/한테 줍니까?

3. 밖에

①집 옆에는 논밖에 없습니다.

②유치원에는 (여)동생밖에 가지 않습니다/안 갑니다.
③고양이에게는/한테는 생선밖에 주지 않습니다/안 줍니다.
④그 사람 주소밖에 모릅니다.

4. 만
①책상 위에는 시집만 있습니다.
②그 신문은 사실만 전합니다.
③늘 소설만 읽습니다.
④이 문제만 푸십시오/푸세요.
⑤오늘은 이 단어만 외웁시다.

5. 語幹＋語尾-어주다
①요시카와 씨가 저에게/한테 케이크를 만들어 줍니다.
②그 사람에게는/한테는 전화 번호를 가르쳐 주지 않습니다/안 가르쳐 줍니다.
③나중에 야마다 씨에게도/한테도 전해 주십시오/주세요.
④여기에서 기다려 주십시오/주세요.
⑤아이 곁에 있어 주십시오/주세요.

6. 動詞の해요体
①백화점에서 양복을 사요.
②시부야에서 친구를 만나요?
③유미 씨는 택시로 와요.
④이 버스는 시청 앞에 서요.
⑤라디오를 켜요.
⑥저는 술을 마시지 않아요/안 마셔요.
⑦문 좀 닫아요.
⑧아이가 공원에서 놀아요.
⑨현관에서 구두를 벗어요.
⑩집에서 무엇을 입어요?
⑪강아지가 구두를 핥아요.
⑫매일 한국어를 공부해요.

7. 形容詞の해요体
①음식이 좀 짜요.
②그 가게는 아주 싸요.
③오늘은 바람이 세요.
④자두가 셔요.
⑤가방이 작아요.
⑥하늘이 맑아요.
⑦옷이 얇아요.
⑧저 연못은 얕아요.
⑨길이 별로 좋지 않아요/안 좋아요.
⑩지구는 둥글어요.
⑪약속 시간이 늦어요?
⑫가족에게는/한테는 사랑이 필요해요.

8. 存在詞・指定詞の해요体
①그 영화는 아주 재미있어요.
②저에게는/한테는 애인이 있어요.
③거기에는 국어 사전밖에 없어요.
④연필은 문구예요.
⑤그 사람은 학생이 아니에요.
⑥토마토는 과일이에요? 채소예요?

第9課（제구과）

1. 와/과
①역 앞에 문방구와 꽃집이 있습니다.
②우선 냄비에 물과 된장을 넣으십시오.
③일요일에는 여자 친구와 데이트를 합니다.

2. 하고

①다나카 씨한테 이것하고 그것을 전해 주세요.

②이번 심사에는 이 서류하고 그 자료가 필요해요.

③유리 씨 옷은 제 옷하고 똑같아요.

3. 「から」を表す助詞

①부산에서도 유학생이 옵니다.

②다음 페이지부터 스즈키 씨가 읽으십시오.

③다음주부터 조깅을 시작합니다.

④애인에게서/한테서 반지를 받습니다.

4. 까지

①이 극장에서는 이번주부터 다음주까지 한국 영화를 상영합니다.

②역에서 바다까지 자전거로 갑니다.

③다음달 발표는 A그룹부터 C그룹까지입니다.

④금요일까지 결과를 보고하십시오.

5. 漢字語の数詞

①일 년은 삼백육십오 일입니다.

②올해는 십이월 삼십일일이 토요일입니다.

③수험 번호는 육백육십육 번입니다.

④오늘은 삼 교시에 언어학 강의가 있습니다.

⑤이 빌딩은 구 층과/하고 십 층이 레스토랑입니다.

⑥집에서 회사까지 사십오 분 걸립니다.

⑦컴퓨터 수리에 이십만 원 듭니다.

6. 過去形

①아침 일찍 일어났습니다/일어났어요.

②이번에는 우리 팀이 이겼습니다/이겼어요.

③저는 시골에서 십 년간 살았습니다/살았어요.

④오늘도 일을 쉬지 않았습니다/쉬지 않았어요. また안 쉬었습니다/안 쉬었어요.

⑤비행기가 공항에 도착했습니다/도착했어요.

⑥값이 너무 비쌌습니다/비쌌어요.

⑦자두가 셨습니까/셨어요?

⑧그 사람은 운이 좋았습니다/좋았어요.

⑨옛날에는 여기에 강이 있었습니다/있었어요.

⑩학생 때에는 시간도 돈도 없었습니다/없었어요.

⑪그 한일사전하고 일한사전이 얼마였습니까/였어요?

⑫미리 씨는 아직 결혼하지 않았습니다/결혼하지 않았어요. また결혼 안 했습니다/결혼 안 했어요.

第10課（제십과）

1. −쯤

①하와이에서 괌까지 몇 시간쯤 걸립니까?

②플라자 호텔 앞에서 삼십 분쯤 기다렸습니다.

③로비 가운데쯤에 소파가 있습니다.

2. −들

①이 반 학생들은 한국어로 이야기합니다.

②아이들이 풀장에서 놉니다.

③요즘은 초등학생들도 휴대폰을 사용합니다.

④이 레스토랑에는 여러 나라 음식들이 있습니다.

3. 되다

①어느덧 봄이 되었습니다/됐습니다.

②이 소설이 베스트셀러가 되었습니다/됐습니다.

③그 공장에서는 자동차 부품이 생산됩니다.

4. 固有語の数詞

①지금 몇 시입니까? 오후 네 시 이십오 분입니다.

②토마토 일곱 개와/하고 주스 열 병을 샀습니다.

③문제집을 두 권 다 풀었습니다.

④우리 딸이 여섯 살이 되었습니다/됐습니다.

⑤현관에 부츠가 세 켤레 있습니다.

⑥이 교실에는 학생이 서른다섯 명/사람 있습니다.

⑦다시 한번 말씀해 주십시오.

⑧오른쪽에서 여덟 번째가 야마다 씨 자리입니다.

⑨도쿄에서 고향까지 고속 버스로 아홉 시간 걸립니다.

⑩아이에게/한테 색종이를 스무 장 사 주었습니다/줬습니다.

5. −겠−

①오늘 밤부터 눈이 오겠습니다.

②빨리 회사로 가십시오. 사장님이/께서 찾으시겠습니다.

③지금쯤 도착했겠습니다.

④정말 맛있겠습니다.

⑤내일은 춥지 않겠습니다. /안 춥겠습니다.

⑥그것도 하나의 방법이겠습니다.

⑦두 사람은 지금쯤 데이트 중이겠습니다.

⑧앞으로도 한국어를 열심히 공부하겠습니다.

⑨비디오를 같이 보시겠습니까?

⑩그 의미를 잘 모르겠습니다.

⑪다음주 또 뵙겠습니다.

⑫안내 말씀을 드리겠습니다.

第11課（제십일과）

1. 助詞보다

①지금은 돈보다 시간이 필요합니다.
②저 짐이 이 짐보다 더 무겁습니다.
③이 과자는 그것보다 답니까?
④그 사람은 가수로서보다 정치가로서 활약했습니다.
⑤여기보다는 저 나무 밑이 시원합니다.
⑥유미코 씨는 저보다도 노래를 잘합니다.

2. 疑問詞

①여름 방학이 언제부터 언제까지입니까?
②이 편지를 어디에 보냅니까?
③누가 제일 인기가 있습니까?
④왜 거짓말을 했습니까?
⑤어느 것이/게 임 교수님 우산입니까?
⑥그것이/그게 무슨 뜻입니까?

3. 不定の意味の疑問詞

①저 방에 누가 있습니다.
②언제 같이 노래방에 갑시다.
③이 개는 언제나 여기서 누구를 기다립니다.

4. 거（것の縮約形）

①그거는/그건 선생님 만년필이에요.
②이거하고 그거를/그걸 좀 포장해 주세요.
③제 거는/건 이게 아니에요.
④이 컴퓨터는 학교 거예요.

5. 뭐（무엇の縮約形）

①이게 도대체 뭐예요?
②지금 뭐해요?
③이 떡은 뭘로 만들었어요?
④책상 위에 뭐가 있어요?
⑤카페에서 뭐를/뭘 마셨어요?

6. 서（에서の縮約形）

①어디서 한국어를 배워요?――학교서 배워요.
②어디서 오셨어요?――경주서 왔어요.

7. 요/이요

①쓰요시 씨 꿈이 무엇입니까?――내 꿈이요?/꿈요?
②앵두를 몇 개 먹었습니까?――열 개요.
③어제 알바를 그만뒀습니다. ――왜요?

8. -지요

①거기서 후지산이 잘 보이지요.
②많이 기다리셨지요.
③한국 문화에 관심이 있으시지요.
④겐이치 씨는 오사카 출신이죠?
⑤학생 시절에는 여행을 많이 했지요.
⑥역시 온천이 최고겠지요.
⑦다음 차례는 누구였지요?
⑧어서 들어오시지요.
⑨이번 주말에는 저와/하고 같이 나가시지요.
⑩이 과제는 그다지 어렵지 않죠?
⑪유키코 씨는 작년에 결혼하셨죠?

9. -고

①스즈키 씨는 피아노를 치고 유리 씨는 노래를 부릅니다.

②어제는 학교도 가지 않고/안 가고 하루종일 집에서 책만 읽었습니다.
③오늘 기온은 덥지도 않고 춥지도 않습니다.
④우리 회사 지점은 프랑스에도 있고 독일에도 있습니다.
⑤지금 오피스에는 송 부장님도 안 계시고 김 과장님도 안 계십니다.
⑥일 층이 약국이고 이 층이 미장원입니다.
⑦저는 그 의견에 찬성도 아니고 반대도 아닙니다.
⑧쓰레기는 여기에 버리지 말고 쓰레기통에 버리세요.
⑨오늘은 술집에 가지 말고 카페에서 이야기합시다.
⑩어머니 사진을 보고 눈물이 났습니다.
⑪중학생은 교복을 입고 다닙니다.
⑫모자를 벗고 인사하세요.
⑬창문을 열고 청소합니다.
⑭우리 딸은 도시락을 가지고 소풍을 갔습니다.
⑮불을 끄고 잡니다.
⑯그 사실을 알고 화가 났습니다.
⑰소설을 읽고 감상문을 씁니다.

第12課（제십이과）

1. -(으)면

①항공편으로 보내면 일주일 빨리 도착합니다.
②장마가 들면 비가 많이 옵니다.
③시간이 되면 내일 오후 세 시에 오겠습니다.
④배가 고프면 식당에서 식사하세요.
⑤기회가 있으면 꼭 서울에 가겠습니다.
⑥십 분이면 비행기가 착륙합니다.

2. -(으)면 되다/안되다

①시간이 없으면 이메일로 보고하면 돼요.
②몇 번 창구로 가면 됩니까?
③이 약을 하루에 한 봉지씩 먹으면 돼요.
④도서관에서 떠들면 안됩니다.
⑤한자를 모르면 안됩니다.
⑥고등학생이 담배를 피우면 안되지요.

3. -어서

①은행에 가서 돈을 찾았습니다.
②명동까지 버스에서 서서 갔습니다.
③그 사람은 노력해서 대학을 졸업했습니다.
④청소를 하지 않아서/안 해서 방이 아주 더럽습니다.
⑤상처가 없어서 다행입니다.
⑥봄이라서 겨울 코트는 옷장에 넣었습니다.
⑦영업 성적이 일등이 아니라서 억울합니다.
⑧숙제가 많아서 죽겠습니다.
⑨파티에 초대해 주셔서 대단히 감사합니다.
⑩늦어서 미안해요.

4. ㅂ変則用言

①그 짐은 꽤 무거워요.
②집에서 슈퍼가 가까워요.
③도쿄의 여름은 무더워요.
④시험이 생각보다 상당히 어려웠습니다.
⑤생선을 구웠습니다.
⑥오래간만에 초등학교 선생님을 뵈었습니다.
⑦방이 어두워서 불을 켰습니다.
⑧유학 생활이 외로워서 어머니에게/한테 전화를 했습니다.
⑨히로코 씨는 여전히 아름다우십니다.
⑩이 소파에 좀 누우세요.

5. -고 있다

①그 여성은 아까부터 계속 시디를 듣고 있습니다.
②부엌에서 고양이가 야옹 야옹 울고 있습니다.
③지금 우리 버스는 인천 공항으로 가고 있습니다.
④그 지역은 상업 도시로서 발전되고 있습니다.
⑤여자 애가 인형을 안고 있습니다.
⑥오래간만입니다. 잘 지내고 있습니까?

6. 해体

①또 담배야? 도대체 하루에 몇 개비 피워?
②내 지갑은 이게 아니야.
③지금은 밖에 나가지 마. 황사가 심해.
④여보세요. 언니? 나야. 잘 있어?
⑤할아버지는 지금 장기를 두고 계셔.
⑥티비 소리가 시끄러워. 소리 좀 줄여.
⑦이 사람이 누구였지?——글쎄, 누구지?
⑧그 가게는 전혀 안 쌌어.

第13課（제십삼과）

1. 으語幹の用言

①그 이야기는 아주 슬퍼요.
②오늘은 아침부터 머리가 아파요.
③역 앞 편의점에 들러서 잡지를 샀습니다.
④그 여배우는 십 년 전에도 예뻤습니다.

2. 르変則用言と러変則用言

①저는 그 사람의 출신지를 몰랐습니다.
②빨래가 다 말랐습니다.
③밤마다 할머니 어깨를 주물러 드립니다.
④저는 글씨가 서툴러서 편지를 잘 쓰지 않습니다/안 씁니다.
⑤우리는 십오 년간 연구 개발하여 오늘에 이르렀습니다.

3. ㅎ変則用言

①미리 씨 머리는 까맣고 깁니다.
②그러면 제가 먼저 말씀드리겠습니다.
③시골 할아버지 댁 벽시계는 커다랬습니다.
④오늘은 구름이 하나도 없고 하늘도 파래요.
⑤맛이 어떠십니까?

4. -잖다

①사람에 따라 생각이 다르잖습니까?

②축구도 농구도 다 잘하잖아요.

③다음주부터 여름 방학이잖아?

5. -(으)려고

①다이어트하려고 조깅을 시작했습니다.

②아이가 마당에서 놀려고 신발을 신고 있습니다.

③한국에 국제 전화를 하려고 합니다.

④날이 새려고 합니다.

6. -어도

①아까부터 (남)동생은 이름을 불러도 대답을 하지 않습니다/안 합니다.

②아무리 비싸도 그 사전을 꼭 사겠습니다.

③초등학생이라도 그 소설 제목은 압니다.

④그렇지 않아도/안 그래도 오늘은 제가 사려고 합니다.

⑤여기에서는/여기서는 모자를 벗지 않아도/안 벗어도 됩니다.

7. -어 가다/오다

①이 책상은 제가 유치원 때부터 써 왔습니다.

②밤이 점점 깊어 갑니다.

③도시락은 제가 싸 가겠습니다.

④여권을 꼭 가져 오십시오.

8. 移動を表す動詞につく-어가다/오다

①고양이가 쥐를 쫓아갑니다.

②봄이 되면 철새가 날아옵니다.

③등산객들은 꼭대기로 올라갔습니다.

④(여)동생은 오후 다섯 시에 학교에서 돌아왔습니다.

9. -어 보다

①이제 울지 말고 웃어 보세요.

②그럼, '검색'을 클릭해 보십시오.

③이 노래를 다 같이 불러 봅시다.

④친구 결혼식 때 처음 한복을 입어 봤습니다.

10. -어 있다

①그 물고기는 아직 살아 있습니다.

②머리가 아파서 잠시 침대에 누워 있었습니다.

③봄은 이미 우리 곁에 와 있습니다.

④제 이메일 주소가 회원록에 등록되어/돼 있습니다.

⑤나무 뒤에 강아지가 숨어 있습니다.

⑥할아버지께서 소파에 앉아 계십니다.

11. -어＋補助動詞

①범인을 끝까지 찾아 내겠습니다.

②자전거를 도서관 앞에 세워 놓았습니다.

③카메라는 책상 위에 놓아 두십시오.

④스미스 씨는 미국에/으로 가 버렸습니다.

⑤유리 씨는 나이보다 젊어 보입니다.

第14課（제십사과）

1. ㄷ変則用言

①그 연예인 소문을 많이 들었습니다.

②설문 조사로 대학생 백 명에게/한테 물었습니다.

③이 약은 두통에 잘 들어요.

④트럭에 짐을 실으십시오.

⑤바다까지 걸어서 오 분밖에 걸리지 않습니다/안 걸립니다.

2. -(으)러

①아이들은 친구 집에 놀러 갔습니다.

②저는 주말에 수영을 배우러 수영 교실에 다니고 있습니다.

③머리를 감으러 욕실에 들어갔습니다.

3. -(으)니까

①거기는 너무 머니까 오늘은 가지 않겠습니다/안 가겠습니다.

②담배는 건강에 나쁘니까 끊었습니다.

③아까 술을 마셨으니까 운전하지 마십시오.

④그러니까 제가 말했잖아요.

⑤왜 이 서류가 필요합니까?——규칙이 그렇게 돼 있으니까요.

4. -(으)ㄹ까

①오늘은 뭐하고 놀까?

②회의를 하루 이틀 미루면 어떨까?

③도대체 범인은 누구일까?

④소포가 무사히 도착했을까요?

5. -(으)ㄹ래

①나는 휴게실에 가서 좀 쉴래.

②엄마하고 같이 김밥을 만들래.

③저도 오늘은 집에 있을래요.

④콘서트에 같이 안 갈래요?

6. 한다体の叙述形

①한국어를 배운다.

②서울에 산다.

③음악을 듣는다.

④잡지를 읽는다.

⑤열심히 일했다.

⑥저 연못은 깊다.

⑦이 주스는 달다.

⑧강아지는 이 방에 없다.

⑨여기가 도서관이다.

⑩꽃이 피지 않는다.

⑪오늘은 덥지 않다.

⑫러시아어 시험은 어려웠다.

7. 한다体の疑問形-느냐/-(으)냐

①한국어를 배우느냐?

②서울에 사느냐?

③음악을 듣느냐?

④잡지를 읽느냐?

⑤열심히 일했느냐?

⑥저 연못은 깊으냐?

⑦이 주스는 다냐?

⑧강아지는 이 방에 없느냐?

⑨여기가 도서관이냐?

⑩꽃이 피지 않느냐?

⑪오늘은 덥지 않으냐?

⑫러시아어 시험은 어려웠느냐?

8. 한다体の疑問形-냐

①한국어를 배우냐?

②서울에 사냐?

③음악을 듣냐?

④잡지를 읽냐?

⑤열심히 일했냐?

⑥저 연못은 깊냐?

⑦이 주스는 다냐?

⑧강아지는 이 방에 없냐?

⑨여기가 도서관이냐?

⑩꽃이 피지 않냐?

⑪오늘은 덥지 않냐?

⑫러시아어 시험은 어려웠냐?

9. 한다体の疑問形-니

①한국어를 배우니?
②서울에 사니?
③음악을 듣니?
④잡지를 읽니?
⑤열심히 일했니?
⑥저 연못은 깊으니/깊니?
⑦이 주스는 다니?
⑧강아지는 이 방에 없니?
⑨여기가 도서관이니?
⑩꽃이 피지 않니?
⑪오늘은 덥지 않니?
⑫러시아어 시험은 어려웠니?

10. 한다体の命令形

①힘내라. 포기하지 마라.
②뛰지 말고 천천히 걸어라.
③여기에 서 있어라.

11. 한다体の勧誘形

①이제 집에 가자. ――그래, 가자 가자.
②싸우지 말자!
③체육관에 가서 배구 하자.

12. 해体の疑問形-는지/-(으)ㄴ지

①한국어를 배우는지?/한국어를 배우는지요?
②서울에 사는지?/서울에 사는지요?
③음악을 듣는지?/음악을 듣는지요?
④잡지를 읽는지?/잡지를 읽는지요?
⑤열심히 일했는지?/열심히 일했는지요?
⑥저 연못은 깊은지?/저 연못은 깊은지요?
⑦이 주스는 단지?/이 주스는 단지요?
⑧강아지는 이 방에 없는지?/강아지는 이 방에 없는지요?
⑨여기가 도서관인지?/여기가 도서관인지요?
⑩꽃이 피지 않는지?/꽃이 피지 않는지요?
⑪오늘은 덥지 않은지?/오늘은 덥지 않은지요?
⑫러시아어 시험은 어려웠는지?/러시아어 시험은 어려웠는지요?

13. 하게体の疑問形-는가/-(으)ㄴ가

①한국어를 배우는가?/한국어를 배우는가요?
②서울에 사는가?/서울에 사는가요?
③음악을 듣는가?/음악을 듣는가요?
④잡지를 읽는가?/잡지를 읽는가요?
⑤열심히 일했는가?/열심히 일했는가요?
⑥저 연못은 깊은가?/저 연못은 깊은가요?
⑦이 주스는 단가?/이 주스는 단가요?
⑧강아지는 이 방에 없는가?/강아지는 이 방에 없는가요?
⑨여기가 도서관인가?/여기가 도서관인가요?
⑩꽃이 피지 않는가?/꽃이 피지 않는가요?
⑪오늘은 덥지 않은가?/오늘은 덥지 않은가요?
⑫러시아어 시험은 어려웠는가?/러시아어 시험은 어려웠는가요?

14. 하게体の疑問形-나

①한국어를 배우나?/한국어를 배우나요?

②서울에 사나?/서울에 사나요?

③음악을 듣나?/음악을 듣나요?

④잡지를 읽나?/잡지를 읽나요?

⑤열심히 일했나?/열심히 일했나요?

⑧강아지는 이 방에 없나?/강아지는 이 방에 없나요?

⑩꽃이 피지 않나?/꽃이 피지 않나요?

⑫러시아어 시험은 어려웠나?/러시아어 시험은 어려웠나요?

第15課（제십오과）

1. 처럼

①그 간호사는 어머니처럼 다정했다.

②명동 밤은 낮처럼 밝습니다.

③마이클 씨는 중국 사람처럼 중국어를 잘합니다.

④이 건물은 그 건물처럼 높지는 않습니다.

2. 나/이나

①잡지를 보러 서점이나 갈까 한다.

②우리는 겨울에 스키나 스케이트를 탄다.

③요즘은 남자나 여자나 모두 미용실에 다닌다.

④학생 때보다 십 킬로나 살이 쪘다.

⑤서울에서 평양까지 비행기로 몇 시간이나 걸릴까?

⑥지금은 누구나 휴대폰을 가지고 다닌다.

3. ㅅ変則用言

①감기가 거의 나았습니다.

②컵에 물을 부어 주세요.

③공원 앞에 집을 지었습니다.

④아가씨가 거울을 보고 미소를 지었습니다.

⑤이 계획이 그 계획보다 훨씬 나아요.

4. -게

①우리 일행은 예정보다 늦게 출발했다.

②아이들이 굉장히 시끄럽게 떠들었다.

③그렇게 걱정하지 마세요.

④선물을 고맙게 받았습니다.

⑤아주머니가 삼계탕을 맛있게 만들어 주었다.

⑥내용물이 보이지 않게/안 보이게 쌌습니다.

5. -게 하다

①나는 아들에게/한테 태권도를 배우게 했다.

②아내는 남편에게/한테 담배를 끊게 했다.

③기다리게 해서 죄송합니다.

④텔레비전 소리를 크게 해 주세요.

6. -게 되다

①우리는 제주도에서 결혼식을 올리게 되었습니다.

②그 아이는 어머니의 마음을 이해하게 되었다.
③친구의 소개로 편의점에서 일하게 되었다.
④대학에 입학하면 대부분의 학생들이 동아리에 들어가게 된다.
⑤메일 주소가 어떻게 되세요?
⑥요즘 그 학생은 지각하지 않게 되었다.

7. -어지다

①지난주부터 날씨가 갑자기 추워졌습니다.
②고기와/하고 채소 값이 두 배 정도 비싸졌습니다.
③그 뉴스를 듣고 기뻐서 표정이 밝아졌다.
④술을 마셔서 얼굴이 빨개졌다.
⑤도시에 잠자리가 없어졌다.

8. -도록

①짐이 내일 도착하도록 보냈다.
②바닥을 깨끗하게 닦도록 부탁했다.
③소화가 잘되도록 꼭꼭 씹어 먹어요.
④매일 십 분이라도 한국어 뉴스를 듣도록 하고 있다.
⑤회의에 늦지 않도록 오세요.
⑥시간을 낭비하지 않도록 미리 계획을 세우세요.

9. -(으)면서

①우리는 서로 도우면서 살고 있다.
②오늘은 날씨가 흐리면서 하루종일 덥겠습니다.
③애인이 있으면서 미팅을 하니?
④그 사람은 주부이면서 발명가이다.
⑤사람들은 연휴가 시작되면서 해외 여행을 떠났다.

第16課（제십육과）

1. 랑/이랑

①오늘은 남자 친구랑 같이 테니스를 쳤습니다.
②라면이랑 김밥을 시켰습니다.
③그거랑 이거랑 뭐가 달라요?
④너랑 나랑 친구야.

2. -지만

①매일 운동하지만 좀처럼 살이 빠지지 않습니다/안 빠집니다.
②이 아이는 아직 어리지만 엄마를 도와 줍니다.
③지금 그 가방이 유행하고 있지만 저는 별로 마음에 들지 않습니다/안 듭니다.
④실례지만 창문 좀 열어 주시겠습니까?
⑤미안하지만 만 원만 빌려 줄래?
⑥기차가 역에 도착했지만 아무도 내리지 않았습니다. /안 내렸습니다

3. -ㅂ니다만/-습니다만

①이 가게에서는 와이셔츠는 팝니다만 티셔츠는 팔지 않습니다/안 팝니다.

②그 때 서울은 아침이었습니다만 런던은 밤이었습니다.

4. -(으)ㄹ게

①내일은 이 버스 정류장 앞에서 기다릴게.

②어깨 아프지? 아기는 내가 업을게.

③비행기 티켓은 제가 예약해 드릴게요.

5. -네

①이거 마셔 봐. ——응. 와! 되게 다네.

②벌써 세 살이야? 많이 컸네.

③어머, 지갑에 천 원짜리밖에 없네.

④운동장에서는 아이들이 야구를 하고 있네요.

⑤오래간만이네요. 그동안 안녕하셨습니까?

⑥시험 과목이 많아서 힘들겠네요.

⑦이번달은 전화 요금이 이십만 원이나 나왔네.

6. -어하다

①아들은 옛이야기를 재미있어하지만 딸은 재미없어한다.

②유진 씨는 무슨 스포츠를 좋아합니까?

③스즈키 씨가 학생 시절을 그리워했습니다.

7. -고 싶다

①이번주 일요일에 낚시를 하러 바다에/로 가고 싶다.

②목이 말라서 물을 마시고 싶습니다.

③시간이 되면 저도 그 강연회에 참석하고 싶습니다.

8. -면/-었으면 좋겠다

①유미코 씨도 같이 오면 좋겠다.

②학교 근처에 하숙하면 좋겠습니다.

③하루가 스물다섯 시간이었으면 좋겠다.

④저도 애인이 생겼으면 좋겠습니다.

9. -는

①제 취미는 그림을 그리는 것입니다.

②이 동네에는 옷을 파는 가게가 많습니다.

③그 계획서에는 문제가 있습니다. 어떡하는 것이 좋을까요?

④설악산은 한국 강원도에 있는 산입니다.

10. -(으)ㄴ

①그 학생은 짧은 기간에 한국말이 많이 늘었습니다.

②공장에서는 새로운 차를 만들고 판매점에서는 새 차를 팝니다.

③도서관에는 오래된 책이 있고 헌책방에는 헌책이 있습니다.

④저는 사토 씨와/하고/랑 같은 고등학교를 졸업했습니다.

⑤이 가게는 자리가 없습니다. 다른 가게에 갑시다.

11. -는데と-(으)ㄴ데

①어제 소포를 보냈는데 받으셨습니까?

②그 국은 소금을 넣으면 맛있는데요.

③저도 같이 가고 싶은데 내일은 시간이 없습니다.

12. -기

①외국어는 쉬운 단어가 오히려 틀리기 쉽다.

②범인은 경찰이 오기 전에 지하 창고에 숨었다.

③오늘은 시간이 없기 때문에 내일 만나기로 했습니다.
④라디오를 듣기는 하지만 매일 듣지는 않습니다.

第17課（제십칠과）

1. 疑問詞＋疑問形語尾
   ①이렇게 날씨가 좋은 날에는 어딘가에 놀러 가고 싶다.
   ②이것은 어느 나라 지도인지 아십니까?
   ③왠지 그 노래가 마음에 들었다.
   ④누군가가 웃는 소리가 들려왔다.
   ⑤저는 언젠가 한국 대학에 유학가고 싶다.
2. -(으)ㄹ
   ①아, 목 말라. 뭔가 마실 것 없어?
   ②피곤하세요? 그럴 때는 인삼차가 제일이에요.
   ③그 가게에서는 홍차를 한 잔 마셨을 뿐이다.
   ④일부러 사무실까지 올 필요는 없습니다.
   ⑤슈퍼에 가서 살 것을 다 샀다.
   ⑥오늘은 할 일이 없어서 심심하다.
3. 冠形詞形語尾＋만큼
   ①그 아이는 동네에서 화제가 될 만큼 예뻤다.
   ②운동하는 만큼 건강해진다.
   ③그 시험은 어려운 만큼 합격자도 적다.
   ④백두산은 명산인 만큼 등산하고 싶어하는 사람들도 많다.
4. 冠形詞形語尾＋것이다
   ①올해는 석유 값이 많이 오를 것이다.
   ②아마 그 사람은 혼자서 한국에 갔을 것이다.
   ③점심은 어디 가서 먹을 거야?
   ④실패하면 다시 하면 되는 거예요.
   ⑤그 짐보다 이 짐이 훨씬 무거운 거야.
   ⑥버스가 안 오는 거예요/오지 않는 거예요.
5. 冠形詞形語尾＋것 같다
   ①오늘은 일찍 자는 것이 좋을 것 같다.
   ②요즘 그 가수는 해외에서도 인기가 있는 것 같다.
   ③휴대폰을 여기에 놓고 간 사람은 사토 씨인 것 같습니다.
   ④부산행 고속 버스는 이미 출발한 것 같습니다.
   ⑤지금도 눈이 오는 것 같고 내일도 눈이 올 것 같다.
   ⑥여기가 공연 회장입니까? ——네, 그런 것 같습니다.
6. -더니と-었더니
   ①갑자기 하늘이 어두워지더니 소나기가 오기 시작했다.

練習問題解答

②파티 회장에 사토 씨가 나타나더니 일제히 박수가 터졌다.
③초인종을 눌렀더니 집 안에서 할머니가 천천히 나왔다.
④친구가 준 두통약을 먹었다. 그랬더니 두통이 금방 나았다.

7. -는군と-군
①정말 아름다운 음악을 들었을 때는 눈물이 나는군.
②아, 이건 수입품이네. 그래서 값이 비싸군!
③신청서는 저 창구에 제출하면 되는군요.
④그 아이는 벌써 스무 살이 됐군요.
⑤이 버튼을 누르면 문이 열려.――아, 그렇구나.
⑥유미코가 아까 많이 울었어요.――어쩐지. 그래서 유미코 눈이 빨갰구나.

第18課 (제십칠과)

1. -(으)ㄹ 수 있다/없다
①일본에서도 인터넷으로 한국 라디오를 들을 수 있다.
②옛날에는 이 강에서 헤엄칠 수 있었습니다.
③시험중에는 전화를 받을 수 없습니다.
④너무 창피해서 어쩔 수 없었다.
⑤한 시간 후에는 출발할 수 있을 것 같다.

2. 못と-지 못하다
①나는 원래 스키를 못 탄다/타지 못한다.
②그 금고는 아무도 못 연다/열지 못한다.
③어제는 아주 바빠서 메일도 못 썼다/쓰지 못했다.
④오늘중으로는 이 일은 못 끝내겠습니다/끝내지 못하겠습니다.
⑤공항 안에서는 사진을 못 찍습니까?/찍지 못합니까?

3. -던と-었던
①조금 전까지 울던 아이가 지금은 웃고 있네.
②(여)동생이 기르던 꽃이 시들었습니다.
③그것은 제가 마시던 커피입니다.
④한국에서 보냈던 유학 생활이 아주 그립다.
⑤학교에서 있었던 일을 일기장에 썼다.

4. -더라고と-었라고
①아기가 엄마를 보고 싱글벙글 웃더라고.
②비가 와서 길이 미끄럽더라고.
③그 사람이 바로 범인이더라고요.
④할머니 집 마당에 예쁜 꽃들이 피었더라고요.
⑤너무 피곤해서 쓰러지겠더라고요.

5. -다가と-었다가
①강의를 듣다가 졸려서 자 버렸다.

②편지를 도중까지 쓰다가 말았다.
③이 부부는 한때 별거했다가 다시 같이 살게 되었다.
④그 고속 버스는 터미널에 도착했다가 삼십 분후에 다시 출발했다.

6. -거든

①왜 케이크를 안 먹어요?——다이어트 중이거든.
②반찬을 많이 남겼네.——실은 맛이 없었거든.
③왜 그렇게 서둘러요?——수업에 늦을 것 같거든요.
④와, 시험에서 백 점을 받았어요?——운이 좋았을 뿐이거든요.
⑤열이 내렸네요.——감기가 다 나았거든요.

7. -어야 되다/하다

①이 일은 월말까지 해내야 된다/한다.
②아무리 사이가 좋아도 말을 조심해야 된다/한다.
③외국어를 배울 때는 그 나라 문화나 습관도 알아야 됩니다/합니다.
④아이와의 약속은 꼭 지켜야 된다/한다.
⑤공원은 시민을 위한 자유로운 장소여야 됩니다/합니다.

8. 引用を表す語尾

①그 사람은 늘 아침 여섯 시에 일어난다고 했다.
②그녀는 내일은 약속이 있다고 했다.
③오늘 밤쯤에 눈이 올 것 같다고 예측했다.
④누가 시험이 다음주라고 했습니까?
⑤저는 창문을 열어 달라고 부탁했습니다.
⑥하루에 커피를 몇 잔 마시느냐고 물었다.
⑦언제 일본에 오셨느냐고 질문했습니다.
⑧이 방에는 절대로 들어가지 말라고 했다.
⑨학생들에게/한테 교실에서는 떠들지 말라고 주의를 주었다.
⑩같이 영화를 보러 가자고 했다.

9. -답니다/-이랍니다/-잡니다/-랍니다

①공원까지 걸어간답니다.
②담배는 끊었답니다.
③한국의 옛날이야기를 읽고 싶답니다.
④정말로 그랬답니다.
⑤그 영화는 재미있었답니다.
⑥역 앞에는 약국이 없답니다.
⑦내일부터 해외 출장이랍니다.
⑧남동생은 중학생이 아니랍니다.
⑨마지막까지 힘내랍니다.
⑩절대로 포기하지 말랍니다.
⑪같이 한국말로 이야기하잡니다.
⑫친구하고 싸우지 말잡니다.

10. -대(요)/-이래(요)/-재(요)/-래(요)

①공원까지 걸어간대(요).
②담배는 끊었대(요).
③한국의 옛날이야기를 읽고 싶대(요).
④정말로 그랬대(요).
⑤그 영화는 재미있었대(요).
⑥역 앞에는 약국이 없대(요).
⑦내일부터 해외 출장이래(요).
⑧남동생은 중학생이 아니래(요).

⑨마지막까지 힘내래(요).
⑩절대로 포기하지 말래(요).
⑪같이 한국말로 이야기하재(요).
⑫친구하고 싸우지 말재(요).

11. -단더/-이란다/-잔다/-란다

①공원까지 걸어간단다.
②담배는 끊었단다.
③한국의 옛날이야기를 읽고 싶단다.
④정말로 그랬단다.
⑤그 영화는 재미있었단다.
⑥역 앞에는 약국이 없단다.
⑦내일부터 해외 출장이란다.
⑧남동생은 중학생이 아니란다.
⑨마지막까지 힘내란다.
⑩절대로 포기하지 말란다.
⑪같이 한국말로 이야기하잔다.
⑫친구하고 싸우지 말잔다.

単語集

※単語の登場するページは「索引」から参照することができます。

あ 行

あ　아
ああ　아, 어휴
ああする　저러다, 그러다 (→そうする)
ああだ　저렇다, 그렇다 (→そうだ)
愛　사랑
相変わらず　여전히
あいさつ　인사
あいさつする　인사하다
間　동안, 사이
間のㅅ　사이시옷
あいにくだ　공교롭다
相棒　짝
会う　만나다, 만나보다, 찾아보다
合う　맞다
アウト　아웃
アクト　액트
青　파랑
青い　파랗다, 푸르다
青色　파란색, 푸른색
仰ぎ見る　우러러보다
仰ぐ　받들다
赤　빨강
赤い　붉다, 빨갛다, 뻘겋다
赤色　붉은색, 빨간색
明かす　새우다
赤ちゃん　아기
上がって行く　올라가다
上がって来る　올라오다
あがる　오르다
明るい　밝다
秋　가을
明らかだ　뚜렷하다
明らかに　뚜렷이
明らかにする　밝히다
あきらめる　포기하다
開く　열리다
開ける　열다
開ける (目を)　뜨다
明ける　새다
あげる　돋구다 (→高める), 돋우다 (→高くする)
あげる　들다 (→持つ)
あげる　올리다
あげる　주다 (→与える)
あげる (大声を)　지르다
あご　턱
朝　아침
浅い　얕다
朝ご飯　아침
あさって　모레
あざ笑う　비웃다
脚　다리
足　다리 (→脚), 발
味　맛
明日　내일
足もと　발밑
あそこ　저기, 거기 (→そこ) ; 저곳, 그곳 (→そこ)
遊ぶ　놀다
与える　주다
暖かい　따뜻하다
頭　머리
新しい　새롭다
～あたり　-쯤
辺り　동네
あちこち　여기저기
あちら　저쪽, 그쪽 (→そちら)
あっ　아, 어, 참
厚い　두껍다
厚い (人情が)　두텁다
暑い　덥다
熱い　뜨겁다
熱くなる　달다
圧倒　압도
アップル　애플
集まる　모이다
集める　모으다
当てる　대다
後　나중, 뒤
後で　나중에, 이따가
あなた　너, 당신
あの　저, 그 (→その)
あの方　저분, 그분 (→その方)
あの子　재, 걔 (→その子)
アパート　아파트
甘い　달다
あまり (～しない)　잘
あまりに　너무
あまりにも　너무
編む (髪を)　땋다
雨　비
アメリカ　미국
あら　어머
荒い　거칠다
洗う　씻다
洗う (洗濯物を)　빨다
洗う (髪を)　감다
現れる　나오다
アリ　개미
ありがたい　감사하다, 고맙다
ありがとうございます　감사합니다, 고맙습니다
あります　있습니다
ありますか　있습니까
ありません　없습니다
ありませんか　없습니까
ある　있다
ある～　어떤
歩いて行く　걸어가다
歩いて来る　걸어오다
歩く　걷다
アルバイト　아르바이트
ある日　어느 날
あれ　저것, 저거, 그것, 그거 (→それ)
あれこれ　이것저것
合わせる　맞추다, 아우르다, 합치다 (→合計する)
あわてる　서두르다
アンケート調査　설문 조사
あんな　저런, 그런 (→そんな)
案内　안내
案内員　안내원
李 (イ) (姓)　이
いいえ　아뇨, 아니요
言い換えれば　바꿔 말하면
言い聞かせる　타이르다
Eメール　이메일
Eメールアドレス　이메일 주소
言う　말하다, 이르다
家　집
意外　의외
行き　행
粋　멋
イギリス　영국
生きる　살다
行く　가다
いくつ　몇
いくら　얼마
いくら (～でも)　아무리
池　연못
意見　의견
石　돌
医者　의사
イス　의자
忙しい　바쁘다
痛い　아프다
痛くなった　아프다
痛くなる　아프다
いただきます　잘 먹겠습니다
いただく　받다
至る　이르다

1　일
1月　일월
イチゴ　딸기
一時　한때
一度　한번
1日　하루
一日中　하루종일
一日に　하루에
市場　시장
一番　일등 (→トップ), 제일
1番目　첫 번째, 첫째
いつ　언제
5日　오일
いつか　언젠가
5日間　닷새
いつぐらい　언제쯤
一行　일행
一週間　일주일
一所懸命　열심히
いっしょに　같이, 함께
一心に　열심히
一斉に　일제히
いったい　도대체
5つ　다섯
5つの　다섯
行って来ます　갔다 오겠습니다
行って来る　갔다 오다, 다녀오다
いつでも　아무 때나
いつの間にか　어느 사이에, 어느 덧
一杯だ (おなかが)　부르다
一般的　일반적
いつも　늘, 언제나
糸　실
糸口　실마리
いない　없다
田舎　시골
田舎くさい　촌스럽다
犬　개
いねむりする　졸다
祈る　기도하다, 빌다
今　지금
今ぐらい　지금쯤
今ごろ　지금쯤
今時分　지금쯤
今時分なら　지금쯤
います　있습니다
いますか　있습니까
いません　없습니다
いませんか　없습니까
意味　뜻, 의미
林 (イム) (姓)　임
妹　동생, 여동생
嫌がる　싫어하다
嫌だ　싫다
依頼　의뢰
いらっしゃいませ　어서 오십시오, 어서 오세요
いらっしゃらない　안 계시다
いらっしゃる　계시다
異例　이례
入れる　넣다
入れる (コーヒーを)　타다
〜色　색
いろいろな　여러
色紙　색종이
印象的　인상적
インスタント　인스턴트
インターネット　인터넷
仁川 (インチョン)　인천
飲料水　음료수
引力　인력
上　위
ウェイター　웨이터
上側　위 쪽
植える　심다
ウォン　원
浮かぶ　뜨다
受け取る　받다
受ける　받다
動く　움직이다, 작동하다
ウサギ　토끼
牛　소
失う　잃다
後　뒤
薄い　얇다
薄い (味が)　싱겁다
うそ　거짓말
うそをつく　거짓말을 하다
歌　노래
歌う　부르다
撃たれる　쏘이다
内　속
内気だ　수줍다
うちの　우리
内もも　허벅지
打ち破る　무찌르다
撃つ　쏘다
美しい　아름답다
腕　팔
奪う　빼앗다
奪われる　빼앗기다
馬　말
生まれる　태어나다
海　바다
海辺　바닷가
産む　낳다
生む　낳다
埋める　묻다, 파묻다
うらやましい　부럽다
売る　팔다
うるさい　시끄럽다
うれしい　기쁘다, 반갑다
うれしいです (お会いできて)　반갑습니다
うれしがる　기뻐하다 (→喜ぶ), 즐거워하다 (→楽しそうにする)
うわさ　소문
うん　응
運　운
うんざりだ　지겹다
運転　운전
運転する　운전하다, 몰다
運転免許証　운전면허증
運動　운동
運動場　운동장
運動する　운동하다
絵　그림
エアコン　에어컨
映画　영화
映画館　극장
映画監督　영화 감독
影響　영향
営業　영업
英語　영어
英字　영자
ええ　네
ええっと　어
描く　그리다
駅　역
絵葉書　그림 엽서
選ぶ　고르다
得る　얻다
絵を描く　그림을 그리다
遠足　소풍
鉛筆　연필
遠慮する　사양하다
お〜になります　-십니다, -으십니다; -세요, -으세요
お〜になりますか　-십니까, -으십니까; -세요, -으세요
お〜になる　-시-, -으시-
お会いする　뵙다
おありだ　있으시다
おありでない　없으시다
おい (甥)　조카
おいしい　맛이 있다, 맛있다
おいしくない　맛이 없다, 맛없다
置いて行く　놓고 가다
置いて来る　놓고 오다
降りて行く　내려가다
追う　몰다
負う　지다
終える　끝내다
多い　많다
覆う　덮다
オオカミ　늑대
大きい　크다
大きくなる (子供が)　크다
大きさ　크기
大阪　오사카

大麦　보리
覆われる　덮이다
お母様　어머님
お母さん　어머니
お母ちゃん　엄마
お菓子　과자
おかしい　우습다
おかす (あやまちを)　저지르다
おかず　반찬
お金　돈
置かれる　놓이다
お客様　손님
起きる　일어나다
奥　속
億　억
置く　놓다, 두다
送る　보내다
遅れる　늦다
お元気ですか　안녕하십니까?, 안녕하세요?
お心　성의
お言葉　말씀
起こる (波や風が)　일다
おごる　사다, 사주다 (→買ってあげる)
幼い　어리다
惜しい　아깝다
おじいさま　할아버님
おじいさん　할아버지
教える　가르치다
お嬢様　따님
お嬢さん　아가씨
押す　누르다, 밀다
遅い　늦다
恐れる　무서워하다
お互いに　서로
お宅　댁
お訪ねする　찾아뵙다
お誕生日　생신
お茶　차, 녹차
落ちる　떨어지다
おっしゃる　말씀하다, 말씀하시다
追って行く　쫓아가다
追って来る　쫓아오다
夫　남편
音　소리
お父様　아버님
お父さん　아버지
お父ちゃん　아빠
弟　동생, 남동생
音がする　소리가 나다
男　남자
男の人　남자
お年　연세
おととい　그저께
大人　어른
踊り　춤

踊る　추다, 춤을 추다
驚く　놀라다
お腹　배
お腹が空いている　배고프다
お亡くなりになる　돌아가시다
同じだ　같다
お名前　성함
お兄さま (형の尊敬語)　형님
お兄さん (弟から見て)　형
お兄さん (妹から見て)　오빠
お姉さま (누나の尊敬語)　누님
お姉さん (弟から見て)　누나
お姉さん (妹から見て)　언니
お飲みになる　드시다, 잡수시다
おばあさま　할머님
おばあさん　할머니
おばさん　아주머니
おはようございます　안녕하십니까?, 안녕하세요?
お昼の時間　점심 시간
オフィス　오피스
覚える　외우다
お前　너
お前たち　너희, 너희들
お前の　네
おめでとうございます　축하합니다
お目にかかる　만나뵙다, 뵙다
重い　무겁다
思い出　추억
思う　생각하다
思う存分　마음껏
面白い　재미있다
面白がる　재미있어하다
面白み　재미
おもちゃ　장난감
思ったより　생각보다
主に　주로
趣　멋
おや　어
親　부모
親孝行　효도
おやすみなさい　안녕히 주무십시오, 안녕히 주무세요
お休みになる　주무시다
泳ぐ　헤엄치다
および　및
オリ　우리
折りたたむ　접다
降りて行く　내려가다
降りて来る　내려오다
降りる　내리다
折る　꺾다
おれ　나
折れる　꺾이다
おろす (お金を)　찾다
降ろす　내려 주다

おわび　사과
終り　마지막 (→最後), 끝
終る　끝나다
音楽　음악
音声学　음성학
温泉　온천
オンドル　온돌
オンドル部屋　온돌방
女　여자
女の子　여자 애
女の人　여자
おんぶする　업다

か 行

～か　-아, -어, -여; -ㄴ가, -은가, -는가; -ㄴ지, -은지, -는지; -나; -냐, -으냐
課　과
が　가, 이; 께서
カーブ　커브
ガールフレンド　여자 친구
～かい　-냐
回　번
階　층
会員録　회원록
海外　해외
会議　회의
解決　해결
外国語　외국어
会社　회사
会社員　회사원
外出する　외출하다
会場　회장
会長　회장님
開発する　개발하다
解放感　해방감
買い物　쇼핑
外来語　외래어
会話　회화
買う　사다
かえって　오히려
帰って行く　돌아가다
帰って来る　돌아오다
かえりみない (危険を)　무릅쓰다
かえる　바꾸다
帰る　가다
顔　얼굴
かかし　허수아비
鏡　거울
かかる (お金が)　들다
かかる (時間が)　걸리다
書かれる　쓰이다
書き　쓰기
書き取り　받아쓰기
書き取る　받아쓰다
かき混ぜる　젓다
かく (いびきを)　골다

書く　쓰다, 적다
家具　가구
～学　-학
拡散する　확산되다
確実に　확실히
学習者　학습자
学生　학생
学生食堂　학생 식당
学生のころ　학생 시절
学生服　교복
各地　각지
学年　학년
学部　대학
学問　학문
隠れる　숨다
駆けて行く　달려가다, 뛰어가다
駆けて来る　달려오다, 뛰어오다
かける　걸다, 달다
かける（メガネを）　끼다, 쓰다
かける（音楽を）　틀다
かける（錠を）　잠그다
かける（電話を）　걸다
過去形　과거형
傘　우산
カササギ　까치
かしこまりました　알겠습니다
歌手　가수
かす　찌꺼기
貸す　빌려 주다
風　바람
稼ぐ　벌다
風邪薬　감기약
家族　가족
肩　어깨
方　분
かたい　굳다, 딱딱하다
課題　과제
刀　칼
傾く　기울다
価値　가치
課長　과장님
勝つ　이기다
月　월
学科　학과
かっこいい　멋이 있다, 멋있다
学校　학교
かっこよさ　멋
かっこわるい　멋이 없다, 멋없다
買ってあげる　사주다
活動　활동
活動的　활동적
活躍する　활약하다
～かと尋ねる　-냐고 묻다
～かなあ　-나
神奈川　가나가와
悲しい　슬프다, 서럽다
悲しがる　슬퍼하다
悲しみ　슬픔
悲しむ　슬퍼하다
必ず　꼭
かなり　꽤, 상당히
金持ち　부자
可能性　가능성
可能だ　가능하다
彼女　그녀
カバン　가방
カフェ　카페
かぶる（帽子を）　쓰다
側　쪽
かまいません　괜찮습니다
鎌倉　가마쿠라
かまわない　괜찮다
紙　종이
髪　머리
髪の毛　머리카락
紙飛行機　종이 비행기
噛む　물다, 씹다
亀　거북
カメラ　카메라
科目　과목
かゆい　가렵다
通う　다니다
火曜日　화요일
～から　-니까, -으니까
から（経路）　로, 으로
から（時, 順序）　부터
から（場所）　에서
から（人）　에게서, 한테서
辛い　맵다
カラオケ　노래방
体　몸
～からです　-니까요, -으니까요
借りる　빌리다
軽い　가볍다
カルビタン　갈비탕
彼　그
カレー　카레
枯れる　시들다
川　강
かわいい　귀엽다, 예쁘다（→きれいだ）
乾く　마르다
代わりに　대신
かわる　바뀌다
巻　권
姜（カン）（姓）　강
江原道（カンウォンド）　강원도
考え　생각
考える　생각하다
感覚　감각
関係ない　관계없다
関係なく　관계없이
韓国　한국
韓国語　한국어, 한국말
韓国人　한국인, 한국 사람
韓国料理　한국 음식, 한식
看護師　간호사
漢字　한자
感謝　감사
感謝する　감사하다
感じる　느끼다
関心　관심
関心がある　관심이 있다
関する　관하다
感想文　감상문
元旦　설날
韓日辞典　한일사전
がんばって　열심히
がんばる　힘내다
韓服　한복
管理　관리
韓流　한류
黄　노랑
木　나무
聞いて分かる　알아듣다
黄色　노란색, 누른색
黄色い　노랗다, 누렇다, 노르다, 누르다
気温　기온
機会　기회
聞かせる　들리다
気が変になる　미치다
期間　기간
聞き　듣기
キキョウ　도라지
効く　듣다
聞く　듣다, 묻다（→尋ねる）
気苦労　애
聞こえる　들리다
刻む（食物を）　썰다
生地　옷감
汽車　기차
キス　뽀뽀
期す　벼르다
傷　상처
キスする　뽀뽀하다
季節　계절
規則　규칙
基礎的　기초적
北　북쪽
汚い　더럽다
切手　우표
きっと　꼭
キツネ　여우
気に入る　마음에 들다
昨日　어제
厳しい　엄격하다
気分　기분
希望　희망
期末試験　기말시험
君　너

金（キム）（姓）　김
キムチ　김치
決める　결정하다
気持ち　마음（→心），기분
着やすい　편하다
ギャップ　갭
9　구
吸引力　흡인력
休憩室　휴게실
休日　휴일
90　구십, 아흔
90の　아흔
急速　급속
急速に　급속히
急だ　급하다
急だ（勾配が）　가파르다
急に　갑자기
牛肉　쇠고기
牛乳　우유
キュウリ　오이
今日　오늘
教育　교육
教育学　교육학
教科書　교과서
教室　교실
教授　교수님
今日中に　오늘중으로
兄弟　형제
教壇　교단
興味がある　관심이 있다
去年　작년, 작년에, 지난해
慶州（キョンジュ）　경주
景福宮（キョンボックン）　경복궁
嫌いだ　싫다, 싫어하다(→嫌がる, 嫌う)
嫌う　싫어하다
切られる　끊기다
切る　끊다, 자르다
着る　입다
きれいだ　곱다, 예쁘다（→かわいい）
きれいだ　깨끗하다（→清潔だ）
きれいに　깨끗이
キロ　킬로
気を失う　넋을 잃다
気をつける　조심하다
金色　금색
銀色　은색
金庫　금고
銀行　은행
近所　근처
金曜日　금요일
9　구
～く　-게
グアム　괌
くいしばる（歯を）　악물다
空気　공기
空港　공항
クーポン　쿠폰
9月　구월
くし　빗
くすぐったい　간지럽다
崩す　허물다, 헐다（→壊す）
薬　약
～くする　-게 하다
～くせに　-면서, -으면서
具体的　구체적
くたくただ　힘들다
下さい　주세요
果物　과일
果物屋　과일 가게
口　입
唇　입술
靴　구두, 신발（→履物）
靴下　양말
ぐっすり　푹
グッド　굿
グッドラック　굿 럭
クッパ　국밥
～くてなおかつ　-면서, -으면서
～くなる　-아지다, -어지다, -여지다
国　나라
首　목
区別　구별
区別する　구별하다
熊　곰
汲む　긷다
雲　구름
曇っている　흐리다
悔しい　억울하다
くらい　만큼（→ほど），정도
暗い　어둡다
～ぐらい　-쯤
クラス　반
暮らす　살다
クリックする　클릭하다
来る　오다
グループ　그룹
苦しい　괴롭다
車　차
くれと　달라고
くれる　주다
暮れる　저물다
黒　검정, 까망
黒い　검다, 까맣다
黒色　검은색, 검정색, 까만색
苦労する　고생하다
計画　계획
計画書　계획서
経済　경제
警察　경찰
芸術的　예술적
携帯電話　휴대폰
芸能人　연예인
刑法　형법
ケーキ　케이크
消しゴム　지우개
下宿する　하숙하다
消す（火を）　끄다
けち　구두쇠
結果　결과
決して　결코
決定する　결정하다
結婚　결혼
結婚式　결혼식
結婚する　결혼하다
月末　월말
月曜日　월요일
結論　결론
けれども　그렇지만, 하지만
けんかする　싸우다
玄関　현관
元気?　안녕?
元気だ　건강하다（→健康だ），안녕하다, 잘 있다
元気で　잘
研究　연구
研究室　연구실
言語　언어
健康　건강
健康だ　건강하다
言語学　언어학
検索　검색
謙遜している　겸손하다
見物する　구경하다
個　개
5　오
後　후
子犬　강아지
恋人　애인
公園　공원
講演会　강연회
合格　합격
合格者　합격자
合格する　합격하다
講義　강의
講義室　강의실
好奇心　호기심
航空便　항공편
合計する　합치다
高校　고등학교
高校生　고등학생
合コン　미팅
黄砂　황사
工場　공장
こうする　이러다
高速バス　고속 버스
こうだ　이렇다
紅茶　홍차
交通　교통

単語集

交通事故　교통 사고
公的　공적
幸福だ　행복하다
後方　뒤 쪽
公務員　공무원
声　목소리
越えて行く　넘어가다
越えて来る　넘어오다
コート　코트
コーヒー　커피
コーヒー豆　원두 커피
コーラ　콜라
氷　얼음
凍る　얼다
語学　어학
5月　오월
故郷　고향
こぐ　젓다
国語　국어
国語辞典　국어 사전
国際的　국제적
国際電話　국제 전화
告白する　고백하다
国立　국립
ここ　여기, 이곳
午後　오후
9日　구일
9日間　아흐레
9つ　아홉
9つの　아홉
心　마음
心の中　마음속
腰　허리
ご子息　아드님
50　오십, 쉰
50の　쉰
故障　고장
故障する　고장 나다
濾す　거르다
こする　문지르다
午前　오전
こちら　이쪽
小包　소포
コップ　컵
こと　것, 일
今年　금년, 올해
異なっている　다르다
言葉　말
子供　아이, 애, 어린아이
この　이
この方　이분
この子　애
このごろ　요즘
木の葉　나뭇잎
好む　좋아하다
ご飯　밥
コピー　카피
こぼす (水を)　쏟다
細かい　잘다
ゴミ　쓰레기
こみ上げる (怒りが)　치밀다
ゴミ箱　쓰레기통
混む (道が)　막히다
米　쌀
固有語　고유어
ご両親　부모님
これ　이것, 이거
これから　앞으로
～ごろ　-쯤
転がる　구르다
怖い　무섭다, 두렵다
怖がる　무서워하다
壊す　헐다
壊れる　고장나다
紺色　감색
今回　이번
今月　이번달
コンサート　콘서트
今週　이번주
今度　다음에
今度は　이번엔
こんな　이런
こんなに　이렇게
こんにちは　안녕하십니까?, 안녕하세요?
今晩　오늘 밤
こんばんは　안녕하십니까?, 안녕하세요?
コンビニエンスストア　편의점
コンピュータ　컴퓨터
コンブ　다시마

さ 行

ザ (the)　더
さあ (行動を促して)　자
さあ (判断に迷って)　글쎄
サークル　동아리
サービス　서비스
歳　살, 세
最近　요즘
最後　끝, 마지막
最高　최고
さいころ　주사위
最初　처음
最善　최선
採点　채점
財布　지갑
幸い　다행
さがす　찾다
魚　생선, 물고기
魚の刺身　생선회
魚屋　생선 가게
さからう　거스르다
参加する　참석하다
先に　먼저
咲く　피다
昨年　작년, 작년에, 지난해
作文　작문
サクランボ　앵두
酒　술
さしあげる　드리다
さす (傘を)　쓰다
刺す　찌르다
指す (将棋を)　두다
～させる　-게 하다
させる　시키다
冊　권
札　짜리
サッカー　축구
さっき　아까
雑誌　잡지
砂糖　설탕
悟る　깨닫다
さびしい　외롭다
さびる　슬다
～様　-님
冷ます　식히다
寒い　춥다
サムゲタン　삼계탕
冷める　식다
さようなら (その場から去る人に)　안녕히 가십시오, 안녕히 가세요
さようなら (その場に残る人に)　안녕히 계십시오, 안녕히 계세요
皿　접시
皿洗い　설거지
皿洗いする　설거지하다
サラリーマン　직장인
ざる　바구니
さわぐ　떠들다
さわる　만지다
3　삼
～さん　씨
3月　삼월
30　삼십, 서른
30の　서른
残暑　늦더위
賛成　찬성
サンドウィッチ　샌드위치
散歩　산책
4　사
～し　-고; -아, -어, -여
死　죽음
詩　시
字　글씨
時　시
試合　시합
強いて　굳이
CD　시디

塩　소금
～し終える　-아 내다, -어 내다, -여 내다
しおれる　시들다
しか　밖에
歯科　치과
資格　자격
～しかけの～　-던
しかし　그러나
4月　사월
しかない　밖에 없다
～しがる　-아하다, -어하다, -여하다
時間　시간
時間（助数詞）　시간
四季　사계, 사계절
しきりに　자꾸
しきりに～する　-아 대다, -어 대다, -여 대다
敷く　깔다
試験　시험
事件　사건
時限　교시
試験をする　시험을 보다
事故　사고
しごかれる　훑이다
しごく　훑다
仕事　일
事実　사실
詩集　시집
40　사십, 마흔
40の　마흔
辞書　사전
自身　스스로
静かだ　조용하다
静かに　조용히, 가만히(→じっと)
史跡　사적
自然に　자연스럽게
思想　사상
～しそうだ　-겠-; -ㄹ 것 같다, -을 것 같다
～した　-았-, -었-, -였-
～した～　-ㄴ, -은; -던; -았던, -었던, -였던
下　아래, 밑（→底）
舌　혀
～したい　-고 싶다
従う　따르다
したがって　따라서
～したがっている　-고 싶어하다
～したがる　-고 싶어하다
下側　아래 쪽
～したくない　-기 싫다
～しただけに　-ㄴ 만큼, -은 만큼
～し立てる　-아 대다, -어 대다, -여 대다
～したと思ったら　-더니
～したのだ　-ㄴ 것이다, -은 것이다
～したので　-ㄴ 만큼, -은 만큼
～したぶん　-ㄴ 만큼, -은 만큼
～したみたいだ　-ㄴ 것 같다, -은 것 같다
～したようだ　-ㄴ 것 같다, -은 것 같다
～したら　-니까, -으니까; -면, -으면; -더니; -았더니, -었더니, -였더니
～したらしい　-ㄴ 것 같다, -은 것 같다
～したらよい　-면 되다, -으면 되다
7　칠
7月　칠월
70　칠십, 일흔
70の　일흔
市庁　시청
質　질
しっかり（噛む）　꼭꼭
じっと　가만히
実は　실은
失敗する　실패하다
質問する　질문하다
実力　실력
失礼　실례
失礼ですが　실례지만
～して　-고; -아, -어, -여; -아서, -어서, -여서
～してあげる　-아 주다, -어 주다, -여 주다
～してある（動作の完了）　-아 놓다, -어 놓다, -여 놓다
シティ　시티
～して行く　-아 가다, -어 가다, -여 가다
～して行く(移動の方向)　-아가다, -어가다, -여가다
～していた～　-던; -았던, -었던, -였던
～していて　-다가
～していらっしゃる　-고 계시다
～している　-고 있다; -아 있다, -어 있다, -여 있다
～している～　-는
している　하고 있다
～しておく（準備として意図的に）　-아 두다, -어 두다, -여 두다
～しておく（動作の完了）　-아 놓다, -어 놓다, -여 놓다
～してから　-다가; -았다가, -었다가, -였다가
史的　사적
指摘　지적
私的　사적
～して下さい　-십시오, -으십시오; -아 주십시오, -어 주십시오, -여 주십시오; -아 주세요, -어 주세요, -여 주세요; -아요, -어요, -여요; -지요, -죠
～して来る　-아 오다, -어 오다, -여 오다
～して来る(移動の方向)　-아오다, -어오다, -여오다
～してくれますか　-아 줄래요?, -어 줄래요?, -여 줄래요?
～してくれる　-아 주다, -어 주다, -여 주다
～してしまう　-아 버리다, -어 버리다, -여 버리다
～してはだめだ　-면 안되다, -으면 안되다
～してみる　-아 보다, -어 보다, -여 보다
～して見る　-아보다, -어보다, -여보다
～しても　-아도, -어도, -여도
～してもよい　-아도 되다, -어도 되다, -여도 되다
～してやる　-아 주다, -어 주다, -여 주다
支店　지점
時点　시점
辞典　사전
自転車　자전거
自動車　자동차
～しない　안
～しないことにしよう　-지 말자
～しないことにしようと　-지 말자고
～しないで　-지 말고
～しないで下さい　-지 마십시오, -지 마세요
市内バス　시내 버스
～しないようにしましょう　-지 마십시다, -지 맙시다
～しなければならない　-아야 되다, -어야 되다, -여야 되다; -아야 하다, -어야 하다, -여야 하다
シナリオ　시나리오
～しに　-러, -으러
～しにくい　-기 어렵다, -기 힘들다
死ぬ　죽다
～し抜く　-아 내다, -어 내다, -여 내다
地主　땅임자
しばしば　자주
～し始める　-기 시작하다
支払う　치르다
しばらく　잠시, 잠시만
渋谷　시부야

単語集

自分　자기
資本論　자본론
島　섬
しまう　넣다
~しまくる　-아 대다, -어 대다, -여 대다
~しましょう　-ㅂ시다, -읍시다; -십시다, -으십시다; -아요, -어요, -여요; -지요, -죠
~しましょうか　-ㄹ까요, -을까요
~します　-ㅂ니다, -습니다; -아요, -어요, -여요
~しますか　-ㅂ니까, -습니까; -아요, -어요, -여요; -는가요; -는지요; -나요
~しますが　-ㅂ니다만, -습니다만; -ㄴ데요, 은데요, -는데요
~しますからね　-ㄹ게요, -을게요
~しますね　-네요; -는군요; -ㄹ게요, -을게요
~しますよ　-ㄹ게요, -을게요; -ㄹ래요, -을래요
~しますよね　-지요, -죠
~しません　-지 않습니다
~しませんか　안~-ㄹ래요, 안~-을래요; -지 않습니까
市民　시민
締める　조르다
締める（ネクタイを）　매다
閉める　닫다
~しもする　-기도 -다
じゃ　그럼, 자
じゃあね　안녕
社会　사회
写真　사진
~しやすい　-기 쉽다, -기 좋다
社長　사장님
借金　빚
~じゃない　-잖다
しゃぶる　빨다
朱色　주색
集　-집
10　십, 열
11月　십일월
10月　시월
習慣　습관
住所　주소
就職する　취직하다
ジュース　주스
自由だ　자유롭다
集中する　집중하다
12月　십이월
10の　열
十分だ　충분하다
週末　주말
重要だ　중요하다
修理　수리
儒教　유교
授業　수업
熟していない（実が）　설다
宿題　숙제
主権　주권
受験番号　수험 번호
出演料　출연료
出場する　출전하다
出身　출신
出身地　출신지
出張する　출장가다
出張に行く　출장가다
出発する　출발하다
出版社　출판사
首都　수도
主婦　주부
趣味　취미
順　차례
準備　준비
~し良い　-기 좋다
~しよう　-아, -어, -여; -지; -자
上位圏　상위권
上映する　상영하다
消化　소화
~しようか　-ㄹ까, -을까
紹介　소개
小学生　초등학생
小学校　초등학교
将棋　장기
定規　자
商業　상업
上京する　올라가다, 올라오다
条件　조건
生じる　생기다(→できる), 나다(→出る)
小数点　소수점
上手だ　잘하다
上手になる　늘다
称する　일컫다
使用する　사용하다
小説　소설, 소설책
小説家　소설가
招待する　초대하다
上達する　늘다
~しようと　-려고, -으려고; -ㄹ려고, -을려고
~しようと言う　-자고 하다
~しようと思う　-려고 하다, -으려고 하다
~しようと思って　-려고, -으려고; -ㄹ려고, -을려고
~しようとして　-려고, -으려고; -ㄹ려고, -을려고
~しようとする　-려고 하다, -으려고 하다
少年　소년
浪費する　낭비하다
しょう油　간장
将来　장래
上流　상류
ジョギング　조깅
食後の後片づけをする　설거지하다
食事する　식사하다
食堂　식당
植物図鑑　식물도감
食欲の秋　식욕의 가을
助言　조언
女性　여성, 여자
女性（女性から見て年上の）　언니
女性（男性から見て年上の）　누나
しょっぱい　짜다
ショッピング　쇼핑
初歩　초보
女優　여배우
所有する　가지다
書類　서류
知らせ　소식
知らせる　알리다
知らない　모르다
調べてみる　살펴보다, 알아보다
尻　엉덩이
退く　무르다
資料　자료
知る　알다
~しろ　-아, -어, -여; -아라, -어라, -여라
白　하양
白い　하얗다, 허옇다, 희다
白色　하얀색, 흰색
じろじろ見る　훑어보다
~しろと言う　-라고 하다, -으라고 하다
~しろよ　-지
しわ　주름
新~　새, 신-
人格　인격
人権　인권
信号　신호등
審査　심사
新車　새 차
信じる　믿다
申請書　신청서
新世代　신세대
親切だ　친절하다
心配　걱정
心配する　걱정하다
新婦　신부
新聞　신문
新羅ホテル　신라 호텔
心理　심리
心理学　심리학
水泳　수영
スイカ　수박

すいている（おなかが） 고프다
随筆集 수필집
ずいぶん 많이
水曜日 수요일
吸う 피우다
吸う（口で） 빨다
水原（スウォン）（地名） 수원
数日前 며칠 전
スーツ 양복
スーパー 슈퍼
スーパーマーケット 슈퍼마켓
スープ 국
スカート 치마
スキー 스키
好きだ 좋아하다
すき間 틈
～すぎる 너무
すく（お腹が） 고프다
すぐ 곧, 금방
スケート 스케이트
すごく 굉장히, 되게, 많이
少し 조금, 좀
過ごす 보내다, 지내다
スコップ 삽
すし 초밥
すずしい 시원하다
ずつ 씩
頭痛 두통
頭痛薬 두통약
すっかり 다
ずっと 계속
ずっと 훨씬（→はるかに）
すっぱい 시다
すてきだ 멋있다
すでに 이미
捨てる 버리다
スニーカー 운동화
すね 정강이
スパゲッティ 스파게티
スパゲッティのお店 스파게티집
スプーン 숟가락
～すべき～ -ㄹ, -을
すべて 다
滑りやすい 미끄럽다
スポーツ 스포츠
ズボン 바지
すまない 미안하다
隅々 구석구석
すみません 미안합니다
住む 살다
スモモ 자두
～する -ㄴ다, -는다; -아, -어, -여
～する～ -는
する 하다
する（イヤリング, マフラー, ベルトを） 하다
する（スキーやスケートを） 타다
する（テニスなどを） 치다
～するか -느냐; -아, -어, -여
～するが -ㄴ데, -은데, -는데; -지만
ずる賢い 약다
～するかと尋ねる -느냐고 묻다
～するからね -ㄹ게, -을게
～するくらい -ㄹ 만큼, -을 만큼
～すること -기; -ㅁ, -음
～することで -ㅁ으로써, -음으로써
～することにする -기로 하다
～することになる -게 되다
～することによって -ㅁ으로 해서, -음으로 해서
～することはする -기는 -다
～するだけだ -기만 -다; -ㄹ 뿐이다, -을 뿐이다
～するだけに -는 만큼
～するために -기 위해서
～するための～ -기 위한
～するだろう -ㄹ 것이다, -을 것이다
～するだろう～ -ㄹ, -을
～するつもりだ -ㄹ 것이다, -을 것이다
～するつもりの～ -ㄹ, -을
～すると -니까, -으니까; -면, -으면; -더니; -았더니, -었더니, -였더니
鋭い 날카롭다
～すると言う -ㄴ다고 하다, -는다고 하다
～したと思ったら -더니
～するとき -ㄹ 때, -을 때
～するな -지 마라
～するなと -지 말라고
～するなら -면, -으면
～するにもかかわらず -ㅁ에도 불구하고, -음에도 불구하고
～するね -네（→～だね, ～だな）; -는군; -ㄹ게, -을게（→～するよ, ～するからね）
～するねえ -는구나
～するのが面倒だ -기 귀찮다
～するのだ -는 것이다
～するので -기 때문에; -는 만큼
～するのをやめよう -지 말자
～するのをやめようと -지 말자고
～するぶん -는 만큼
～するほど -ㄹ 만큼, -을 만큼
～する前に -기 전에
～するよ -ㄹ게, -을게; -ㄹ래, -을래
～するようになる -게 되다
～するよね -지
～するんだよ -거든
～するんですよ -거든요
～すれば -면, -으면
座らせる 앉히다
座る 앉다
澄んでいる 맑다
背 키
生 삶
正解 정답
性格 성격
正確だ 정확하다
生活 생활
清潔だ 깨끗하다
生産される 생산되다
政治家 정치가
成績 성적
成長する 크다
整理する 정리하다
セーター 스웨터
背負う（リュックを） 메다
世界 세계
世界旅行 세계 여행
席 자리
石油 석유
積極的 적극적
せっけん 비누
切々としている 절절하다
絶対に 절대로
背中 등
ぜひ 꼭
狭い 좁다
ゼロ 공
千 천
全員 모두
洗顔 세수
専攻 전공
選手 선수
先週 지난주
先生 선생님
全然 전혀
洗濯 빨래
洗濯物 빨래
先輩 선배님
全部 다, 모두（→みな, 全員）
扇風機 선풍기
前方 앞 쪽
洗面 세수
そう 그렇게
象 코끼리
倉庫 창고
そうこうするうち 그러다가
掃除 청소
掃除する 청소하다
そうしたら 그랬더니
そうする 그러다
そうするや 그러자
そうそう 참

想像　상상
そうだ　그렇다, 맞다 (→合う, その通りだ) , 참 (→あっ, そうそう)
そうだよ　그럼
そうですとも　그럼요
そうですねえ　글쎄요
相当　상당히
雑煮　떡국
ソウル　서울
ソウル駅　서울역
足 (助数詞)　켤레
そこ　거기, 그곳
底　밑
そして　그리고
注ぐ　붓다, 따르다
育てられる　길러지다
育てる　기르다
そちら　그쪽
卒業する　졸업하다
外　밖
その　그
そのうえ　게다가
そのうち　언젠가
その方　그분
その間　그동안
そのくらいで (やめる)　그만
そのくらいに (する)　그만
その子　걔
その後　그동안
そのせいか　그래서 그런지
その通りだ　맞다
その中に　그 안에
そのように　그렇게
そば　곁
そびえる　솟다
ソファ　소파
空　하늘
雪岳山 (ソラクサン)　설악산
それ　그것, 그거
それで　그래서, 따라서
それでも　그래도
それと　그리고
それなのに　그런데도
それなら　그러면
それゆえ　그러므로
宋 (ソン) (姓)　송
ソング　송
尊敬語　존경어
存じません　모르겠습니다
そんな　그런

た 行

田　논
～だ　-다; -아, -어, -여
だ　이다
ターミナル　터미널
体育館　체육관
ダイエット　다이어트
ダイエットする　다이어트하다
大学　대학, 대학교
大学生　대학생
大気圏　대기권
退屈だ　심심하다, 지루하다 (→つまらない)
たいして　별로, 그다지
大丈夫だ　괜찮다
大丈夫です　괜찮습니다
対する　대하다
大切だ　중요하다
だいだい色　주황색
態度　태도
台所　부엌
台所仕事　부엌일
大都市　대도시
代表　대표
台風　태풍
大部分　대부분
タイプを打つこと　타자
大変　대단히
大変だ　힘들다
怠慢だ　게으르다
題名　제목
体力　체력
対話　대화
倒れる　쓰러지다
～だが　-ㄴ데, -은데, -는데; -지만
だが　그러나
高い　높다
高い (値段が)　비싸다
高い (背が)　크다
高くする　돋우다
高める　돋구다
耕す　갈다
だから　그래서, 그러니, 그러니까
抱く　안다
たくさん　많이
タクシー　택시
だけ　만, 뿐
だけでなく　뿐만 아니라
だけど　그런데
ださい　멋이 없다, 멋없다
確かに　확실히
出す　내다
出す (書類などを)　제출하다
助ける　돕다
訪ねて行く　찾아가다
訪ねて来る　찾아오다
尋ねる　묻다
ただ　그냥
称える　일컫다
ただし　단
正しい　바르다
ただれる (皮膚が)　헐다
～たち　-들
立ち聞きする　엿듣다
立場　입장
立ち寄って行く　다녀가다
立ち寄る　들르다
発つ　떠나다
立つ　서다
～だった　-았-, -었-, -였-
縦　세로
建物　건물
建てる　짓다
立てる　세우다
～だと言う　-다고 하다
例えば　예를 들면, 예를 들어
だとすれば　그렇다면
たどりつく　다다르다
～だな　-군, -네
～だなあ　-구나
種　씨
～だね　-군, -네
～だねえ　-구나
楽しい　즐겁다
田の仕事　논일
楽しさ　재미
楽しそうにする　즐거워하다
楽しみ　즐거움
頼む　부탁하다, 시키다 (→注文する)
タバコ　담배
たびに　마다
たぶん　아마
食べさせる　먹이다
食べ物　먹을 것, 음식
食べられる　먹히다
食べる　먹다
食べる (食堂でお金を払って)　사먹다
卵　달걀
魂　넋
ためだ　위하다
だめだ　안되다
～だよね　-지
足りる　충분하다
誰　누구
誰か　누가, 누군가
誰が　누가
誰々　누구누구
誰でも　누구나
誰も　아무도
～だろう　-겠- (～しそうだ, ～ようだ) ; -지 (～するよね, ～しろよ, ～しよう)
～だろうか　-ㄹ까, -을까
単語　단어
誕生日　생일
タンス　옷장
男性　남자

男性（女性から見て年上の）　오빠
男性（男性から見て年上の）　형
だんだん　점점
担当者　담당자
田んぼ　논
血　피
小さい　작다
小さくする（音を）　줄이다
チーム　팀
崔（チェ）（姓）　최
済州島（チェジュド）　제주도
地下　지하
近い　가깝다
ちがいます　아니요
違う　다르다
違う〜　다른
近く　근처
近づいてくる　다가오다
近づく　다가오다
違っている　다르다
地下鉄　지하철
近道をする　지르다
力　힘
力がいる　힘들다
地球　지구
チゲ　찌개
チケット　티켓, 표
遅刻する　지각하다
地図　지도
乳　젖
父　아버지
ちっぽけだ　조그맣다
知的　지적
茶色　갈색
着陸する　착륙하다
〜ちゃん　아, 야
中　중
注意　주의
注意をする　주의를 주다
中学生　중학생
中学校　중학교
中間　중간
中国語　중국어
中国人　중국 사람
抽象的　추상적
昼食　점심
昼食時間　점심 시간
中途半端だ　어중간하다
注文する　시키다
兆　조
頂上　꼭대기
朝食　아침
チョウチョウ　나비
ちょうど　딱
町内　동네
直後　직후
ちょっと　좀
ちょっとお尋ねします　말씀 좀 묻겠습니다
鄭（チョン）（姓）　정
1日（ついたち）　일일
ついて行く　따라가다
ついて来る　따라오다
使う　쓰다, 사용하다
つかまえる　잡다
つかむ　잡다, 붙들다
漬かる　잠기다
疲れ切っている　고달프다
疲れている　피곤하다
月　달
次　다음
つく（肉が）　찌다
つく（米, もちを）　찧다
着く　이르다
付く　붙다, 묻다
注ぐ　붓다, 따르다
机　책상
尽す　다하다
作る　만들다, 짓다（→建てる）
作る（弁当を）　싸다
繕う　깁다
つける（スイッチ, ラジオなどを）　켜다
漬ける　담그다（→浸す）
漬ける（水に）　잠그다
付ける　붙이다
都合がつく　시간이 되다
伝える　전하다
土　흙
つつく　지르다
続ける　잇다
包む　싸다, 포장하다
勤める　다니다
つなぐ　잇다
つねる　꼬집다
妻　아내
つまむ　집다
つまようじ　이쑤시개
つまらない　지루하다
つまらなそうにする　재미없어하다
積む　쌓다
冷たい　차갑다
つもり　생각
梅雨　장마
梅雨になる　장마가 들다
強い　강하다, 세다
釣り　낚시
つるす　달다
手　손
で　에서, 서; 로, 으로（→に, へ, から, として, を）
手足　손발
であっても　라도, 이라도
〜である　-다
である〜　인
出歩く　다니다
Tシャツ　티셔츠
TV　티비
ディクテーション　받아쓰기
提携　제휴
提出する　제출하다
程度　정도
でいらっしゃる　이시다
停留所　정류장
デート　데이트
テープ　테이프
テーブル　테이블
手がかり　실마리
出かける　나가다, 다니다
手紙　편지
〜的　-적
適切に　적절히
〜できない　-ㄹ 수 없다, -을 수 없다; -지 못하다; 못
〜できる　-ㄹ 수 있다, -을 수 있다
〜できる〜　-ㄹ, -을
できる　가능하다（→可能だ）, 되다（→なる）, 생기다（→生じる）
出口　출구
テコンドー　태권도
〜でしょう　-지요, -죠
〜でしょうか　-ㄹ까요, -을까요
〜です　-ㅂ니다, -습니다; -아요, -어요, -여요
です　입니다
です（助詞）　요, 이요
です（文を丁寧に述べる）　요
〜ですか　-ㅂ니까, -습니까; -아요, -어요, -여요; -ㄴ가요, -은가요, -는가요; -ㄴ지요, -은지요, -는지요; -나요
ですか　입니까
ですか（助詞）　요, 이요
〜ですが　-ㅂ니다만, -습니다만; -ㄴ데요, -은데요, -는데요
デスク　데스크
〜ですね　-군요, -네요
〜ですよね　-지요, -죠
出て行く　나가다
出て来る　나오다
テニス　테니스
手ぬぐい　수건
では　그러면, 그럼, 자
デパート　백화점
ではありません　아닙니다
ではありませんか（未知の事柄を確認するとき）　아니에요?（名詞 아니에요?）
ではいらっしゃらない　아니시다
ではない　아니다

単語集

ではなく　아니라
ではなくても　아니라도
手袋　장갑
でも　그런데 (→ところで, だけど)
でも　나, 이나 (→も, や) ; 라도, 이라도
ブリッジ　브리지
出る　나다
出る (芽が)　트다
テレビ　텔레비전, 티비
店員　점원
天気　날씨
電気を消す　불을 끄다
電車　전철
転出証明書　전출증명서
伝染病　전염병
電話　전화
電話する　전화하다
電話番号　전화 번호
と　와, 과; 랑, 이랑; 하고
度 (回数)　번
ドア　문
ドイツ　독일
トイレ　화장실
頭 (助数詞)　마리
どういたしまして　천만에요
唐辛子　고추
東京　도쿄
動作　동작
当時　당시
どうしたことか　어쩐지
どうして　왜
どうする　어떡하다, 어쩌다
当然　당연히
どうぞ　어서
どうだ　어떻다, 어쩌다, 아무렇다
到着する　도착하다
到底　도저히
とうとう　결국
豆腐　두부
動物　동물
動物園　동물원
道路　도로
登録される　등록되다
10　열
10日　십일
10日間　열흘
遠く　멀리
と同じだ　과 같다, 와 같다
どおりで　어쩐지
通る　다니다
都会　도시
とかす　녹이다
とかす (髪を)　빗다
時　때
ときどき　가끔
ときには　때로는
途切れる　끊이다
解く　풀다
読書　독서
読書の秋　독서의 가을
特に　특히
特別だ　특별하다
特別な手段　별수
時計　시계
とける　녹다
どこ　어디, 어느 곳
どこか　어딘가
どこかに　어딘가에
どこでも　아무 데나
どこどこ　어디어디
所　곳, 데
ところが　그런데
ところで　그런데
登山客　등산객
登山する　등산하다
都市　도시
年　나이
年下のきょうだい　동생
として　로, 으로
図書館　도서관
閉じる (本を)　덮다
都心　도심
土地　땅
途中　도중
途中で　중간에
どちら　어느 쪽
読解　독해
トック　떡국
突然　갑자기
どっち　어느 쪽
ドット　닷
トップ　일등
トッポッキ　떡볶이
とても　아주, 많이 (→すごく, ずいぶん, たくさん, よく)
とても大きい　커다랗다
届く　도착하다
~とともに　-면서, -으면서
隣　옆
どの　어느
どのあたり　어디쯤
飛ぶ　날다
トマト　토마토
止まる (動いているものが)　서다
泊まる　머무르다
とめる　세우다
ともかく　그나저나
友だち　친구
土曜日　토요일
トラ　호랑이
トラック　트럭
ドラマ　드라마
鳥　새
努力する　노력하다
撮る　찍다
取る (資格などを)　따다
取る (電話を)　받다
どれ　어느 것
飛んで行く　날아가다
飛んで来る　날아오다
どんな　어떤(→ある~) , 아무(→何の)
トンボ　잠자리

な 行

~な~　-ㄴ, -은
無い　없다
内科　내과
内容　내용
治る　낫다
中　안, 속 (→内, 奥)
仲　사이
長い　길다, 기다랗다
長く (時間が)　오래
流す　흘리다
中身　내용물
~ながら　-면서, -으면서
流れて行く　흘러가다
流れて来る　흘러오다
流れる　흐르다
泣く　울다
鳴く　울다
慰める　위로하다
無くなる　없어지다
梨　배
なぜ　왜
なぜか　왠지, 어쩐지
謎　수수께끼
なぞなぞ　수수께끼
~なだけに　-ㄴ 만큼, -은 만큼
夏　여름
懐かしい　그립다
懐かしがる　그리워하다
夏服　여름옷
夏休み　여름 방학
~など　-들
など　등
などなど　등등
7　칠
70　칠십, 일흔
70の　일흔
7つ　일곱
7つの　일곱
何　무엇, 뭐; 몇
何か　뭔가, 무엇인가
何が　뭐가
何する　뭐하다
何々　무엇무엇, 뭐뭐
何も　아무 것도
何より　무엇보다

7日　칠일
7日間　이레
~なのだ　-ㄴ 것이다, -은 것이다
~なので　-아서, -어서, -여서; -니까, -으니까(→~ので); -ㄴ 만큼, -은 만큼
~なぶん　-ㄴ 만큼, -은 만큼
鍋　냄비
名前　이름
涙　눈물
なめさせる　핥이다
なめられる　핥이다
なめる　핥다
~なようだ　-ㄴ 것 같다, -은 것 같다
~なように見える　-아 보이다, -어 보이다, -여 보이다
習う　배우다
なる　되다
なる (公共料金がいくらに)　나오다
なる (実が)　열다
何学年　몇 학년
何月　몇 월
何個　몇 개
何個か　몇 개
何でも　아무 거나
なんといっても　뭐니뭐니 해도
何となく　왠지
何度も　몇 번이나
何日　며칠
何年　몇 년
何年生　몇 학년
何の　무슨, 아무 (→どんな)
何曜日　무슨 요일
何里　몇 리
2　이
~に　-게
に (時, 順序, 場所)　에
に (人)　에게, 한테; 께
に (方向)　로, 으로
~に値するもの　짜리
におい　냄새
において　에 있어서
における~　에 있어서의
苦い　쓰다
2月　이월
に関して　에 관해서
に関する~　에 관한
肉　고기, 살
憎い　밉다
憎たらしい　얄밉다
にこにこ　싱글벙글
西　서쪽
20　이십, 스물
20の　스무
20歳　스무 살
にせもの　가짜
に対して　에 대해서
に対する~　에 대한
日　일
日常　일상
日曜日　일요일
日韓辞典　일한사전
日記帳　일기장
似ている　비슷하다
にとって (人)　에게 있어서
にとっての~ (人)　에게 있어서의
二度と　두 번 다시
日本　일본
日本映画　일본 영화
日本語　일본어, 일본말
日本人　일본인, 일본 사람, 일본사람
日本料理　일본 음식, 일식
荷物　짐
ニャア　야옹
入院する　입원하다
入学　입학
入学する　입학하다
入場　입장
ニュース　뉴스
入門　입문
入浴　목욕
入力　입력
によって　에 따라, 에 의해서
による~　에 의한
にらみつける　노려보다, 흘겨보다
似る　닮다
庭　뜰, 마당
にわか雨　소나기
鶏　닭
人 (助数詞)　명, 사람, 인
人気　인기
人形　인형
人蔘茶　인삼차
~人前　인분
~人分　인분
脱ぐ　벗다
盗み見る　훔쳐보다
塗る　바르다
根　뿌리
ねえ　있잖아요
猫　고양이
ねじる　비틀다, 틀다
ネズミ　쥐
ねだる　조르다
値段　값
熱　열
熱心に　열심히
熱する　달구다
ネット　네트
眠い　졸리다
眠り　잠
寝る　자다, 잠을 자다
年　년
年間　년간
燃料　연료
~の　-니, -으니
の　것 (→もの, こと)
の　의, 인 (→である~)
農夫　농부
能力　능력
ノート　노트
ノートパソコン　노트북
残す　남기다
残る　남다
のせる (頭に)　이다
載せる　싣다
乗せる　태우다
望ましい　바람직하다
のために　를 위해서, 을 위해서
のための~　를 위한, 을 위한
~ので　-아서, -어서, -여서; -니까, -으니까
のど　목
~のに　-면서, -으면서
延ばす　미루다
伸ばす　뻗다
伸びる　뻗다, 늘다 (→増える, 上達する, 上手になる)
の他にない　밖에 없다
のぼる　돋다
のぼる (都に)　올라가다, 올라오다
昇る (月・日が)　돋다
のみ　뿐
~の店　집
飲み物　마실 것
飲み屋　술집
飲む　마시다, 먹다
のようだ　와 같다, 과 같다
のような　같은
のように　와 같이, 과 같이; 처럼
のり　김
のり巻き　김밥
乗る　타다
のんびり　느긋하게

は 行

は (助詞)　는, 은; 께서는
歯　이
葉　잎
場合　경우
把握する　파악하다
パーティー　파티
パート　파트
はい　네
杯 (助数詞)　잔
倍　배
灰色　회색

単語集

廃止　폐지
入って行く　들어가다
入って来る　들어오다
バイト　알바
俳優　배우
配慮　배려
入る　들다, 들어가다, 들어오다
はう　기다
生える（かびが）　슬다
生える（芽などが）　돋다
履かせる　신기다
ばかり　만
計る　재다
履物　신발
掃く　쓸다
履く（ズボンやスカートを）　입다
履く（靴を）　신다
朴（パク）（姓）　박
歯茎　잇몸
拍手　박수
博物館　박물관
励ます　격려하다
運ぶ　나르다
端　끝, 가
箸　젓가락
走って行く　달려가나, 뛰어가다
走って来る　달려오다, 뛰어오다
始まる　시작되다
はじめ　처음
はじめから　아예
はじめて　처음, 처음으로; 비로소
はじめまして　처음 뵙겠습니다
始める　시작하다
柱時計　벽시계
走る　달리다, 뛰다
バス　버스
恥ずかしい　부끄럽다, 창피하다
バスケットボール　농구
バス停　버스 정류장
はたく　털다
畑　밭
二十歳　스무 살
働く　일하다
8　팔
8月　팔월
80　팔십, 여든
80の　여든
はちみつ　꿀
発音　발음
発音する　발음하다
はって行く　기어가다
はって来る　기어오다
発展　발전
発展する　발전되다
発明家　발명가
発明される　발명되다
発明する　발명하다
花　꽃
鼻　코
話　이야기, 얘기
話し　말하기
話し手　화자
放してやる　놓아주다
放す　놓다
話す　이야기하다
鼻血　코피
花びら　꽃잎
花見　꽃구경
花屋　꽃집
羽　날개
はね上がらせる　솟구다
はね上がる　솟다
母　어머니
パパ　아빠
母親　어머니
ハムニダ体　합니다체
はめる（時計やベルトを）　차다
はめる（手袋や指輪を）　끼다
はやい　빠르다, 이르다
はやく　빨리, 어서, 일찍
はやめに　일찍
腹　배
バラ　장미
腹が立つ　화가 나다
バラの花　장미꽃
春　봄
はるかに　훨씬
バレーボール　배구
腫れる　붓다
ハワイ　하와이
半　반
番　번
パン　빵
ハンカチ　손수건
ハングル　한글
反対　반대
半煮えだ　설다
犯人　범인
販売する　판매하다
販売店　판매점
パンフレット　팸플릿
～番目　번째, -째
火　불, 화
日　날
ピアノ　피아노
ビール　맥주
ヒウッ（ㅎの名称）　히읗
東　동쪽
ひからびている　메마르다
光　빛
匹　마리
率いる　이끌다
引き受ける　맡다
引き継ぐ　이어받다
ひきつづき　이어
引き抜く　뽑다
ひく（粉を）　빻다
引く　끌다
引く（線を）　긋다
弾く　치다
低い　낮다
低める　낮추다
ひげ　수염
秘訣　비결
飛行機　비행기
ひざ　무릎
ビザ　비자
ピザ　피자
久しく　오래오래
久しぶり　오래간만
ひざまずかせる　꿇리다
ひざまずく　꿇다
ひじ　팔꿈치
美術館　미술관
額　이마
浸す　담그다
左　왼쪽
左側　왼쪽
ひっくり返す　뒤집다
ヒッチハイク　히치하이크
ヒット　히트
引っ張る　당기다
必要　필요
必要だ　필요하다
ビデオ　비디오
美的　미적
日照りになる　가물다
人　사람
ひどい　심하다
1つ　하나
1つの　한
一つも　하나도
瞳　눈동자
一人で　혼자, 혼자서
ひねる　비틀다, 틀다
ひび割れる　트다
ビビンバ　비빔밥
百　백
百貨店　백화점
病院　병원
美容院　미장원
病気　병
表現　표현
表現する　표현하다
美容室　미용실
表情　표정
ひょっとして　혹시
平壌（ピョンヤン）　평양
開かれる　열리다
開く（～が）　열리다
開く（～を）　열다

昼　낮
ビル　빌딩
昼ご飯　점심
昼時　점심
昼寝　낮잠
昼休み　점심 시간
広い　넓다
拾う　줍다
広げる　넓히다, 펴다
ピンク　핑크
ピンク色　분홍색, 핑크색
ヒント　힌트
ファン　팬
フィッシュ　피시, 피쉬
風景　풍경
ふうっ　후유
ブーツ　부츠
夫婦　부부
プール　풀장
笛　피리
増える　늘다
深い　깊다
吹き払う　휩쓸다
吹く (楽器などを)　불다
吹く (風が)　불다
服　옷
複雑だ　복잡하다
復習する　복습하다
ふくらはぎ　종아리
ふくれる　부풀다
袋　봉지
腹話術師　복화술사
ふさぐ　막다
ふざける　까불다
釜山 (プサン)　부산
富士山　후지산
無事に　무사히
ブタ　돼지
再び　다시
2つ　둘
2つの　두
部長　부장님
普通　보통
2日　이일, 이틀 (→2日間)
2日間　이틀
ブック　북
筆箱　필통
太い　굵다
ブドウ　포도
太さ　굵기
太っている　뚱뚱하다
ふともも　넓적다리
太る　살이 찌다
船　배
部品　부품
不満　불만
踏み鳴らす (床などを)　구르다
踏む　밟다
ふやける　붇다
冬　겨울
冬景色　겨울 풍경
冬休み　겨울 방학
プラザホテル　플라자 호텔
ぶらつく　거닐다
フランス　프랑스
振り返って見る　돌아보다
古~　헌
降る (雨が)　오다
振る　흔들다
古い　오래되다
震える　떨다
古くなる　헐다
プルゴギ　불고기
古本　헌책
古本屋　헌책방
振る舞う　굴다
震わす　떨다
プレー　플레이
プレゼント　선물
触れる　닿다
風呂　목욕
分 (時間)　분
分 (~人分)　-분
文　문장
文化　문화
文具　문구
文体　문체
文法　문법
文房具店　문방구
分量　분량
へ　에; 에게, 한테; 께; 로, 으로(→に)
ペア　짝
平均気温　평균 기온
平均している　고르다
ページ　페이지
白頭山 (ペクトゥサン)　백두산
ベストセラー　베스트셀러
へそ　배꼽
下手だ　서투르다
別~　별-
別居する　별거하다
ベッド　침대
別に　따로, 별로 (→あまり)
別の　다른
ヘビ　뱀
部屋　방
ヘヨ体　해요체
減らす　덜다, 줄이다
減る　빠지다, 줄다
ペン　펜
勉強　공부
勉強する　공부하다
返事　답장, 대답
ベンチ　벤치
弁当　도시락
便利だ　편리하다
報告書　보고서
報告する　보고하다
帽子　모자
包装する　포장하다
放っておく　놓아두다
方　쪽
方法　방법
ボーイフレンド　남자 친구
ボールペン　볼펜
ほかでもなく　다름이 아니라
他に　밖에
他の　다른
ぼく　나
ボクシング　권투
ほぐれる　풀리다
星の国　별나라
細い　가늘다
ボタン　버튼
ポップ　팝
ホテル　호텔
ほど　만큼
ほど (~ない)　처럼
ほどく　끄르다
施す (恩恵を)　베풀다
骨　뼈
頬　볼, 뺨
ほほえみ　미소
ほほえむ　미소를 짓다
掘る　파다
本　책
本 (タバコ) (助数詞)　개비
本 (ビンなど) (助数詞)　병
本当に　정말, 참
本屋　서점, 책방
本論　본론

ま 行

まあ　어머
枚　장
毎朝　매일 아침
毎日　매일
毎晩　밤마다
前　앞, 전
前もって　미리
任せる　맡기다
曲がっている　굽다
曲がる　굽다
まく (種などを)　뿌리다
巻く　말다
まくりあげる　걷다
負ける　지다
まさに　바로
ましだ　낫다
ます (文を丁寧に述べる)　요

まず　먼저, 우선
まずい　맛이 없다, 맛없다
マスターする　마스터하다
また　또, 다시 (→再び)
まだ　아직, 아직도
または　또는
間違う　틀리다
間違っている　그르다
待つ　기다리다
真っ黒い　까맣다, 꺼멓다
まつ毛　속눈썹
マッコリ　막걸리
真っ青だ　파랗다, 새파랗다
まっすぐだ　곧다
まっすぐにする　곧추다
まったく同じだ　똑같다
まったく同じように　똑같이
松の木　소나무
まで　까지
窓　창문
窓口　창구
窓辺　창가
学ぶ　배우다
真に受ける　곧이듣다
マフラー　목도리
ママ　엄마
まもなく　곧
守る　지키다
眉　눈썹
丸い　둥글다, 동그랗다, 둥그렇다
まるで　마치
まれだ　드물다
回す　돌리다, 두르다
回る　돌다
万　만
マンガ　만화, 만화책
真ん中　가운데
万年筆　만년필
見える　보이다
磨く　닦다
ミカン　귤
右　오른쪽
右側　오른쪽
短い　짧다
水　물
湖　호수
自ら　스스로
水薬　물약
水冷麺　물냉면
店　가게
見せる　보이다
みそ　된장
~みたいだ　-는 것 같다
みたいな　같은
みたいに　처럼
道　길
見違える　몰라보다
道端　길가
3日　삼일
3日間　사흘
3つ　셋
3つの　세
見つめる　쳐다보다
緑色　녹색, 초록색
みな　다 (→みんな), 모두 (→全員, 全部)
皆さん　여러분
南　남쪽
南口　남쪽 출구
南出口　남쪽 출구
見守る　지켜보다
見回す　둘러보다
見回る　돌아보다
耳　귀
明洞 (ミョンドン)　명동
見る　보다
見る (夢を)　꾸다
ミルク (コーヒー用の粉末ミルクの一般的な呼び名)　프림
見渡す　바라보다
みんな　다
6日　육일
6日間　엿새
無意味　무의미
向かい側　건너편
昔　옛날, 예
昔話　옛날이야기, 옛이야기
昔も今も　예나 지금이나
むく (目を)　부릅뜨다
むごい　모질다
無効　무효
虫　벌레
蒸し暑い　무덥다
虫眼鏡　돋보기
むしる　뜯다
難しい　어렵다
息子　아들
結ぶ　맺다
娘　딸, 딸아이 (自分の娘を低めて言う)
6つ　여섯
6つの　여섯
胸　가슴
紫色　보라색
~目　-째
目　눈
めい　조카
名 (助数詞)　명
名山　명산
名刺　명함
メール　메일
メールアドレス　메일 주소
メガネ　안경
恵み　혜택
召し上がる　드시다, 잡수시다
メニュー　메뉴
目の前　눈앞
目まいがしている　어지럽다
面倒だ　귀찮다
も　도; 께서도
も (数)　나, 이나
もう　벌써, 이미 (→すでに), 이제
もう一度　다시 한번
申し上げる　말씀드리다, 여쭙다
申し訳ありません　죄송합니다
申し訳ない　죄송하다
毛布　담요
目的　목적
木曜日　목요일
文字　문자
もしもし　여보세요
もち　떡
持ち歩く　가지고 다니다
用いる　쓰다
もちろん　그럼
もちろんですよ　그럼요
持つ　가지다 (→所有する), 들다
持って行く　가져가다
持って来る　가져오다
もっと　더
もともと　원래
もの　것 (→こと), 물건
物語　이야기
もの悲しい　구슬프다, 서글프다
もまた　역시
もむ　주무르다
模様　무늬
もらう　받다
問題　문제
問題集　문제집

や 行

~や (呼びかけ)　아, 야
~屋　집
や　나, 이나
やあ　네, 어
野球　야구
焼く　굽다
約束　약속
役割　역할
野菜　채소
易しい　쉽다
優しい　다정하다
安い　싸다
休み (学校の長期の)　방학
休む　쉬다
やせる　마르다, 살이 빠지다
薬局　약국
8つ　여덟
8つの　여덟

やはり　역시
山　산
やめる　말다
やめる (タバコなどを)　끊다
辞める　그만두다
ややこしい　까다롭다
やり遂げる　해내다
やり直す　다시 하다
やり抜く　해내다
やる　주다
やるせない　안타깝다
やれやれ　아이고, 아이구
やわらかい　부드럽다, 무르다
友愛　우애
夕方　저녁
有効　유효
優勝する　우승하다
夕食　저녁
友人　친구
郵便局　우체국
有名だ　유명하다
床　바닥
行き　행
雪　눈
ゆっくり　천천히, 느긋하게 (→のんびり)
ゆっくりだ　천천하다
ユッケジャン　육개장
輸入品　수입품
指折り数える　꼽다
指輪　반지
夢　꿈
夢みたいだ　꿈만 같다
夢を見る　꿈을 꾸다
~よ (呼びかけ)　아, 야
よい　되다
良い　좋다
用　일
8日　팔일
8日間　여드레
幼児　유아
用事　볼일
用心する　조심하다
~ようだ　-겠-; -는 것 같다
幼稚園　유치원
幼稚園児　유치원생
~ように　-게, -도록
~ようにする　-게 하다, -도록 하다
曜日　요일
用法　용법
よく　많이 (→すごく, ずいぶん, たくさん, とても), 자주 (→しばしば), 잘 (→元気で), 흔히
浴室　욕실
よくできる　잘되다
良くなる　낫다
翌年　다음해
横　옆
横書き　가로쓰기
予告　예고
横になる　눕다
予習する　예습하다
予測する　예측하다
夜空　밤하늘
4日　사일
4日間　나흘
4つ　넷
4つの　네
予定　예정
呼ばれる　불리다
呼び鈴　초인종
呼ぶ　부르다
読ませる　읽히다
読み　읽기
詠む　읊다
嫁　며느리
予約　예약
予約する　예약하다
余裕　여유
より　보다
より良い　낫다
よる　따르다, 의하다
夜　밤
夜が明ける　날이 새다
喜ぶ　기뻐하다
4　사
40　사십, 마흔
40の　마흔

ら 行

ラーメン　라면
ラーメン屋　라면집
ライオン　사자
来月　다음달
来週　다음주
来年　내년, 다음해
楽だ　편하다
~らしい　-는 것 같다
ラジオ　라디오
~られます (尊敬)　-십니다, -으십니다; -세요, -으세요
~られますか (尊敬)　-십니까, -으십니까, -세요, -으세요
~られる (尊敬)　-시-, -으시-
理解する　이해하다
リボン　리본
理由　이유
留学　유학
留学生　유학생
流行する　유행하다
~料　-료
量　양
料金　요금
両唇音　양순음
両手　양손
料理　요리, 음식
両親　부모
~力　-력
旅券　여권
旅行　여행
リンゴ　사과
例　예
零　영
零下　영하
礼儀　예의
冷蔵庫　냉장고
冷麺　냉면
冷麺屋　냉면집
例をあげると　예를 들면, 예를 들어
歴史的　역사적
レストラン　레스토랑
レポート　리포트
~れます (尊敬)　-십니다, -으십니다; -세요, -으세요
~れますか (尊敬)　-십니까, -으십니까; -세요, -으세요
レモン　레몬
~れる (尊敬)　-시-, -으시-
連休　연휴
練習する　연습하다
連絡　연락
廊下　복도
老人　노인
6　육
6月　유월
60　육십, 예순
60の　예순
ロシア語　러시아어
ロビー　로비
ロボット　로봇
~論　-론
ロンドン　런던
論文　논문

わ 行

羽 (助数詞)　마리
わあ　와
ワイシャツ　와이셔츠
若い　젊다
沸かす　끓이다
分かち書き　띄어쓰기
分からない　모르다
分かりました　알겠습니다
分かりません　모르겠습니다
分かる　알다
別れる　헤어지다
わき起こる　터지다
わき出る　솟다
沸く　끓다

分ける　가르다
わざわざ　일부러
忘れて行く　놓고 가다
忘れて来る　놓고 오다
忘れてしまう　잊어버리다
忘れられる　잊히다
忘れる　잊다, 잊어버리다
話題　화제
私　저, 나
私が　제가, 내가
私たち　저희, 저희들, 우리, 우리들
私たちの　저희, 우리
私の　제, 내
渡す　전하다
渡って行く　건너가다
渡って来る　건너오다
渡り鳥　철새
笑う　웃다
笑わせる　웃기다
割引　할인
悪い　나쁘다
を　를, 을; 로, 으로 (→に, へ, から, で, として)

索　引

ㄱ

索
引

ㄴ

낮　昼　89
낮다　低い　56, 240
낮잠　昼寝　34
낮추다　低める　240
낳다　産む, 生む　85, 173, 174
내　わたしの　152
내과　<内科>　106
내년　<来年>　89
내다　出す　92, 239
내려 주다　降ろす　94
내려가다　降りて行く　178
내려오다　降りて来る　178
내리다　降りる　93
내용　<内容>　84
내용물　<内容物>中身　216
내일　<来日>明日　26, 89
냄비　鍋　117
냄새　におい　62
냉면　<冷麺>　31
냉면집　<冷麺—>冷麺屋　58
냉장고　<冷蔵庫>　142
-냐　～か, ～かい　194
-냐고 묻다　～かと尋ねる　259
너　お前, 君, あなた　150
너무　あまりに, あまりにも, ～すぎる　118, 151
너희　お前たち　153
너희들　お前たち　153
넋　魂　76
넋을 잃다　気を失う　85
넓다　広い　77, 239
넓적다리　ふともも　205
넓히다　広げる　239
넘어가다　越えて行く　178
넘어오다　越えて来る　178
넣다　入れる, しまう　70, 164, 173, 174
네　はい, ええ, やあ　16, 33
네　4つの　125
네　お前の　153
-네　～するね, ～だね, ～だな　223
-네요　～しますね, ～ですね　223
네트　ネット　122
넷　4つ　124
년　<年>　113
년간　<年間>　118
노랑　黄　221
노랗다　(ㅎ変) 黄色い　173, 174, 221
노래　歌　1, 146
노래방　<—房>カラオケ　74
노려보다　にらみつける　179
노력하다　<努力—>努力する　164
노르다　(러変) 黄色い　171, 173
노인　<老人>　181
노트　ノート　88
노트북　ノートパソコン　56, 134
녹다　とける　239
녹색　<緑色>　221
녹이다　とかす　239
녹차　<緑茶>お茶　86
논　田, 田んぼ　61, 101
논문　<論文>　150
논일　田の仕事　61
놀다　遊ぶ　49, 198
놀라다　驚く　86
농구　<籠球>バスケットボール　183
농부　<農夫>　162
높다　高い　215
놓고 가다　置いて行く, 忘れて行く　249
놓고 오다　置いて来る, 忘れて来る　144
놓다　置く, 放す　52, 174, 185, 239
놓아두다　放っておく　181
놓아주다　放してやる　258
놓이다　置かれる　239
누가　誰が, 誰か　136
누구　誰　79
누구나　誰でも　204
누구누구　誰々　136
누군가　誰か　241
누나　(弟から見て) お姉さん, (男性から見て年上の) 女性　38
누님　(누나の尊敬語) お姉さん, お姉さま　38
누렇다　(ㅎ変) 黄色い　173, 174
누르다　(러変) 黄色い　172, 173, 221
누르다　(르変) 押す　172, 255
누른색　<—色>黄色　221
눈　目　24, 206
눈　雪　133
눈동자　瞳　206
눈물　涙　149
눈썹　眉　206
눈앞　目の前　162
눕다　(ㅂ変) 横になる　157, 165
뉴스　ニュース　217
느긋하게　ゆっくり, のんびり　231
느끼다　感じる　253
-느냐　～するか　194
-느냐고 묻다　～するかと尋ねる　259
늑대　オオカミ　34
는　は　26, 29, 138
-는　～する～, ～している～　226
-는 것 같다　～ようだ, ～みたいだ, ～らしい　244
-는 것이다　～するのだ　243
-는 만큼　～するぶん, ～するだけに, ～するので　244
-는가　～か　195
-는가요　～しますか, ～ですか　195
-는구나　～するねえ　246
-는군　～するね　246
-는군요　～しますね　246
-는다　～する　193
-는다고 하다　～すると言う　259
-는데　～するが, ～だが　229
-는데요　～しますが, ～ですが　229
-는지　～か　195
-는지요　～しますか, ～ですか　195
늘　いつも　65
늘다　増える, 伸びる, 上達する, 上手になる　198, 235, 237
능력　〈能力〉　247
늦다　遅い, 遅れる　56, 155
늦더위　残暑　34
-니　～の　194
-니까　～から, ～ので　189
-니까　～すると, ～したら　214
-니까요　～からです　190
-님　～様　97

ㄷ

다　みな, みんな, すべて, 全部, すっかり　65, 132, 144, 169, 182
-다　～だ, ～である　193
-다가　～していて, ～してから　257
다가오다　近づく, 近づいてくる　159
-다고 하다　～だと言う　259
다녀가다　立ち寄って行く　178
다녀오다　行って来る　178
다니다　通る, 勤める, 出歩く, 通う, 出かける　71, 73, 145, 149, 168
다다르다　たどりつく　172
다르다　(르変) 違っている, 異なっている, 違う　56, 168, 172, 235
다른　違う～, 他の, 別の　235
다름이 아니라　ほかでもなく　267
다리　足, 脚　56, 205
다섯　5つ, 5つの　124, 125
다시　また, 再び　84
다시 하다　やり直す　249
다시 한번　<—番>もう一度　132
다시마　コンブ　16
다음　次　88, 89
다음달　来月　118
다음에　今度　88
다음주　<—週>来週　103
다음해　来年, 翌年　89
다이어트　ダイエット　264
다이어트하다　ダイエットする　183
다정하다　<多情—>優しい　215
다하다　尽す　212
다행　<多幸>幸い　164
닦다　磨く　217
단　ただし　187
단어　<単語>　27
닫다　閉める　27, 49, 189, 241

ㄹ

ㅁ

索引

ㅅ

索引

ㅇ

索引

索引

ㅈ

ㅊ

索引

ㅎ

用語索引

た行

な，は行

ま，や，ら行

ハングル，その他

用語索引

五十嵐孔一〈いからし　こういち〉 東京外国語大学外国語学部朝鮮語学科卒業。同大学大学院修士課程修了。韓国ソウル大学校大学院国語国文学科博士課程修了。文学博士。現在，東京外国語大学大学院総合国際学研究院教授。朝鮮語研究会会長。

論著に『韓国語研究と韓国語のテクスト解析』（原文韓国語，ソウル大学校大学院博士論文，2002年），「韓国近代文典史」（『韓国語教育論講座 第4巻』くろしお出版，2008年），『韓国語文法語尾・助詞辞典』（スリーエーネットワーク，2010年）（共訳），「語学とテクスト論」（『東京外国語大学論集　88号』東京外国語大学，2014年），「陳述と진술について―日朝対照文法論の観点から―」（『朝鮮語研究　8』ひつじ書房，2019年）など。

改訂版　一冊目の韓国語

著　者　　五十嵐孔一

ナレーター　林　恒秀　　権　董宰
金　恩貞　　権　寧智
安　映宣

2020年4月1日　改訂版第1刷発行©

発行人　揖斐　憲
発　行　東洋書店新社
〒150-0043　東京都渋谷区道玄坂1丁目19番11号
寿道玄坂ビル4階
電話　03-6416-0170　FAX　03-3461-7141
http://toyoshoten.com
発　売　垣内出版株式会社
〒158-0098　東京都世田谷区上用賀6丁目16番17号
電話　03-3428-7623　FAX　03-3428-7625
組　版　メディアラボしめぎ
印刷・製本　中央精版印刷株式会社
装　幀　クリエイティブ・コンセプト（松田晴夫）

乱丁・落丁本はお取り替えいたします。
定価はカバーに明記してあります。
ISBN978-4-7734-2036-4

かなのハングル表記

ア行	ア아	イ이	ウ우	エ에	オ오						
カ行 語頭	カ가	キ기	ク구	ケ게	コ고	語頭	キャ갸		キュ규		キョ교
カ行 語中	カ카	キ키	ク쿠	ケ케	コ코	語中	キャ캬		キュ큐		キョ쿄
サ行	サ사	シ시	ス스	セ세	ソ소		シャ샤		シュ슈	シェ셰	ショ쇼
タ行 語頭	タ다	チ지	ツ쓰	テ데	ト도	語頭	チャ자		チュ주	チェ제	チョ조
タ行 語中	タ타	チ치	ツ쓰	テ테	ト토	語中	チャ차		チュ추	チェ체	チョ초
						語頭	ツァ자	ティ디	トゥ두	ツェ제	ツォ조
						語中	ツァ차	ティ티	トゥ투	ツェ체	ツォ초
ナ行	ナ나	ニ니	ヌ누	ネ네	ノ노		ニャ냐		ニュ뉴	ニェ녜	ニョ뇨
ハ行	ハ하	ヒ히	フ후	ヘ헤	ホ호		ヒャ햐		ヒュ휴	ヒェ혜	ヒョ효
							ファ화	フィ휘		フェ훼	フォ훠
マ行	マ마	ミ미	ム무	メ메	モ모		ミャ먀		ミュ뮤	ミェ몌	ミョ묘
ヤ行	ヤ야		ユ유		ヨ요						
ラ行	ラ라	リ리	ル루	レ레	ロ로		リャ랴		リュ류	リェ례	リョ료
ワ行	ワ와				ヲ오			ウィ위		ウェ웨	ウォ워
	ンㄴ										
ガ行	ガ가	ギ기	グ구	ゲ게	ゴ고		ギャ갸		ギュ규		ギョ교
ザ行	ザ자	ジ지	ズ즈	ゼ제	ゾ조		ジャ자		ジュ주	ジェ제	ジョ조
ダ行	ダ다	ヂ지	ヅ즈	デ데	ド도				デュ듀		
								ディ디	ドゥ두		
バ行	バ바	ビ비	ブ부	ベ베	ボ보		ビャ뱌		ビュ뷰	ビェ볘	ビョ뵤
パ行	パ파	ピ피	プ푸	ペ페	ポ포		ピャ퍄		ピュ퓨	ピェ폐	ピョ표

①促音の「ッ」は「ㅅ」で表記する。例:札幌（サッポロ）は삿포로
②撥音の「ん」は「ㄴ」で表記する。例:神田（カンダ）は간다
③長音は表記しない。例:東京（トーキョー）は도쿄